《린 UX》 3판 추천의 글

"《린 UX》는 지난 8년 동안 훌륭한 경험을 디자인하기 위해 협력하는 방법을 배우는 팀에 제가 가장 추천하는 책이었습니다. 3판은 이전 판보다 더 발전해서, 따라하기 쉬운 형식과 실제 적용 사례를 통해 그 가르침을 더욱 공고히 합니다. 제품 개발 팀이라면 반드시 읽어야 할 책입니다."

— 멜리사 페리(Melissa Perri),
Produx Labs CEO, 하버드 비즈니스 스쿨 선임 강사

"《린 UX》는 제 커리어에 큰 영향을 준 책으로, 최신판으로 다시 읽을 수 있어 매우 기뻤습니다. 제프와 조시는 이러한 아이디어를 실행에 옮김으로써 계속해서 발전시켜 나가고 있습니다."

— 데이비드 제이 블랜드(David J. Bland),
《비즈니스 아이디어의 탄생》(비즈니스북스, 2020) 저자

"디지털 제품 제작 프로세스의 시스켈과 에버트라고 할 수 있는 고델프와 세이던은 디지털 트랜스포메이션을 진행 중인 대기업에 매우 정확한 지침을 제공합니다. 신생 기술 스타트업부터 100년이 넘은 대기업에 이르기까지 다양한 분야에서 쌓은 경험을 바탕으로 하는 이들의 지침은, 이론만 이야기하는 애자일 전문가들이 내놓는 최신 만병 통치약보다 실제 실무자가 전하는 '지금 당장 이 문제를 해결하자'는 상쾌한 진통제에 더 가깝습니다."

— 존 마에다(John Maeda),
Everbridge 수석 부사장, 최고 경험 책임자

"《린 UX》는 소프트웨어 제작 방식을 더 나은 방향으로 완전히 바꾼 책입니다. 린 UX를 통해 제품 회사에게 고객과 함께 디자인하고 고객의 성장과 변화에 따라 지속적으로 개선하는 방법을 보여줌으로써, 보기에도 좋으면서 성능도 좋은 새로운 세대의 제품을 만들 수 있게 해주었습니다."

— 크리스티나 워드케(Christina Wodtke),
강사, 스탠포드 컴퓨터 과학부,《구글이 목표를 달성하는 방식 OKR》(한국경제신문, 2018) 저자

"《린 UX》3판을 통해 제프와 조시는 어떻게 그들이 10년 넘는 세월 동안 디자인 분야에서 영감을 주는 리더 자리를 유지할 수 있었는지 다시 한번 보여줍니다. 이 책은 모든 디자이너의 책꽂이에 있어야 할, 시대를 초월한 고전입니다."

— 테레사 토레스(Teresa Torres),
《Continuous Discovery Habits》(Product Talk LLC, 2021) 저자

"제프와 조시는 스크럼과 같은 애자일 프레임워크를 비롯한 제품 개발의 다른 측면과 UX 디자인을 통합하는 방법에 대한 결정적인 책을 썼습니다. 이번 3판은 그들이 기능적으로 분리된 장벽을 허물고 핸드오프 기반 관계를 무너뜨린 실제 경험을 바탕으로 하고 있습니다."

— 게리 페드레티(Gary Pedretti),
전문 스크럼 트레이너 겸 Sodoto Solutions 설립자

린 UX
3판

LEAN UX 3rd Edition

LEAN UX

by Jeff Gothelf and Josh Seiden

린 UX 3판: 린 UX 캔버스를 활용한 프로덕트 개발 실무

초판 1쇄 발행 2023년 12월 19일 지은이 제프 고델프, 조시 세이던 옮긴이 박재현 펴낸이 한기성 펴낸곳 (주)도서출판인사이트 편집 정수진 영업마케팅 김진불 제작·관리 이유현, 박미경 용지 월드페이퍼 인쇄·제본 천광인쇄사 등록번호 제2002-000049호 등록일자 2002년 2월 19일 주소 서울시 마포구 연남로5길 19-5 전화 02-322-5143 팩스 02-3143-5579 ISBN 978-89-6626-419-3 책값은 뒤표지에 있습니다. 잘못 만들어진 책은 바꾸어 드립니다. 이 책의 정오표는 https://blog.insightbook.co.kr에서 확인하실 수 있습니다.

UX
insight

린 UX
3판

제프 고델프 ·
조시 세이던 지음
박재현 옮김

린 UX 캔버스를
활용한 프로덕트
개발 실무

인사이트

차례

4장   린 UX 캔버스   43

5장   1번째 상자: 비즈니스 문제   55

6장   2번째 상자: 비즈니스 결과   63

옮긴이의 글

프로그래밍 분야에서만 쓰이던 '애자일(agile)'이라는 말이 경영이나 마케팅의 영역까지 널리 퍼져 이제는 꽤 익숙한 용어로 자리잡았습니다. 최근에는 대기업, 중소기업, 스타트업까지 애자일한 제품 개발을 추구하는 추세입니다. 그러나 이러한 새로운 방식은 기존의 전통적인 업무 방식과 상당한 차이가 있습니다. 이로 인해 기업 내 여러 부서 간에 충돌과 어려움이 발생하는 경우를 많이 볼 수 있습니다.

전통적인 제품 개발 방식에서는 부서 간의 업무가 상대적으로 분리되어 있었습니다. 각 부서는 독립적인 목표와 일정에 따라 업무를 진행했기 때문에 조율이나 협업에 대한 필요성이 크지 않았습니다. 그러나 시장 변화 속도가 빠른 요즘은 다양한 부서와 팀이 긴밀하게 협력하고 유연하게 변화에 대응하도록 요구합니다.

이러한 변화는 각 부서의 업무 방식과 문화의 조정을 필요로 합니다. 개발 팀에는 애자일한 방식으로 작업하기 위해 기존의 워터폴 방식에서 벗어나도록, 마케팅이나 운영 부서는 빠른 변화에 대응할 수 있는 더 유연한 방식으로 전환하도록 요구받습니다. 개발 팀에서 애자일 방법론을 어떻게 적용해야 하는가에 관한 논의는 예전부터 있어 왔지만, UX 디자이너들이 애자일하게 일한다는 것은 어떤 의미인지에 대한 논의는 많지 않았습니다. 《린 UX》 3판은 바로 이 부분에 초점을 맞춥니다. 애자일과 UX 디자인의 결합은 현재 제품 개발 방식 변화의 핵심 요소 중 하나입니다. UX 디자이너들은 이런 프로덕트 개발 환경에서 다양한 분야의 연결 고리 역할을 수행해야 합니다. 이 책에서는 이러한 복잡한 도전에 대한 해답과 구체적인 지침을 제시하고, 린 UX의 핵심 가치가 무엇인지, 그리고 실제 현장에서 어떻게 적용할 수 있는지에 대한 통찰을 제공합니다.

《린 UX》 3판은 디자이너만을 위한 책이 아닙니다. 린 UX 팀에 포함되는 모든 분야의 전문가, 즉 프로젝트 매니저, 개발자, 경영진, 나아가 마케터와 엔지니어도 실무에서 적용할 수 있는 내용을 담고 있습니다. 특히, 팀을 관리하는 관리자는 어떻게 하면 팀 내에서 정보가 더욱 효율적으로 흐를 수 있을지, 서로 다른 직무 간에 협업을 방해하는 요소는 무엇이고 어떻게 그 요소를 제거할 수 있는지 이해하게 될 것입니다.

이 책을 쓴 두 저자 제프 고델프와 조시 세이던은 오랜 실무 경험을 바탕으로 조직의 크기나 형태에 상관없이 시도해 볼 수 있는 실용적인 지침을 제시합니다. 대기업이든 스타트업이든, 혹은 에이전시에서든 이 책의 내용은 산업군이나 조직 규모에 구애 없이 적용할 수 있습니다. 자신들이 많은 기업을 상대하면서 얻은 경험은 '에이전시를 위한 린 UX' 챕터에 가장 잘 녹아 있습니다. 참고할 만한 구체적인 조언들을 접할 수 있을 것입니다.

이전 판과의 가장 큰 차별점이라면 린 UX 캔버스를 사용하여 프로세스를 진행함으로써 실제 프로젝트에 손쉽게 적용할 수 있도록 한 부분입니다. 8단계로 구성된 린 UX 캔버스를 사용해 이론을 실전에 적용하는 과정을 보다 체계적으로 이해하고, 구체적으로 따라가며 적용해볼 수 있습니다.

번역 작업을 완료하기 위해 도와주신 출판사와 관계자 분들께 깊은 감사를 전합니다. 번역하면서 이 책이 많은 분들에게 새로운 시각을 제시하고 유용한 도구로 쓰일 수 있을 것이라는 생각이 들었습니다. 이 책을 통해 많은 분들이 더 나은 디자인과 혁신적인 결과물을 이루어내는 여정에 동참하게 되기를 기대합니다.

— 박재현

추천사

《린 UX》를 읽으면서 새로운 업무 방식으로 나아가는 여행을 시작하게 될
것이다. 전통적인 관리 방식에 익숙한 사람에게는 다소 혼란스럽게 느껴질
수 있다. 가끔씩 나는 전형적인 현대 기업을 하늘에서 조감하는 상상을 한
다. 상상의 나래를 펼치면, 높은 곳에서 기능별로 독립된 부서를 한 번에 하
나씩 바라볼 수 있을 것이다. 마케팅, 운영, 제조, IT, 엔지니어링, 디자인
등 깔끔하게 분리되어 잘 돌아가는 부서들이 일렬로 늘어선 모습을 상상해
보라.

이러한 상상 속에서, 한 부서를 향해 손을 뻗어 그 안을 엿본다면 어떤 장
면이 펼쳐질까? 현대 기업에서는 효율성을 극대화하기 위해 각 부서가 신
중하게 설계되어 있을 것이다. 이들은 고객 중심적인 접근으로 문제 해결을
반복하며 효율성을 극대화하고 있을 것이다. 제조 분야에서는 전통적인 린
사고가 드러날 것이며, 엔지니어링이나 IT 분야에서는 애자일 개발의 변형
된 형태를 찾아볼 수 있을 것이다. 마케팅 팀은 고객 개발에 주력하고, 운영
분야에서는 데브옵스 접근법을 따를 것이다. 또한 디자인 분야에서는 최신
디자인 씽킹, 인터랙션 디자인, 유저 리서치 기법이 적용될 것이다.

멀리서 내려다보면, 우리는 이렇게 착각할 수 있다. "이 회사는 가설에 기
반해 고객 중심으로 움직이고, 반복적인 방법론을 다양하게 사용하고 있구
나! 분명 시장 상황 변화에 빠르게 대응하고 지속적으로 혁신할 수 있는 애
자일한 기업임에 틀림없어!"라고 말이다. 하지만 현대 기업에서 일하는 사
람들은 이것이 얼마나 현실과 동떨어져 있는지 잘 알고 있다.

부서 단위로는 애자일하게 운영되는데 회사 전체로는 어떻게 이렇게 절
망적인 수준으로 경직되고 느리게 운영될 수 있을까? 멀리서 바라보면, 우
리는 본질적인 것을 놓치게 된다. 각 부서에서는 애자일을 중요하게 생각하

지만 부서 간의 상호 연결은 여전히 구시대적인 사고방식에 얽매여 있다.

여러분에게 익숙할 만한 한 가지 예를 들어보겠다. 어느 기업에서 생존을 위해 혁신을 추구하기로 결정했다고 하자. 그래서 사내 또는 외부의 디자인 팀에 의뢰하여 미래 산업 동향을 조사하고 기업의 미래를 보장해 줄 수 있는 혁신적인 신제품을 고안한다. 이로써 다들 흥분하기 시작한다. 고객을 인터뷰하고, 관찰하고, 분석한다. 실험, 설문조사, 포커스 그룹, 프로토타입, 스모크 테스트가 차례로 진행된다. 콘셉트가 신속하게 도출되고 테스트되고, 거부되고, 다듬어진다.

이 과정을 마치면 어떤 상황이 벌어질까? 디자이너는 얻은 발견점과 제안을 담은 방대한 스펙 문서를 자랑스럽게 발표하고, 경영진은 열광적으로 환영할 것이다. 이제 반복, 실험, 발견의 단계는 마무리되었다. 이제는 개발 부서가 계획을 실현해야 한다. 개발 프로세스는 애자일할 수 있지만 스펙 문서는 엄격하게 고정되어 있다. 개발자가 스펙을 구현하기 어렵거나 스펙에 미세한 결함이 있다는 것을 발견하면 어떻게 될까? 연구실에서는 효과적으로 작동했지만 시장에서는 인기를 끌지 못하는 콘셉트라면 어떤 조치를 취해야 할까? 초기의 '학습' 이후에 시장 상황이 변화해 버렸다면 어떻게 대응해야 할까?

막대한 비용을 들여 여러 해 동안 업계에 대한 연구 외주를 맡긴 경험이 있는 회사와 이야기를 나눈 적이 있다. 연구 결과로, 기업 맞춤형으로 디자인한 인상적인 '미래 비전' 디스플레이를 본사에 설치했다. 이 공간에서는 미래형 제품 컨셉이 어떻게 작동할지 데모를 보여주고, 해당 업계의 10년 후 모습을 상상해 볼 수 있었다. 그 후 10년간 회사에서 어떤 일이 일어났는지 짐작할 수 있을 것이다. 회사는 수백, 수천 명의 임원, 관리자, 직원을 대상으로 이 미래상을 보여 주었다. 실제로 10년이 지난 지금, 그 공간은 더 이상 미래지향적으로 보이지 않는다. 모든 예상을 뒤엎고 예측은 대체로 정확한 것으로 드러났다. 그럼에도 불구하고 회사는 스펙 문서의 권장 사항 중 어느 것도 상용화하지 못했다. 그래서 나는 경영진에게 앞으로의 계획이 무엇인지 물었다. 그들은 해당 업무를 담당했던 디자인 회사에 향후 10년을 다시 예측해 달라고 요청할 것이라 했다! 회사는 실패의 책임을 디자이너가 아닌 엔지니어와 관리자에게 돌렸다.

디자이너가 아닌 사람들에게 이 이야기를 하면 그들은 경악을 금치 못하며 그 잘난 디자인 회사에 책임이 있다고 말하려 한다. 대기업과 스타트업을 막론하고 고위 경영진에게 이 이야기를 하면 그들은 움찔한다. 그들 모두는 자기 부서는 빠르고 최첨단으로 돌아가지만, 다른 부서 때문에 회사 속도가 늦어진다는 불만을 날마다 듣기 때문이다. 회사 전체가 새로운 성장 동력을 찾지 못하면 모두에게 비난의 화살이 쏟아진다.

하지만 이는 디자이너, 엔지니어, 심지어 경영진의 잘못도 아니다. 문제는 우리가 회사를 구축하는 데 사용하는 시스템이다. 우리는 끊임없는 변화가 요구되는 세상에서 여전히 선형적인 조직을 구축하고 있다. 철저한 협업이 요구되는 세상에서 우리는 여전히 분리된 부서를 구축하고 있다. 또한 지속적인 혁신을 달성하기 위해 지속적인 실험이 요구되는 세상에서 여전히 분석에 투자하고, 스펙을 놓고 논쟁을 벌이고, 효율적으로 중간 산출물을 만들어내는 데 매달려 있다.

이 책이 2012년에 처음 나왔을 때 린 스타트업은 아직 초기 단계였다. 당시까지만 해도 매우 새로운 개념이었던 린 스타트업에 대해 글을 쓰고 강연을 시작한 지 15년이 지났다. 2021년은 《린 스타트업》(2012, 인사이트)이 출간된 지 10주년이 되는 해이기도 하다. 그동안 나는 이 아이디어가 산업에서 산업으로, 분야에서 분야로, 역할에서 역할로 성장하고 확산되는 것을 보았다. 우리는 새로운 도전에 직면할 때마다 선견지명이 있는 리더들에게 의지하여, 핵심 원칙을 해석하고 이를 구현하기 위한 새로운 프로세스를 개발하는 데 도움을 받아왔다. 우리는 린 스타트업 방법론을 어떻게 활용할 수 있는지에 대해 많은 것을 배웠고, 전 세계의 실무자들이 새로운 도구와 방법을 제공했다.

《린 UX》는 이러한 발전에 있어 중요한 단계이다. 그리고 이 분야를 지속적으로 발전시키려는 제프 고델프와 조시 세이던의 노력을 통해 이번 3판에서는 린 스타트업 원칙이 디자인 맥락에 어떻게 적용되는지 포괄적으로 다루고 있다. 뛰어난 협업, 더 빠른 전달, 그리고 무엇보다도 획기적으로 개선된 제품을 달성하기 위한 기본적인 도구와 기술을 소개했고, 린 UX 캔버스 및 가설 우선순위 캔버스와 같은 새로운 항목이 추가되었다. 린 UX와 디자인 스프린트의 관계뿐 아니라 스토리 매핑과의 관계에 대한 내용도 자세히 담겨 있다.

린 스타트업은 큰 텐트와 같다. 린 제조에서 디자인 씽킹에 이르기까지 다양한 분야에서 확립된 아이디어를 기반으로 한다. 회사 전반의 성과 향상을 돕기 위해 활용할 수 있는 공통 어휘와 개념 세트를 제공해 준다. 누구에게 책임이 있는지, 어느 부서가 주도권을 잡아야 하는지에 대해 논쟁하며 시간을 낭비하지 않아도 된다.

우리 모두가 '산출물 사업에서 벗어나자'는 제프의 요청에 귀를 기울이고 중요한 곳으로 관심을 집중하자. 그리하여 가장 시급한 과제인 고객 만족에 회사 전체가 동참할 수 있기를 바란다.

이제는 고립된 부서 간 벽을 허물고 다양한 부서를 통합하여, 일을 시작해야 할 때다.

— 에릭 리스,
2021년 7월 28일 샌프란시스코, 캘리포니아

이번 《린 UX》 3판은 진화하는 디자인, 기업가 정신, 혁신의 세계에 시의적절하게 기여하고 있다. 10년 전에는 기업과 일하면서 핵심 비즈니스를 넘어서는 혁신의 가치를 리더들에게 설득해야만 했다. 이제 이러한 논쟁은 대부분 사라졌다. 이제 기업 리더들은 혁신이 기업의 장기적인 성장을 촉진하는 최선의 방법이라고 확신한다.

이제 리더들은 혁신의 가치를 인식하고 있지만, 여전히 다른 과제가 남아 있다. 자신의 회사가 충분히 혁신적 성과를 냈다고 만족하는 리더는 극소수에 불과하다. 혁신 팀이 수행하는 많은 작업은 반복 가능한 프로세스를 따르지 않는 것으로 보인다. 지속적인 혁신을 위해 어떤 구조와 프로세스를 마련해야 하는지에 대한 리더들의 질문이 끊임없이 이어지고 있다.

이것이 바로 《린 UX》 3판을 시의적절하게 만드는 이유이다. 우리는 혁신이 단순히 선택된 소수의 소명이 아니라 하나의 전문 분야라고 믿는다. 혁신을 전문화하기 위해서는 혁신가들이 일상적으로 사용할 수 있는 적절한 도구와 프로세스를 개발해야 한다. 사람들이 이러한 도구를 사용하는 방법을 배우면, 그들은 조직에 반복 가능한 가치를 창출할 수 있게 될 것이다. 이것이 린 UX가 지속적으로 기여하고 있는 부분이다.

《린 UX》 초판이 출간된 후에도 소프트웨어 및 제품 개발에서 가장 큰 거짓말은 여전히 '두 번째 단계'이다. 즉, 팀은 로드맵에 있는 모든 것을 실행한 다음 출시 후(즉, 제품의 두 번째 버전에서) 고객 문제를 처리해야 한다는 생각이다. 문제는 두 번째 단계에 도달하지 못하고 결함이 있는 제품이 시장에 남아 있다는 것이다. 신제품을 출시할 때 10건 중 7건이 실패하는 이유도 바로 이 때문일 것이다.

그렇다면 이 과제를 어떻게 해결할 수 있을까? 첫째, 혁신의 본질에 맞는 도구를 개발해야 한다. 린 UX는 혁신이 기술적이거나 실행상의 도전이 아니라는 명확한 이해를 바탕으로 한다. 대신 팀이 해결해야 할 과제는 고객이 공감할 수 있는 가치를 제안하고 수익성 있는 비즈니스 모델을 찾는 것이다.

이러한 탐색을 위해서는 팀이 복잡성과 불확실성을 헤쳐나가야 한다. 이는 단순한 원인과 결과에 기반한 선형적인 프로세스가 아니다. 비선형적인 프로세스이다. 린 UX는 팀에 복잡성을 탐색할 수 있는 방법을 제공함으로써 팀이 혁신의 어두운 바다를 반복적이고 창의적으로 헤쳐나가며 효과가 있는 무언가를 찾을 수 있도록 한다.

팀원들에게 계속해서 10배 아이디어(현재의 상태보다 10배나 큰 효과나 성과를 가져올 수 있는 혁신적인 아이디어)를 가져오라고 요구하는 리더와 함께 일한 적이 있다. 우리는 리더와 그의 팀이 첫날에 10배나 혁신적인 아이디어를 찾아내는 것은 불가능하다는 점을 최대한 부드럽게 이야기하려 노력했다. 리더는 최고의 아이디어를 고르는 것이 아니라 최고의 아이디어가 나올 수 있는 환경을 조성할 수 있을 뿐이다. 린 UX에서 제시한 프로세스를 따르면 팀은 함께 협력하여 비즈니스 아이디어를 빠르게 스케치하고 테스트할 수 있다. 이러한 테스트와 반복을 통해 성공적인 아이디어가 도출된다.

혁신이 복잡하다는 것은 또한 다양한 주요 부서의 동료들과 협업하지 않고는 팀이 성공으로 나아갈 수 없음을 의미한다. 아이디어를 떠올리는 것부터 그 아이디어를 설계, 테스트하고 시장에 출시하는 것까지는 상당한 시차가 있다. 이러한 작업에는 여러 부서 간의 협업이 필요하다. 문제는 많은 조직에서 여전히 조직 간 높은 장벽과 핸드오프[1]가 주를 이루어, 팀의 협업 능력을 저하시키고 있다는 점이다.

혁신 팀이 실험을 실행하려면 법률 및 규정 준수의 승인을 받아야 하는 여러 회사와 협력해 왔다. 이런 회사 중 한 곳에서는 간단한 오즈의 마법사 실험 승인에만 두 달이 넘게 걸렸다. 린 UX는 이러한 혁신의 장벽을 극복하는 데 사용할 수 있는 실용적인 방법을 설명한다.

제품이 출시된 후에도 린 UX에 명시된 사고방식은 팀이 계속해서 스케치하고 테스트하는 데 도움이 된다. 팀원들이 제품 출시를 프로세스의 끝으로 간주하지 않는 것이 중요하다. 린 UX 방법을 사용하여 제품을 지속적으로 개선하는 것이 중요하다. 기업은 산출물을 만드는 비즈니스가 아니라 고객을 만족시키는 비즈니스를 한다는 사실을 항상 기억하는 것이 중요하다!

이 멋진 책을 재미있게 읽어 주기 바란다. 그리고 그 교훈을 일상 업무에 적용해 보기를 바란다.

— 알렉스 오스테르발더(Alex Osterwalder),
2021년 5월 30일 로잔, 스위스
— 텐다이 비키(Tendayi Viki),
2021년 5월 30일 하라레, 짐바브웨

---

1 (옮긴이) 핸드오프(Handoff)란 디자인 단계에서 개발 단계로 작업물 전체를 전달하는 과정을 뜻한다. 개발자가 작업할 수 있도록 디자인 의도와 산출물을 전달하는데, 커뮤니케이션이 원활하지 않으면 디자이너의 설계 의도가 제대로 전달되지 않거나 생략되는 경우가 있다.

저자의 글

이 책의 세 번째 개정판을 집필하면서 다양한 실무자, 작가, 코치, 컨설턴트 그룹의 영향력이 린 UX가 소프트웨어 디자인 및 개발의 변화하는 요구 사항을 충족하도록 성장하고 발전하는 데 도움이 되었다는 사실을 깨달았다. 잠시 시간을 내어 감사의 인사를 전하고 싶었다.

우리는 Tendayi Viki, Teresa Torres, Melissa Perri, Hope Gurion, Barry O'Reilly, Sam McAfee, Andy Polaine, David Bland, Andi Plantenberg, Jonathan Bertfield, Kate Leto, Daniel Stillman, Beth Temple, Jocelyn Miller, Bob Gower, David Bland, Douglas Ferguson, Martina Hodges-Schell, Erin Stadler, Jeff Patton, Petra Wille, Janet Bumpas, Jonathan Berger, Adrian Howard 등 지혜와 피드백을 공유해 준 핵심 동료 및 현장에서 뛰는 사람들로부터 계속 배우고 있다. 우리는 이들과 고객의 생각을 바탕으로 아이디어를 쌓아왔다.

언제나 그렇듯이 이 책에 자료, 이야기, 연구 결과, 트위터에서의 도움, 기술적 지혜, 정서적 지원을 제공해 주신 많은 분들께 감사를 전한다. 특히 Andrew Bourne, Ike Breed, Steven Cohn, Regine Gilbert, Victor M. Gonzalez, Zach Gottlieb, Jamila Isoke, Liz Laub, Jon Loyens, Dan Maccarone, Jono Mallanyk, Lin Nie, Greg Petroff, Steve Portigal, Leisa Reichelt, Delphine Sassi, Alexander Schardt, Kristin Skinner, Erik Skogsberg, Jessica Tiao, Kate Towsey, Ben Walker, Rosie Webster, Lee Weiss에게 감사를 드리고 싶다.

Dave West, Steve Porter, Erik Weber, Gary Pedretti를 비롯한 Scrum.org 팀과 그곳에서 만난 모든 전문 스크럼 트레이너에게 감사드리며, 우리의 작업을 스크럼 커뮤니티로 가져오는 데 도움을 주고 커뮤니티의 요구 사항을 더 잘 이해할 수 있도록 도와준 모든 분들에게도 감사를 전한다.

《린 UX》와 린 시리즈의 다른 저자 및 책 작업을 계속 지원해 준 에릭 리스(Eric Ries)와 이 책이 성공할 수 있도록 계속해서 도움을 준 O'Reilly의 Melissa Duffield, Angela Rufino, Mary Treseler, Jennifer Pollock에게도 감사의 마음을 전한다.

마지막으로, 몇 년 전 이러한 아이디어를 처음 논의하기 시작한 밸런스드 (Balanced) 팀 작업 그룹 멤버들에게 감사의 인사를 전하지 않을 수 없다. 이 그룹을 결성하고 수많은 훌륭한 사람들을 한데 모으는 데 촉매제이자 원동력이 되어준 Lane Goldstone에게 감사 드린다. 특히 린 스타트업의 아이디어를 처음 소개해 주고 '린 UX'라는 문구를 만들어 준 Janice Fraser에게 큰 빚을 지고 있다.

제프가 덧붙이는 글

파트너십이 20년째 접어들면서 나는 조시를 친구이자 공동 작업자, 논리적 토론의 대상으로 여기고 있다. 우리가 이러한 아이디어를 실행하는 방식은 처음 시작할 때와는 다르지만 시장의 요구와 세상의 현실이 변화함에 따라 우리는 기업에 더 나은 업무 방식을 제공하기 위한 새로운 방법을 찾으면서 계속 협력하고 있다. 완벽한 홈메이드 사워도우 빵과 콘비프에 대한 그의 끝없는 열정에도 감사하고 있다.

언제나 그렇듯이 가족의 지원과 사랑 없이는 이 모든 것이 불가능했을 것이다. 캐리, 그레이스, 소피는 내가 일, 글쓰기, 아재 개그에 계속 빠져들게 해준다. 더 바랄 게 없다. 모두 사랑하고, 고맙다.

조시가 덧붙이는 글

이 책에서 제프와 나는 깊이 협업하는 업무 스타일에 대해 설명한다. 나는 협업할 때 더 많은 것을 배우고 더 효과적으로 일할 수 있다고 항상 생각한다. 내가 이 책에 기여할 수 있었던 것은 모두 운 좋게 커리어에서 경험한 놀라운 협업 덕분이다. 나를 잘 아는 모든 사람들에게, 모두에게 매우 감사하다.

하지만 꼭 언급해야 할 협업 대상이 하나 있다. 바로 제프이다. 그와 계속 협업할 수 있어서 정말 즐거웠다. 제프는 마감일에 대한 낙관주의, 목표 설정에 대한 대담함, 메시지 전파에 대한 지칠 줄 모르는 열정 등 내가 못하는 많은 것들을 제공했다. 그는 똑똑하고 열심히 일하며 이기심 없는 파트너이다. 그러나 그는 재미없다. 유머가 필요하다면 내가 대신 웃음을 선사해야 할 것이다.

마지막으로 비키, 나오미, 아만다에게 고맙다. 사랑을 전한다.

제프와 조시의 당부

이 책을 마지막으로 업데이트한 지 5년이 지났다. 이 책으로부터 여러 커뮤니티와 아이디어가 탄생했으며, 우리는 이에 경외심을 느끼고 있다. 많은 변화가 있었지만 소프트웨어 디자인 및 개발 팀이 직면하는 많은 문제는 여전히 동일하다. 다양한 부서 간의 광범위한 협업뿐만 아니라, 우리가 수행하는 작업에 영향을 미치는 고객과 지속적으로 대화를 나누는 것은 변하지 않는 과제이다. 다행히 애자일과 스크럼, 목표 및 핵심 결과(OKR)라는 목표 설정 프레임워크가 조직에 깊이 스며들면서, 조직이 더욱 고객 중심적으로 변화하는 방법을 면밀히 검토하고 있다. 우리 역시 린 UX의 기법을 더욱 효과적으로 적용할 수 있는 방법을 배웠고 이를 여러분과 공유하게 되어 기쁘다.

린 UX를 가르치거나 일상 업무에 사용할 때마다 더 나은 적용 방법을 배운다. 새로운 것을 시도하고, 점검하고, 학습을 통해 적응하고, 생각을 새롭게 한다. 여러분도 나와 같은 일을 하고 있다고 생각하며, 이에 대한 이야기를 듣고 싶다.

여러분의 생각을 공유해 달라. jeff@jeffgothelf.com이나 josh@joshuaseiden.com으로 메일을 보내면 된다. 언제나 여러분의 의견을 기다리고 있겠다.

서문

소프트웨어에서 가장 큰 거짓말은 여전히 '두 번째 단계'이다.

지난 30년 동안 디지털 제품을 구축하는 데 조금이라도 시간을 투자해 본 적이 있다면(자신의 역할과 무관하게) 이 거짓말이 얼마나 무서운지 느꼈을 것이다. 팀이 애자일이라고 주장한다면 '두 번째 단계'가 과연 유효한 개념일까? 팀은 각 스프린트마다 기능과 아이디어의 우선순위를 정하고 출시일을 향해 달려가면서 우선순위가 낮은 아이디어는 다음 단계의 작업으로 미룬다. 하지만 그 단계가 오지 않으면 해당 기능은 사라지고 다시는 들을 수 없게 된다. 디자이너, 프로덕트 매니저, 코치, 컨설턴트로서 우리는 수천 개까지는 아니더라도 수백 개의 와이어프레임, 제품 백로그 항목, 워크 플로를 이 백로그 그룹에 넣어본 적이 있다.

하지만 이러한 아이디어가 결함이 있어서 버려진 것일까? 아니면 시장의 상황이 바뀌었기 때문일까? 실제로 출시된 기능이 고객 및 비즈니스 목표를 충족했는가? 아니면 팀에서 단순히 잊어버렸을까? 절대로 두 번째 단계에 도달하지 못했을 것이다.

《린 스타트업》(인사이트, 2012)에서 에릭 리스는 가장 가치 있는 아이디어가 가장 많은 리소스를 확보할 수 있는 방법에 대한 비전을 제시한다. 에릭 리스가 장려하는 방법은 실험, 아이디어의 빠른 반복, 진화하는 프로세스이다. 진정한 애자일 환경에서는 팀이 지속적으로 기능을 출시하므로 코드를 배포하는 건 특별한 행사가 아니다. 두 번째 단계라는 개념 자체가 무의미한 것이다.

린 스타트업과 사용자 경험(UX) 디자인의 접점, 그리고 이 두 가지가 상호 이익을 추구하며 공존하는 것이 바로 린 UX이다.

린 UX란 무엇인가?

린 스타트업의 근간이 되는 린 원칙은 3가지 방식으로 린 UX에 적용된다. 첫째, UX 디자인 프로세스에서 낭비를 제거하는 데 도움이 된다. 디자인, 개발, 제품 간의 대화를 앞당길 수 있을 만큼의 디자인, 리서치, 글쓰기 작업만 수행한다. 이렇게 최소한으로 실행 가능한 대화를 통해 문서화된 핸드오프를 하며 긴 협상을 하는 것을 피할 수 있다. 대신 린 UX 프로세스는 팀의 학습을 나아가게 하는 데 필요한 디자인 아티팩트[1]만 생성한다. 둘째, 린 원칙은 부서 간 투명한 협업을 통해 디자이너, 개발자, 프로덕트 매니저, QA 엔지니어, 마케터 등으로 구성된 시스템이 조화롭게 작동하도록 하며, 디자이너가 아닌 사람들도 디자인 프로세스에 참여할 수 있도록 한다. 린 UX는 디자이너가 하는 일을 공개할 뿐만 아니라 팀원 모두의 참여를 독려하는 투명한 프로세스이다.

마지막으로, 가장 중요한 것은 실험과 검증을 통한 학습에 기반한 모델을 채택하여 얻을 수 있는 사고방식의 변화이다. 단일 관점에서 최상의 솔루션을 찾기 위해 디자이너, 수석 엔지니어, 비즈니스 이해관계자와 같은 특정 인물에만 의존하는 대신, 빠른 실험과 측정을 통해 우리가 만들고 있는 경험을 외부의 시각으로 평가하는 관점을 취하게 된다. 우리는 우리의 아이디어가 고객의 요구를 얼마나 잘 충족하는지(또는 얼마나 잘 충족하지 못하는지)를 신속하게 학습하고 발견하기 위해 노력한다. 이 모든 과정에서 디자이너의 역할은 단순한 아티팩트 제작을 넘어 디자인 퍼실리테이션으로 진화하며, 새로운 책임을 맡게 된다.

린 UX는 린 스타트업 외에도 디자인 씽킹과 애자일 개발 철학이라는 두 가지 기반을 가지고 있다. 디자인 씽킹은 단순히 인터페이스와 아티팩트를 넘어 작업의 범위를 확장하는 데 도움이 된다. 시스템을 조망하고 보다 광범위한 문제에 디자인 도구를 적용하는 데 도움이 되며, 협업, 반복, 제작,

---

1 (옮긴이) 아티팩트(artifact)란 인공물을 뜻하는데, 리서치할 때 고객에게 보여주고 반응을 살펴보기 위한 대상물이다. 프로토타입을 고객에게 보여줄 때도 있고, 콘셉트에 대한 표현을 아티팩트로 보여주기도 한다.

공감을 문제 해결의 핵심으로 삼는다. 디자인 씽킹의 가장 큰 강점은 팀 전체가 최종 사용자의 공감을 얻기 위해 노력한다는 점이다. 린 UX를 적용하면 팀 전체가 이러한 공감을 형성하는 데 노력하게 된다. 애자일은 소프트웨어 개발 주기를 단축하고, 정기적으로 가치를 제공하며, 지속적인 학습에 초점을 맞추는 개발 철학이다. 애자일은 아이디어(종종 실제 작동하는 소프트웨어)를 빠르게 고객에게 전달하고, 이 아이디어의 수용 여부를 파악하며, 새로운 학습을 빠르게 적용하고자 한다. 스크럼 가이드에 따르면 이는 계속해서 검토하고 적용하는 과정을 의미한다.

린 UX는 이러한 기반을 토대로 제품 개발 주기에서 애자일의 속도와 디자인의 니즈를 연결한다. 애자일 환경에서 UX 디자인이 어떻게 작동할 수 있는지 고민했다면 린 UX가 해답이다.

린 UX는 실제 비즈니스 요구 사항과 구현 사이에서 소프트웨어 디자이너를 격리시키던 장벽을 허물어 준다. 또한, 린 UX는 디자이너를 협상 테이블에 참여시킬 뿐만 아니라 제품 관리, 비즈니스 및 기술 분야의 파트너를 화이트보드 앞으로 모아 최상의 솔루션을 찾기 위해 지속적으로 협력할 수 있도록 돕는다.

경력 초창기에 제프는 자신이 근무하던 에이전시에서 대규모 제약회사 고객과 협력하여 전자상거래 플랫폼을 재설계하는 프로젝트에 참여했다. 이 프로젝트의 주요 목표는 매출을 15% 늘리는 것이었다. 제프는 이 팀에서 수석 인터랙션 디자이너였다. 제프와 그의 팀은 외부와 단절된 상태에서 몇 달 동안 현재 시스템, 공급망, 경쟁사, 대상 고객 및 사용 시나리오에 대한 조사를 수행했다. 페르소나와 전략 모델을 개발하고, 제품 카탈로그를 위한 새로운 정보 구조를 설계하며, 완전히 새로운 쇼핑 및 결제 환경을 구축했다.

몇 달간의 작업이 완료된 후에 팀은 모든 내용을 파워포인트 슬라이드 자료로 정리했다. 엄청난 양의 자료였지만, 60만 달러에 달하는 가격표를 고려하면 당연한 작업이었다. 팀은 클라이언트의 사무실로 이동하여 꼬박 8시간 동안 슬라이드의 모든 픽셀과 단어를 하나하나 신중하게 검토했다. 작업이 완료되자 클라이언트는 박수를 쳤다(실제로 그랬다). 제프와 그의 팀은 안도했다. 고객이 우리의 작품에 만족했기 때문이다. 그리고 이후로 제프의 팀은 그 슬라이드를 다시 볼 일이 없었다.

그 회의 이후 6개월이 지났지만 고객의 웹사이트에는 아무 변화가 없었다. 고객도 다시는 그 슬라이드를 보지 않았다.

이 사례에서 얻을 수 있는 교훈은 무엇일까. 픽셀 단위까지 완벽한 스펙을 작성하는 것이 몇 십만 달러의 컨설팅 수익을 얻을 수 있는 방법이 될 수는 있지만, 실제 사용자들에게 중요한 제품의 실질적인 변화를 가져오는 방법은 아니라는 점이다. 또한, 우리 디자이너들이 제품 디자인 분야에 종사하게 된 이유는 이러한 스펙을 작성하기 위해서가 아니라 가치 있는 제품과 서비스를 만들기 위해서이다.

린 UX를 실천할 때, 우리가 실제 고객들에게 의미 있는 방식으로 문제를 해결하고 있는지 확인해야 한다. 현재 우리 팀 중에는 완전히 새로운 제품이나 서비스를 개발하는 팀도 있다. 이들은 기존 제품 프레임워크나 구조 내에서 작업하지 않고, 새로운 분야를 다루는 프로젝트에 참여한다. 이러한 프로젝트에서는 새로운 제품이나 서비스가 어떻게 사용되며 작동할 것인지와 우리는 이를 어떻게 구축할 것인지를 동시에 고려해야 한다. 가장 중요한 것은 이 제품이 의도한 대상 고객들의 실제 문제를 해결해 주는지 확인하는 것이다. 끊임없이 변화하는 환경에서는 계획을 세우거나 사전에 디자인하기 위한 시간이나 인내를 바랄 수 없다.

다른 팀들은 전통적인 디자인 및 개발 방법으로 만든 기존 제품으로 작업하고 있다. 이들의 과제는 다르게 정의된다. 이들이 다루는 시스템은 특정 기간 동안의 요구 사항을 충족시키기 위해 개발되었다. 시장 변화 속도가 빠르다는 것은 이러한 요구가 변화할 가능성이 높다는 의미이다. 이러한 팀은 기존 플랫폼을 최적화하여 새로운 현실에 부합하면서 수익과 브랜드 가치를 향상시켜야 한다. 보통 신생 스타트업보다는 더 많은 리소스를 활용할 수 있지만, 고객이 실제로 원하는 제품과 서비스를 구축하기 위해 리소스를 가장 효율적으로 사용하는 방법을 찾아야 한다.

린 UX가 우리에게 요구하는 가장 어려운 변화 중 하나는 아마도 '미완성' 또는 '추한' 상태의 작업을 보여준다는 느낌을 극복하는 것이다. 거의 15년 동안 이런 방식으로 일해 온 오늘날에도 여전히 이 문제로 어려움을 겪고 있다. 우리는 첫 번째 시도가 필연적으로 수정이 필요하다는 사실을 수년 동안 배웠다. 따라서 아이디어를 빨리 내놓을수록 수정이 필요한 부분을 더 빨리 파악할 수 있다. 피드백을 받기까지 너무 오래 기다리는 것은 낭비이다. 초기 디자인에 너무 많은 투자를 하면 이미 투입한 노력 때문에 변화에 대한 유연성이 떨어진다. 어떤 변경이 필요한지 빨리 파악할수록 현재 아이디어에 대한 투자가 줄어들며, 진로를 변경하는 데 따르는 고통도 줄어든다. 디자인, 더 넓게는 소프트웨어의 반복적인 특성을 받아들이려면 유능하고 겸허하면서 협력적인 팀의 지원이 필요하다. 팀원들은 처음부터 모든 것을 완벽하게 해낼 수는 없고, 앞으로 나아가기 위해서는 함께 반복해야 한다는 것을 알아야 한다. 코드 배포가 린 UX 팀의 성공 척도가 되는 것이 아니다. 대신, 고객에게 미치는 긍정적인 영향이 중요하다.

디지털 시스템의 성공에 영향을 미치는 요소는 많다. 디자인이 분명 중요한 요소이지만 프로덕트 매니지먼트, 엔지니어링, 마케팅, 법률, 규정 준수, 카피라이팅 등이 모두 시스템에 영향을 미친다. 어느 한 분야가 모든 해답을 가지고 있지는 않다. 그렇기 때문에 한 가지 관점만이 모든 해답을 가지고 있는 것도 아니다. 성별 다양성, 인종 다양성 등 팀의 다양성이 클수록 팀이 만들어내는 솔루션은 더욱 혁신적이고 폭넓게 적용될 수 있다. 포용성은 성공적인 협업의 핵심이며, 디지털 매체의 본질이다. 폭넓은 협업은 더 나은 결과물을 만들어낸다. 수정과 반복은 더 나은 제품을 만든다. 이 책은 이러한 관점을 채택하고 제품 및 비즈니스 팀의 진정한 성공과 고객의 진정한 만족을 창출할 수 있었던 통찰과 전술을 담았다.

린 UX는 누구를 위한 것인가?

먼저 이 책은 팀에 더 많이 기여하고 더 효과적으로 일하기 원하는 제품 디자이너를 위한 책이다. '사용자 경험(UX)'은 사용자가 제품 및 서비스와 맺는 모든 상호 작용의 총합이라고 생각한다. 즉, 사용자 경험은 여러분과 여러분의 팀이 해당 제품이나 서비스에 대해 내리는 모든 의사 결정으로부터 만들어진다. 사용자 인터페이스나 기능만이 아니다. 가격, 구매 경험, 온보딩, 지원 등도 여기 포함된다. 다시 말해, 사용자 경험은 팀 전체가 함께 만들어가는 것이다. 따라서 이 책은 팀과 함께 제품을 정의하고 고객과 함께 제품을 검증하는 좋은 방법이 필요한 프로덕트 매니저를 위한 책이기도 하다. 또한 협업적이고 애자일한 팀 환경이 더 나은 코드와 보다 의미 있는 작업으로 이어진다는 것을 이해하는 스크럼 마스터와 개발자를 위한 책이기도 하다. 마지막으로, 린 UX는 훌륭한 UX가 가져올 수 있는 차이를 이해하는 관리자(UX 팀이든, 프로젝트 팀이든, 비즈니스 라인이든, 부서든, 회사든 무언가를 관리하는)를 위한 책이기도 하다.

어떤 내용을 담고 있는가?

이 책은 네 개의 섹션으로 구성되어 있다.

1부 '소개 및 원칙'에서는 린 UX와 그 기본 원칙에 대한 개요와 소개를 담았다. UX 디자인 프로세스의 진화가 중요한 이유를 설명하고 린 UX에 대해 설명한다. 또한 애자일 업무 환경에서 린 UX를 성공적으로 구현하기 위해 이해해야 할 기본 원칙에 대해서도 설명한다.

2부 '프로세스'에서는 린 UX 캔버스를 소개하고 캔버스의 8단계를 각각 설명한다. 또한 과거에 다른 기업들이 이러한 작업을 수행한 사례를 공유한다.

3부 '협업'에서는 디자이너와 다른 분야 간의 협업에 대해 자세히 살펴보고 디자인 스프린트, 디자인 시스템, 협업적인 리서치와 같이 널리 사용되는 여러 작업 방식을 린 UX와 결합할 수 있는 도구와 사례 연구를 소개한다.

마지막으로, 애자일 프로세스의 리듬에 린 UX를 더 잘 통합하기 위해 고려해야 할 점을 공유한다.

4부 '조직에서의 린 UX'에서는 린 UX 관행을 조직에 통합하는 방법을 다룬다. 이러한 아이디어가 진정으로 자리 잡기 위해 기업 수준, 팀 수준, 개인 수준에서 일어나야 하는 조직적 변화에 대해 논의한다.

이 책이 여전히 '두 번째 단계'를 기다리고 있는 모든 조직의 UX 디자이너와 동료, 제품 팀에 도움이 되기를 바란다. 이 책은 프로세스를 개발하는 데 도움이 되는 전술과 기법으로 가득 차 있지만, 린 UX의 핵심은 마음가짐이라는 점을 기억해 주면 좋겠다.

— 제프와 조시

제1부

소개 및 원칙
INTRODUCTION AND PRINCIPLES

1부에 관하여

1부에서는 린 UX와 그 기본 원칙에 대해 소개한다. 제품 디자인 및 개발 프로세스의 진화가 왜 그렇게 중요한지 논의하고 린 UX가 무엇인지 설명한다. 또한 린 UX를 조직에 적용하기 위해 이해해야 할 기본 원칙에 대해서도 설명한다.

1장 '그 어느 때보다 중요한 시기'에서는 제품 디자인 및 개발의 간략한 역사와 이러한 프로세스를 발전시켜야 하는 이유를 설명한다.

2장 '원칙'에서는 린 UX 프로세스를 이끄는 핵심 원칙에 대해 자세히 살펴본다. 이러한 원칙은 린 제품 설계 및 발견 프로세스를 위한 프레임워크를 제공하며, 이러한 팀을 위한 기본적인 관리 지침도 제공한다. 여기서 제시하는 원칙은 린 UX의 성공에 매우 중요하며, 조직에 도입하면 조직 문화와 팀의 생산성 및 성공에 큰 영향을 미칠 것이다.

3장 '결과'에서는 린 UX에서 항상 중요한 개념이었던 결과(outcome)라는 개념에 초점을 맞춘다. 지난 몇 년 동안 우리는 결과에 대해 생각하고 작업하는 새로운 방식을 개발해 왔다. 린 UX에서 결과는 매우 중요하기 때문에 이 개념에 대한 논의를 확장했다. 이 장에서는 성과라는 개념을 현재 우리가 무엇이라고 이해하는지 공유한다.

1장

그 어느 때보다도 중요한 시기

한 번만 하면 '이터레이션(iteration)'[1]이 아니다.
— 제프 패튼

끊임없이 진화하는 디자인

처음으로 소프트웨어를 디자인하기 시작한 1980~90년대, 디자이너들은 물리적인 대상을 다룰 때와 비슷한 방식으로 소프트웨어 디자인에 접근하려 했다. 산업 디자인, 인쇄물 디자인, 패션 디자인처럼 물리적인 생산물이 나오는 분야에서 제조 공정은 디자이너에게 큰 제약이었다. 제품 생산에는 큰 비용이 들기 때문에 물리적인 제품을 디자인하고 실제 생산을 시작하기 전에 무엇을 만들지 명확하게 설계해야만 했다. 가령 자동차, 가전, 가구, 의류를 생산할 공장을 세우는 데는 큰 투자가 필요하다. 대량 인쇄를 하는 인쇄소를 세우는 데도 비용이 많이 든다.

1　(옮긴이) 이터레이션(iteration)이란 작은 시도와 피드백의 반복이다. 서비스나 제품을 만들 때, 시장에서 한번에 성공하기는 쉽지 않다. 제품을 만들기 전에 가설을 세우고, 해당 가설을 검증할 수 있는 만큼만 제품을 만들어 시장에서 테스트한다. 결과를 분석하고 문제를 보완한 다음 제품에 살을 붙여 다시 시장에 던진다. 이런 매 단계가 이터레이션이다.

소프트웨어를 다루기 시작하면서 디자이너들은 새로운 도전에 맞닥뜨리게 된다. 소프트웨어라는 새로운 매체의 문법을 알아내야 했고, 그 과정에서 인터랙션 디자인, 정보 구조(Information Architecture)와 같은 새로운 전문 분야가 생겨났다. 그럼에도 디자이너가 업무를 수행하는 프로세스는 기존 방식에 의문을 갖지 않고 그대로 답습하고 있었다. 디자이너는 여전히 '제조' 과정을 고려해야 했기 때문에 사전에 작은 디테일까지 상세하게 설계했다. 작업 결과물인 소프트웨어는 물리적인 제품의 유통과 똑같은 방식으로 플로피 디스크와 CD로 복제되어 시장에 유통됐다. 실수할 때 치러야 하는 비용은 여전히 컸다. 하지만 아이러니하게도 생산하기에 앞서 설계를 최대한 상세하게 완료하는 방식으로는 실수를 예방할 수 없었다. 당시 디자이너는 주로 혼자서, 다른 팀과 소통하지 않고 개발자에게 디자인 결과물을 넘기는 경우가 많았다. 개발자 역시 개발 부서 내에서만 소통하고 QA 부서로 작업 결과물을 넘기곤 했다. 모든 사람이 시장의 반응을 거의 알지 못한 채 일하고 있었다.

오늘날 우리는 새로운 현실을 마주하고 있다. 이제 소프트웨어 개발 프로세스는 연속적이다. 인터넷은 소프트웨어 배포 방식을 바꿔놓았다. 모바일 기기, 웨어러블, IoT의 확산으로 소프트웨어를 사용하는 방식이 바뀌었다. 우리는 더이상 물리적 제조 공정에 제약을 받지 않으며, 몇 년 전까지만 해도 상상하지 못한 속도로 디지털 제품과 서비스를 시장에 출시하게 됐다.

이게 모든 변화의 시작이다.

제품 팀들은 이제 애자일 소프트웨어 개발(Agile software development)[2], 지속적 통합(Continuous Integration), 지속적 배포(Continuous Deployment)[3] 같은 기법으로 사

---

2 (옮긴이) 애자일 소프트웨어 개발(Agile software development) 방법론은 계획을 통해 폭포수 형태로 진행한 과거의 방법론과 달리 일정한 주기를 반복적으로 실제 코딩으로 프로토타입을 만들어 가며, 그때 상황에 맞게 요구사항을 더하고 수정하며 소프트웨어를 개발해 나가는 시장 적응형 방식이다.

3 (옮긴이) 지속적 통합(Continuous Integration)이란 빌드와 테스트 자동화 과정이다. 지속적 통합을 성공적으로 구현할 경우 소프트웨어에 대한 코드 변경 사항이 정기적으로 빌드되고 테스트되어 공유 리포지터리에 통합되며, 커밋할 때마다 일련의 자동화된 테스트를 통해 기존 코드와 신규 코드의 충돌로 문제가 생기지 않도록 할 수 있다. 지속적 배포(Continuous Deployment)는 배포 자동화 과정이다. 코드 변경이 이전 테스트와 통합 단계를 성공적으로 통과하면 해당 변경 사항이 프로덕션에 자동으로 배포된다.

이클타임(Cycle Time)[4]을 획기적으로 단축하려는 경쟁업체로부터 극심한 압박을 받고 있다. 세계적 전자상거래 플랫폼인 아마존을 예로 들어보자. 아마존은 매초마다 사용자에게 새로운 코드를 실시간으로 전송한다.[5] 아마존은 짧은 배포 주기를 경쟁 우위로 활용하고 있다. 빠르게 자주 코드를 배포하고, 시장에서의 반응을 확인하고, 사용자와 지속적으로 대화를 이어가기 위해 배포를 통해 배운 점을 분석하여 이터레이션한다. 본질적으로 아마존은 제품을 배포하는 동시에 제품에 대한 인사이트를 발견한다. 이는 많은 결과를 함축하지만, 다음 두 가지가 가장 중요하다.

- 제품이 고객의 요구 사항을 얼마나 충족시키는지 지속적으로 빠르게 학습하는 능력
- 제품의 품질에 관해서, 그리고 고객의 불편함과 피드백에 빠르게 대응할 것이라는 점에서 높아진 시장의 기대치

새로운 작업 방식을 실행하기 위해 값비싼 기술이 필요한 것도 아니다. 대부분의 스타트업은 완전히 무료 또는 거의 무료로 이를 가능하게 하는 플랫폼과 서비스를 이용할 수 있다. 이로 인해 기존 기업들은 이전에는 알지 못하던 위협과 마주하게 되었다. 무엇보다, 업종을 막론하고 시장 진입 장벽이 이렇게 낮았던 적이 없었다. 물리적 제품을 '생산'할 필요 없이, 인터넷에 접속할 수 있는 사람은 누구든 서비스를 디자인하고, 코딩하고, 배포할 수 있다. 이렇게 새로운 상황에서 예전처럼 '사전에 모든 걸 완벽하게 파악하고' 작업하는 건 이치에 맞지 않는다. 그러면 이제 프로덕트 팀은 어떻게 해야 할까?

---

4 (옮긴이) 사이클 타임(Cycle Time)은 제조업에서 하나의 제품이 생산 라인에서 원자재를 투입하여 완성될 때까지 걸리는 시간을 나타낸다. 서비스 개발 프로세스에서 사이클 타임은, 하나의 단계나 작업을 완료하는 데 걸리는 시간을 나타낸다.

5 존 젠킨스(Jon Jenkins), "Velocity 2011: Jon Jenkins, 'Velocity Culture,'" O'Reilly, YouTube video, 15:13, *https://oreil.ly/Yh7Co*; 조 매켄드릭(Joe McKendrick), "How Amazon Handles a New Software Deployment Every Second," ZDNet, *https://oreil.ly/zXFoo*; 워너 보겔스(Werner Vogels), "The Story of Apollo - Amazon's Deployment Engine," All Things Distributed, November 12, 2014, *https://oreil.ly/HrMRs*.

우리에게도 변화가 필요한 시점이다.

프로덕트 디자인과 팀 협업 방법론이 진화한 형태가 린 UX이다. 디자이너 툴킷 중 가장 유용한 도구를 애자일 소프트웨어 개발 방법론, 린 스타트업 사고와 결합하고, 이를 프로덕트 팀 모두가 사용할 수 있게 하는 것이다. 이를 통해 프로덕트 팀은 새로운 현실의 장점을 이용하여 최대한 많은 걸 배우고, 앞으로 나아가기 위한 최적의 길을 찾아 고객의 목소리에 귀기울일 수 있다.

디자이너, 프로덕트 매니저, 개발자는 더이상 각자 알아서 일하는 호사를 누릴 수 없다. 린 UX는 여러 직무가 혼합되어 있고 긴밀한 협업이 필요하다. 폭포수 방식(Waterfall process)[6]의 시대는 끝났다. 업무는 연속적이다. 우리는 다른 사람이 일을 마칠 때까지 기다릴 여유가 없으며, 다른 팀도 우리의 업무가 끝날 때까지 기다려줄 여유가 없다. 대신, 우리가 성공하려면 날마다 지속적으로 동료와 소통해야 한다. 팀원들과 지속적으로 소통하여 서로 생각을 공유하면 산출물이 거대해지는 걸(그리고 그 산출물을 만드느라 많은 시간을 허비하는 것도) 방지할 수 있다. 생각을 공유하면 팀의 의사 결정이 빨라지고, 보다 전략적인 대화가 가능하다. 우리는 제품 디자인을 움직이는 모든 세부 사항에 대해 고민해야 할 책임이 있다. 인터페이스 요소와 워크 플로를 아름답게 디자인하고, 접근성, 페이지 로딩 시간, 버튼 레이블에서 오류 메시지까지 고민해야 하는 것이다. 소통 비용을 줄이면 제품의 전략적 선택에 영향을 미치는 인사이트를 수집하는 것처럼 더 중요한 활동에 집중할 시간이 많아진다.

린 UX는 우리가 디자인에 대해 이야기하는 방식을 변화시킨다. 기능과 문서에 대해 이야기하는 대신 디자인으로 어떤 효과를 낼 수 있는지, 어떤 결과를 만들고자 하는지에 대해 이야기하게 된다. 새로운 현실을 마주한 우리는 그 어느 때보다 시장의 피드백을 자주 접할 수 있다. 이를 통해 비즈니

---

6 (옮긴이) 폭포수 방식(Waterfall process)이란 애자일 방식에 대비되는 과거의 개발 방법론으로, 요구사항 분석-디자인-구현-테스트-유지보수의 개발 주기로 진행되며 각 단계에 많은 시간이 소요된다. 중간에 요구 사항을 추가하거나 변경이 어려운 것이 단점이다.

스, 고객, 사용자의 목표를 객관적으로 파악하고 디자인 대화의 관점을 재구성할 수 있다. 우리는 기능의 효과를 측정하고, 이를 통해 새로운 걸 배우고 제품을 개선해 나갈 수 있다.

린 UX는 세 가지로 이루어진다. 우선 디자이너와 프로덕트 팀에서 일하는 프로세스를 바꾸는 것으로 시작한다. 하지만 단순한 프로세스 변화 이상의 의미가 있다. 린 UX는 우리가 배우려는 자세로 업무에 임하게 해주는 문화적 변화다. 우리는 초기 해결책이 틀릴 수 있다는 점을 인지하고, 생각을 지속적으로 발전시키기 위해 인사이트를 활용한다. 마지막으로, 린 UX는 소프트웨어 디자인 및 개발 팀이 서로 격려하고 협력하면서 투명하게 일할 수 있도록 팀을 구성하고 관리하는 방식에 대한 조직적 변화를 말한다. 책의 나머지 부분에서 린 UX의 이러한 각 측면에 대해 깊이 파고들 것이다.

이 소개글은 이렇게 요약하는 게 가장 좋겠다. 우리는 이제 린 UX 방식으로 작업해야 한다는 것이다.

2장

원칙

저기로 가라. 아주 빠르게. 방해물이 있다면 방향을 바꿔라!
— 영화 <작은 사랑의 기적(Better Off Dead)>

린 UX의 중심에는 디자인 프로세스, 팀 문화, 조직 구성을 좌우하는 일련의
핵심 원칙이 있다. 이러한 원칙을 프레임워크(framework)로 대하라. 여러분의
팀이 올바른 방향으로 나아가려면 원칙에서 출발해야 한다. 나중에 설명할
개념인 린 UX 프로세스를 실행할 때도 핵심 원칙을 염두에 두어야 한다. 중
요한 점은, 린 UX는 단순히 원칙을 모은 게 아니라 우리가 선택하는 접근 방
식이라는 점이다. 프로덕트 팀은 다양한 환경에서 작업하고, 디자이너들은
다양한 분야, 회사, 문화, 제약, 고객, 목표를 위해 일하고 있다는 걸 고려할
때 각 조직에서 린 UX가 잘 작동하기 위해서는 책에서 설명하는 프로세스
를 각자의 상황에 맞게 변형해야 한다. 2장에서 소개할 원칙을 읽고, 각자의
상황에 맞게 프로세스를 조정하는 법을 배워보자.

근본적으로 원칙을 적용할 수 있다면 팀 문화도 바꿀 수 있다. 어떤 원칙
은 다른 원칙보다 더 영향력 있고, 어떤 원칙은 다른 원칙보다 더 실천하기

어렵다. 그럼에도 책에서 설명할 각 원칙은 우리가 마주한 애자일한 현실에 맞는 프로덕트 디자인 조직, 즉 상호 협력적이고 다양한 분야의 전문가로 구성된(cross-functional)[1] 조직을 구축하는 데 도움을 줄 것이다.

린 UX가 세워진 기반

린 UX는 몇 가지 중요한 이론을 토대로 하고 있다. 린 UX는 다양한 학설을 결합한 것이다. 린 UX가 어떤 이론을 토대로 만들어졌는지 이해해야 린 UX를 적용하다 중간에 막혔을 때 다른 해결책을 찾아보고 도움을 구할 수 있다.

린 UX의 첫 번째 기반은 사용자 경험 디자인이다. 린 UX는 기본적으로 사용자 경험 디자인을 실천하는 방법 중 하나다. UX는 1950년대에 헨리 드레이퍼스(Henry Dreyfuss)와 같은 산업 디자이너들이 만든 인간 중심 디자인(Human-centered design)이라는 개념과 인간 공학(Human factors and ergonomics)[2] 분야에 뿌리를 두고 있다. 오늘날 이러한 방법과 사고방식은 돈 노먼(Don Norman)이 만든 용어인 사용자 경험 디자인(또는 그냥 UX)으로 알려져 있다.[3] UX는 인터랙션 디자인, 정보 구조, 그래픽 디자인 등 다양한 디자인 분야를 포괄한다. 그러나 UX를 실천하는 데 가장 중요한 점은 시스템을 사용하는 사람의 니즈를 파악하는 것에서부터 시작한다는 것이다.

지난 10년간 디자인 씽킹(design thinking)의 인기가 높아졌다. 디자인 씽킹은 1970~80년대에 학계에 등장했고 2000년대 초 디자인 회사 아이디오(IDEO)가 대중화시킨 개념이다. 디자인 씽킹을 통해 우리가 접하는 다양한 문제에 인간 중심 디자인 방법론을 적용할 수 있다. 아이디오의 최고경영자이자 회

---

1 (옮긴이) cross functional team은 '기능 횡단 팀' 또는 '복합 기능 팀'으로 번역하기도 한다. 개발 팀, 디자인 팀, 기획 팀처럼 직군 중심이 아닌 프로젝트 또는 프로덕트와 같이 목적 중심으로 팀을 꾸리는 방식을 말한다. 프로덕트 차원에서 하나의 의사 결정을 내리기 위해 필요한 다양한 포지션의 멤버가 한 팀을 이루고 있기 때문에 애자일 방식으로 프로덕트를 만들고 개선할 수 있다.

2 (옮긴이) 인간 공학(Human factors and ergonomics)이란 인간의 신체적, 인지적 특성을 고려하여 인간을 위해 사용되는 물체, 시스템, 환경의 디자인을 과학적인 방법으로 기존보다 사용하기 편하게 만드는 응용 학문이다.

3 돈 노먼(Don Norman)과 제이콥 닐슨(Jakob Nielsen), "The Definition of User Experience," Nielsen Norman Group, *https://oreil.ly/NxTKY*

장인 팀 브라운(Tim Brown)은 디자인 씽킹을 다음과 같이 정의한다. "디자인 씽킹이란 사용자가 삶에서 무엇을 필요로 하고 원하는지, 제품의 생산, 포장, 판매, 고객 지원 과정에서 사용자의 선호가 무엇인지 직접 관찰하는 데서 생기는 혁신이다."[4]

팀 브라운은 이어서 설명한다. "디자인 씽킹은 학문이다. 디자이너의 감성과 디자인 방법론을 사용하여, 기술적으로 실현 가능한 것과 가능성 있는 사업 전략 중 고객 가치와 시장 기회로 바꿀 수 있는 것을 찾아 사람의 니즈를 충족시키는 것이다."

린 UX는 비즈니스(또는 다른 시스템)의 모든 측면에 디자인 방법론을 적용할 수 있다는 분명한 입장을 취하고 있기 때문에 린 UX에 있어 디자인 씽킹은 중요하다. 디자인 씽킹은 디자이너들의 권한을 일반적인 디자인 업무 영역 너머로 확장시켜 준다. 반대로 디자인 씽킹은 디자이너가 아닌 사람들이 일하다 마주치는 문제를 해결할 때도 디자인 방법론을 활용하도록 독려한다. 따라서 UX와 사촌뻘인 디자인 씽킹은 팀원들이 사용자의 니즈를 고려하고, 디자인 외의 직무와 협업하고, 제품을 디자인할 때 큰 그림을 보도록 하는 중요한 첫 번째 기반을 담당한다.

린 UX의 다음 토대는 애자일 소프트웨어 개발이다. 개발자들은 몇 년 동안 애자일 방법론을 사용하여 사이클 타임을 단축하고, 지속적으로 고객에 대해 학습하고, 고객 가치를 정기적으로 전달해 왔다. 비록 애자일 방법론은 디자이너에게 프로세스적 도전이 될 수 있지만(2장과 3장에서 이를 해결하는 방법을 설명할 것이다), 애자일의 핵심 가치는 린 UX와 완벽하게 일치한다. 린 UX에서는 애자일 개발 방법론의 4가지 핵심 가치를 제품 디자인에 적용한다.

1. 프로세스나 도구보다 개인과의 상호 작용을 중시하기
   린 UX는 산출물과 엄격한 프로세스보다 협업과 대화를 중시한다. 팀 전체가 다양한 관점에서 아이디어를 낼 수 있도록 팀원들을 초대해 보자.

---

4 팀 브라운(Tim Brown), "디자인 씽킹", 하버드 비즈니스 리뷰, 2008년 6월, *https://oreil.ly/zl9mr*

각자의 생각을 자유롭게 교환하면서 토론하고 의사 결정을 내리며 팀은 빠르게 나아갈 수 있다.

2. 복잡한 문서화보다 살아 움직이는 소프트웨어를 중시하기

모든 비즈니스 문제에는 수많은 해결책이 있고, 어떤 해결책이 최선인지에 대해 팀 구성원의 의견이 갈릴 수 있다. 중요한 건 빠르게 실행에 옮기기 쉬운 해결책을 파악하는 것이다. 어떤 해결책이 효과가 있을지 미리 예측하기 어렵거나, 예측이 불가능한 경우도 있다. (종종 작동하는 소프트웨어를 통해) 고객에게 아이디어를 빨리 전달함으로써, 팀은 어떤 해결책이 시장에 적합하고 실현 가능한지 신속하게 판단할 수 있다.

3. 문서를 통한 계약보다 고객과의 협업을 중시하기

팀원, 고객과 협력하면서 문제 영역과 제안된 해결책 안에서 공유된 이해를 만들어갈 수 있다. 일치하는 의견을 바탕으로 의사 결정에 도달하는 것이다. 결과적으로 이터레이션은 더 빨라지고 제품을 만드는 데 실질적으로 참여하게 되며, 팀은 검증된 학습 결과에 투자할 수 있게 된다. 팀원이 모두 의사 결정에 참여했기 때문에 과도한 문서화에 대한 의존도가 줄어든다. 협업은 문서로 하는 의사소통, 논쟁, 정교한 자기방어보다 더욱 효과적으로 팀원 간의 의견 일치를 이끌어낼 수 있다.

4. 계획에 따르기보다 변화에 대응하기

린 UX에서는 초기 제품 디자인에 일부 잘못된 부분이 있을 거라고 가정하기 때문에 오류를 가능한 한 빨리 발견하는 것을 팀의 목표로 삼는다. 팀은 무엇이 잘 작동하고 무엇이 문제인지 발견하는 즉시 기존에 제안한 해결책을 수정하고 다시 테스트한다. 시장에서 피드백을 받음으로써 팀은 계속 애자일한 방식으로 일하고, 팀이 지속적으로 올바른 방향으로 가도록 할 수 있다.

린 UX의 마지막 기반은 에릭 리스(Eric Ries)의 린 스타트업 방법론이다. 린 스

타트업은 '만들기-측정-학습(Build-measure-learn)'이라는 피드백 루프를 사용한다. 프로젝트에서 발생할 수 있는 위험을 최소화한 상태에서 신속하게 제품을 만들고, 제품에 대해 학습한다. 빠른 시일 내에 제품에 대해 배워나가기 위해 팀은 MVP(Minimum Viable Products, 최소 기능 제품)를 구축하고 시장에 신속하게 배포해야 한다.

에릭의 말처럼 "린 스타트업은 시장에 관한 가설을 검증하기 위해 래피드 프로토타입(rapid prototype)[5]을 만드는 데 우호적이며, 고객 피드백을 통해 전통적인 소프트웨어 개발 관행보다 훨씬 빠르게 프로토타입을 발전시킨다."[6]

그는 "린 스타트업 프로세스는 실제 고객을 접하는 빈도를 늘려서 시장에 대한 가설을 최대한 빨리 시험해 보고, 잘못된 의사 결정을 피해 손실을 줄인다."라고 말한다.

린 UX는 이런 철학을 제품 디자인 실무에 직접 적용한 것이다.

각 디자인은 가능성 있는 비즈니스 솔루션, 즉 가설이다. 여러분의 목표는 고객의 피드백을 활용하여 솔루션을 최대한 효율적으로 검증하는 것이다. 가설을 검증하기 위해 만들어내는 가장 작은 단위가 MVP이다. MVP를 코드로 만들 필요는 없다. 사용자의 최종 경험과 유사하면 된다. 제품이 아니어도 괜찮다! MVP로부터 배운 것을 모아 솔루션을 발전시키고, 이후에 동일한 과정을 반복하라.

린 UX의 정의는 무엇일까?

이 책에서는 린 UX를 다음과 같이 정의하려 한다.

- 린 UX는 협업을 통해 다양한 분야의 전문가가 협력(cross-functional)하고, 사용자 중심으로 접근하여 제품의 본질을 더 빠르게 드러내는 디자인 방법론이다.

---

5 (옮긴이) 래피드 프로토타입(rapid prototype)이란 제품 개발 초기의 기획 단계에서 최종 시스템의 주요 특성을 담은 원형을 우선 구축하여, 미리 핵심 기능들을 분석하고 검증하는 방법이다. 반드시 실제 동작할 필요는 없으며, 간단한 스케치나 디자인만으로도 고객의 피드백을 수집할 수 있다면 프로토타입의 기능을 수행할 수 있다.

6 조시 세이던과 제프 고델프, 오라일리 미디어, *https://oreil.ly/AFDOW*

- 린 UX 방법론은 사용자, 요구 사항, 가능성 있는 솔루션, 성공의 정의에 대한 이해를 형성하고 공유한다.
- 린 UX는 팀 의사 결정에 근거를 마련하고 높은 수준의 제품과 서비스, 고객 가치를 끊임없이 개선하기 위해 지속적인 학습을 우선으로 한다.

원칙

이번 장의 나머지 부분에서는 린 UX의 원칙을 설명하려 한다. 린 UX의 접근 방식을 배워가면서, 이러한 원칙을 명심하라. 린 UX에 관한 여러분의 경험을 일종의 학습 여정으로 생각하라. 여기서 소개하는 원칙을 활용하여 자신과 팀이 올바른 길로 나아가도록 하라.

이 책에서는 원칙을 3가지로 구성했다. 팀 구성에 관한 원칙, 조직 문화에 관한 원칙, 프로세스에 관한 원칙이다.

팀 구성에 관한 원칙

먼저 팀 구성과 관련된 린 UX 원칙을 살펴보자.

- 다양한 분야의 전문가로 구성하기
- 작은 규모로 구성하기, 같은 목표에 전념하기, 같은 공간에서 일하기
- 팀 내에서 해결하고, 자율성을 갖기
- 문제에 집중하기

원칙: 다양한 분야의 전문가로 구성하기

어떤 의미인가?

다양한 분야의 전문가로 구성된 팀은 제품 개발에 필요한 다양한 분야의 구성원으로 이루어진다. 소프트웨어 개발, 제품 관리, 인터랙션 디자인, 시각 디자인, 콘텐츠 전략, 마케팅, QA를 비롯한 모든 분야가 린 UX 팀을 구성한다. 린 UX는 분야를 넘나드는 높은 수준의 협업을 요구한다. 팀원들은 프로

젝트가 시작할 때부터 끝날 때까지 지속적으로 참여해야 한다.

왜 해야 할까?

다양한 분야의 전문가로 팀을 구성할수록 더 좋은 해결책을 내놓을 수 있는 이유는 팀원들이 각기 다른 관점으로 문제를 바라보기 때문이다. 또 팀원의 전문 분야가 다양하면 순차적으로 한 직무에서 다른 직무로 일을 넘기는 폭포수 프로세스는 필요 없어진다. 대신 팀원들은 일상적으로 정보를 공유하며, 프로세스 초기부터 효과적으로 소통하여 팀의 업무 효율성이 높아진다.

원칙: 작은 규모로 구성하기, 같은 목표에 전념하기, 같은 공간에서 일하기

어떤 의미인가?

팀을 10명 이하의 핵심 인력으로 작게 유지하라. 팀원들은 하나의 프로젝트에 전념하게 하고, 같은 장소에서 일할 수 있도록 하라.

왜 해야 할까?

소규모 팀의 장점은 소통, 집중, 동료애라는 세 단어로 요약할 수 있다. 팀 규모가 작을수록 프로젝트가 어떻게 진행되고 있는지, 무엇이 변경되었는지, 새로 배운 점은 무엇인지 서로 쉽게 공유할 수 있다. 팀원들을 하나의 프로젝트에 전념하도록 하면 모두가 동일한 우선순위를 공유할 수 있고 다른 팀에 의존성을 줄일 수 있다. 팀원들이 같은 장소에서 일하도록 하면 팀원 간 유대 관계를 쌓아갈 수 있다.

> ☑ **같은 공간에서 일하는 것에 관한 생각**
>
> 2020년에 코로나 19 대유행으로 인해 우리 산업은 원격 근무에 대해 많은 걸 배워야만 했다. 원격 근무는 책 후반부에서 심도 있게 다룰 예정이지만, 위에서 설명한 것처럼 아직은 같은 장소에서 일하는 걸 옹호하는 이유를 설명하고 싶다. 같은 공간에서 일한다

는 것(Collocation)은 사람들이 같은 물리적 공간에 모이도록 하는 것이다. 작년에 우리는 팀이 가상 공간에 모여도 실제로 모인 것과 비슷한 경험을 할 수 있다는 걸 배웠다. 원격 근무에는 몇 가지 장점(잠옷, 고양이, 짧은 통근 시간)과 몇 가지 단점(잠옷, 고양이, 어색한 디지털 협업 도구)이 있다. 그럼에도, 같은 공간에서 일하면 공유된 이해가 자연스럽게 쌓이게 되는 강점이 있다고 믿는다. 한 공간에 있으면 팀원들은 즉흥적 대화를 가볍게 나누게 되며, 여러 사람과 밀도 높게 협업하기도 쉬워진다. 비록 원격 근무에 대해 배운 점이 많고 원격으로 잘 협업하는 법도 배웠지만, 다른 공간에 있으면 잃는 게 있다고 믿는다. 여러분이 어떤 이유에서든 원격으로 일해야 한다면 핸드오프를 지양하고, 격식에 얽매이지 않는 협업을 장려하고, 동료들과 같은 사무실에서 일할 때 얻는 소소한 장점을 살리는 방식으로 일하라.

원칙: 팀 내에서 해결하고, 자율성을 갖기

어떤 의미인가?

외부에 의존할 필요 없이, 팀에서 제품을 운영하는 데 필요한 모든 능력을 갖추도록 한다. 팀에서 소프트웨어를 만들고 배포하는 데 필요한 도구를 모두 갖고 있는지 확인하라. 사용자와 고객을 직접 만나서 고객의 문제를 해결할 방법을 찾을 수 있도록 팀에 권한을 부여하라.

왜 해야 할까?

외부에 의존하지 않는 팀은 자신들에게 가장 효율적인 방향으로 업무 프로세스를 최적화할 수 있다. 독립적인 팀은 외부 자원이나 외부 전문가를 필요로 하지 않는다. 팀 내부에서 소프트웨어를 직접 만들고 출시할 수 있으면 빠른 속도로 움직이면서 최대한 효율적으로 학습할 수 있다. 시장에 참여할 권한이 없다면 시장에서 배울 수도 없다. 효과적인 해결책을 만드는 데는 고객의 피드백이 필요하고, 이를 위해서는 팀에서 고객과 직접 소통할 수 있는 창구가 필요하다.

원칙: 문제에 집중하기

어떤 의미인가?

문제에 집중하는 팀은 단순히 기능을 개발하려고 모인 게 아니라 비즈니스나 사용자의 문제를 해결하려 모인 조직이다. 다른 말로 하면, 결과를 중심으로 조직된 팀이다.

왜 해야 할까?

팀에게 해결해야 하는 문제를 제시하는 건 팀을 신뢰함을 보여준다. 이를 통해 팀은 해결책을 구상해 내고, 본인들이 구현한 해결책에 깊은 자부심과 주인 의식을 갖게 된다. 이는 '완성'의 의미도 바꿔놓는다. 일반적으로 문제를 해결할 역량이 있는 팀에서는 단순히 기능을 구현하는 대신 문제가 실제로 해결될 때까지 이터레이션을 하게 된다.

조직 문화에 관한 원칙

문화와 프로세스는 분리할 수 없다. 린 UX를 선택한다는 건 학습과 호기심의 문화를 선택한다는 의미다. 여러분의 조직 문화를 이상적인 방향으로 이끌어줄 수 있는 린 UX 원칙들을 소개하려 한다.

- 불확실에서 확신으로 가기
- 생산물보다 결과를 중시하기
- 낭비를 없애기
- 공유된 이해
- 스타나 고수, 능력자는 없다
- 실패할 권리 주기

원칙: 불확실에서 확신으로 가기

어떤 의미인가?

소프트웨어 개발은 복잡하고 예측할 수 없다. 따라서, 린 UX는 증명되지 않은 모든 건 가설에 불과하다는 생각으로 접근한다. 우리는 일을 진행하면서 확신을 얻는다. 따라서, 우리는 항상 의심에서 확신을 향해 이동하고 있다.

왜 해야 할까?

모든 프로젝트는 일련의 가설로부터 시작한다. 찾기 쉬운 가설도 있고, 뒤늦게 발견하는 가설도 있다. 잘못된 가설에서 출발한 작업에 많은 시간과 노력을 투자하는 위험을 피하려면, 가설을 검증하는 데서 시작해야 한다. 우리는 '열렬한 회의주의(enthusiastic skepticism)' 태도를 취한다. 의심에서 시작해 아는 것을 최대한 엄격하게 검증한다는 걸 의미한다. 이 과정에서 우리는 학습을 통해 제품을 지속적으로 향상시키면서 우리 의견에 더 확신을 가지게 된다.

원칙: 생산물보다 결과를 중시하기

어떤 의미인가?

기능과 서비스는 생산물(output)이다. 기능과 서비스를 통해 달성하려는 목표가 결과(outcome)다. 린 UX에서 팀은 결과를 창출해내기 위해 노력한다. 가치를 창출하는, 측정할 수 있는 인간 행동의 변화 말이다. 린 UX는 명시적으로 정의되는 결과의 관점에서 얼마나 작업이 진행되었는지 측정한다.

왜 해야 할까?

어떤 기능이 특정한 성과를 얻을 수 있는지 예측하려 할 때, 우리는 깊은 고민에 빠진다. 특정한 기능들을 묶어서 출시하는 건 쉬울지 몰라도, 해당 기능이 효과적일지는 시장에 출시하기 전까지 예측하기 어렵다. 목표하는 결과와 그 결과를 향해 얼마나 진전이 있는지를 관리함으로써, 우리가 만들고 있는 기능의 효과에 대해 인사이트를 얻게 된다. 기능이 충분한 성과를 내지 못한다면 해당 기능을 유지할지, 변경할지, 제거할지에 대한 객관적인 결정을 내릴 수 있다.

원칙: 낭비를 없애기

어떤 의미인가?

린 제조업의 핵심 원칙 중 하나는 궁극적인 목표로 이어지지 않는 건 모두 제거하는 것이다. 린 UX에서 최종 목표는 결과 개선이다. 따라서, 최종 목표에 기여하지 않는 것은 낭비라 볼 수 있고 업무 프로세스에서 제거해야 한다.

왜 해야 할까?

팀에서 쓸 수 있는 자원은 제한되어 있다. 팀에서 낭비 요소를 제거할수록 더 빠르게 나아갈 수 있다. 팀은 올바른 문제를 효과적으로 해결하고 싶어 한다. 가치를 창출하고, 낭비를 제거하는 관점에서 생각하는 건 팀이 우선순위를 더 날카롭게 정하도록 돕는다. 낭비에 대해 생각하고 낭비를 제거하는 데 집중하면, 디자인 프로세스에 대해 비판적으로 생각할 수 있게 된다. 우리가 일하는 방식을 지속적으로 개선하도록 머리를 맞대고 고민하게 해준다. 이는 단순히 프로세스에 관한 문제가 아니다. 궁극적으로 낭비란 무엇인가? 사람들이 원하지 않는 걸 만드는 것이다. 그렇게 하지 말자. 사용자에게 집중하고, 가치 있는 걸 전달하는 데 에너지를 사용하라.

원칙: 공유된 이해

어떤 의미인가?

공유된 이해는 팀이 함께 일하는 시간이 쌓이면서 자연스럽게 만들어지는 공유 지식이다. 환경, 제품, 고객에 대한 이해가 풍부해지는 것이다.

왜 해야 할까?

공유된 이해는 린 UX에서 사용하는 화폐(currency)다. 팀원들 모두가 서로 무슨 일을 왜 하고 있는지 이해한다면, 현재 진행 상황에 대해 논쟁할 필요 없이 새로운 걸 배우기 위해 빠르게 움직일 수 있다. 공유된 이해가 넓고 깊어질수록 팀에서는 업무를 이어나가기 위한 중간 보고나 세부적인 문서에 의존하지 않아도 된다. 사용자 니즈에 대한 공유된 이해가 높아질수록 자존심을 세우거나, 정치적이거나, 자신을 사용자로 간주하는 디자인 의사 결정을 잘라낼 수 있게 된다.

원칙: 스타나 고수, 능력자는 없다

어떤 의미인가?

린 UX는 팀 기반의 사고방식을 추구한다. 우리는 팀에서 두드러지는 팀원을 스타, 고수, 능력자와 같은 별명으로 묘사한다. 린 UX는 스타급 개인에 집중하기보다 팀 화합과 협업을 추구한다.

왜 해야 할까?

스타는 서로 의견을 나누지 않고 아이디어도 공유하지 않으며, 혼자 관심 받기를 원한다. 눈에 띄고 스타가 되길 바라는 자존심 강한 개인이 팀에 들어오게 되면 팀의 응집력이 깨진다. 협업이 깨지면 앞으로 빠르게 나아가기 위해 필요한 공유된 이해를 만들어내는 환경을 잃게 된다.

원칙: 실패할 권리 주기

어떤 의미인가?

비즈니스 문제에 대한 최선의 해결책을 찾기 위해, 린 UX 팀은 아이디어를 실험해야 한다. 사실 대부분의 아이디어는 실패한다. 실패를 용인한다는 의미는 팀에서 마음 놓고 실험할 수 있는 안전한 업무 환경이 주어진다는 뜻이다. 이는 기술적인 환경(기술적으로 안전한 방법으로 아이디어를 시도해볼 수 있음)과 문화적 환경(아이디어가 실패로 끝나도 불이익을 받지 않음) 모두를 포함한다.

왜 해야 할까?

실패를 용인하는 것은 실험하는 문화를 만드는 바탕이 된다. 실험은 창의성을 길러준다. 창의성은 혁신적인 해결책을 낳는다. 팀원들이 뭔가 잘못될까 봐 두려워하지 않을 때, 위험을 무릅쓰는 결정을 내릴 수 있다. 위대한 아이디어는 위험을 무릅쓴 도전에서 나온다.

☑ 지속적인 개선의 장점

CD 베이비(온라인 음악 유통 회사)의 설립자 데릭 시버스(Derek Sivers)는 "왜 실패해야 하는가"라는 제목의 영상에서 자신이 도자기 수업에서 본 놀라운 현상에 대해 얘기한다.[7]

첫날 강사는 학생들을 두 그룹으로 나눈다. 한 그룹은 한 학기에 각자 항아리 하나만 만들면 된다. 성적은 그 항아리가 얼마나 완벽한지에 달려있다. 또 한 그룹은 학기 중에 자신이 만든 모든 항아리 무게의 총합으로 점수를 매긴다. 만약 학생이 만든 항아리의 무게가 총 50파운드(약 23kg)를 넘는다면 A 학점을 받는다. 40파운드(약 18kg) 이상이면 B 학점, 30파운드(약 14kg) 이상이면 C 학점, 이런 식이다. 실제로 어떤 항아리를 만들었는지는 학점과 관계가 없다. 강사는 심지어 항아리를 보지도 않고 점수를 매긴다고 했다. 단순히 수업 마지막 날 저울을 가져와서 학생들 작품 무게를 잰다는 것이다.

학기가 끝나갈 무렵 재미있는 결과가 나왔다. 수업을 관찰한 외부인들은 가장 좋은 품질의 항아리를 만든 건 '양으로 승부하는 그룹'이라는 걸 발견했다. 해당 그룹의 학생들은 학기 내내 최대한 많은 항아리를 빨리 만들기 위해 노력했을 것이다. 성공하기도 하고 실패하기도 했다. 작업을 반복하고 실험하면서, 학생들은 배웠다. 반복 학습을 통해서 품질 높은 항아리를 만드는 최종 목표를 더 잘 달성하게 된 것이다.

---

7 데릭 시버스(Derek Sivers), "왜 실패해야 하는가(Why You Need to Fail - by Derek Sivers)", 유튜브 비디오, 14:54, *https://oreil.ly/oZHQe*

반면에 단 하나의 항아리만 만든 그룹은 실패를 반복하면서 얻는 교훈을 얻지 못했고, '양으로 승부하는 그룹'과 같은 수준으로 항아리를 만들어 낼 만큼 빠르게 배우지 못했다. 그들은 학기 내내 'A 학점' 수준의 항아리는 어떤 것인지 추상적인 이론을 세우면서 보냈지만, 거창한 비전을 실현할 만한 실전 경험을 쌓지는 못했다.

프로세스를 이끌어 줄 원칙

이제 전반적인 조직 구성과 조직 문화에 관한 원칙을 살펴보았으니, 팀들이 작업 방식을 어떻게 변화시켜야 하는지 전략적인 관점으로 접근해 보자.

- 같은 일을 더 빨리 하지 않는다
- 단계에 주의한다
- 이터레이션은 애자일의 핵심이다
- 리스크를 줄이기 위해 배치 사이즈를 줄인다
- 지속적 발견을 포용한다
- 사무실 밖으로 나가라
- 업무를 외부로 드러낸다
- 분석하는 것보다 만드는 게 중요하다
- 산출물에 대한 미련을 버려라

원칙: 같은 일을 더 빨리 하지 않는다

어떤 의미인가?

팀이 애자일 방식을 채택할 때 첫 번째 시도로 보통 그동안 해오던 작업을 단순히 더 빨리 수행하는 경우가 많다. 이건 절대 좋은 방식이 아니다. 8주가 걸리는 리서치를 2주만에 끝낼 수 없다. 시도도 하지 말라. 대신 새로운 방식으로 행동해야 한다. 하려는 일의 개념을 다시 세워야 한다.

왜 해야 할까?

애자일의 목표는 일을 빨리 하는 것이 아니다. 2주 주기 스프린트(sprint)[8] 안에 일을 끝내거나 모든 규칙을 따르는 게 목표가 아니다. 애자일이 추구하는 목표는 소프트웨어라는 도구에 적합한 방식으로 일하고, 그렇게 함으로써 더 나은 제품과 서비스를 만들어 고객에게 가치를 전달하는 것이다. 따라서 애자일 방법론은 우리가 일하는 방식, 협업하는 방식, 가치를 전달하는 방식에 대해 다시 생각할 기회를 준다. 단순히 기존의 업무 프로세스를 애자일 방식에 맞출 수 있는 경우도 있고, 잘 맞지 않는 경우도 있다. 억지로 일하는 방식을 끼워 맞추지 말고 일의 개념에 대해 다시 정의해 보라.

원칙: 단계에 주의한다

어떤 의미인가?

리서치 단계, 디자인 단계, 개발 단계, 테스트 단계, 보안을 강화하는 단계(부디 이 단계가 없기를) 등 어떤 특정 단계가 진행되고 있다면 무언가 잘못되었다는 경고로 받아들여야 한다. 애자일 팀은 매 스프린트에서 위에서 나열한 모든 일들을 지속적으로 하고 있어야 한다. 리서치도, 디자인도, 개발도, 테스트도 계속 되고 있어야 한다.

왜 해야 할까?

애자일 작업은 '검토와 적응(inspect and adapt)'이라는 개념에 기반을 두고 있다. 여러분에게는 정기적으로 자주 점검할 수 있는 완성된 결과가 필요하다. 리서치, 디자인, 개발 단계 중 어떤 단계든 간에 완성된 결과로 이어지지 않는다. 각 프로세스의 단계가 완성될 뿐이다. 완성된 결과를 얻기 위해서는 단계로 나누어진 업무에서 지속적인 업무로 전환해야 한다.

---

8 (옮긴이) 스프린트(sprint)란 작은 기능 하나에 대한 계획, 개발, 테스트, 기능 완료 주기를 일컫는 말이다. 보통 1주에서 4주 정도의 기간 동안 스프린트를 진행한다. 스프린트 기간 동안 팀 구성원들은 단거리 전력질주를 하듯 집중하여 자신의 업무를 수행한다.

원칙: 이터레이션은 애자일의 핵심이다

어떤 의미인가?

작업을 작은 배치(batch)[9]로 나눌 때, 증분형(incremental)으로 쪼개는 것에 만족하지 말라. 대신, 반복적인(iterative) 접근법을 취하라. 작업을 제대로 해낼 때까지 수차례 디자인하고 테스트할 준비를 하라.

왜 해야 할까?

많은 애자일 팀은 증분형 접근법(큰 기능을 작은 부분으로 나누어 여러 스프린트에 거쳐서 배포하는 것)과 반복적 접근법(하나의 기능을 개선하기 위해 반복적으로 작업하는 것)을 혼동한다. 이는 부분적으로 우리가 배치 사이즈를 줄이는 걸 중시하기 때문이고, 두 가지 접근법 모두 실제로 배치 사이즈를 줄여주는 접근법이다. 하지만 이터레이션은 약속이다. 올바른 결과를 얻을 때까지, 문제를 실제로 해결할 때까지, (단순히 기능적 요구 사항을 충족시키는 게 아닌) 사용자 니즈를 충족시킬 때까지, 여러분이 추구하는 결과를 만들어낼 때까지 작업을 반복하겠다는 약속 말이다. 이터레이션은 또한 애자일 세계에서 UX 디자이너들이 겪는 가장 흔한 어려움, 즉 제대로 해내기 위한 시간이 항상 모자란다는 문제를 해결해 줄 열쇠이기도 하다. 하나의 기능이 제대로 될 때까지 작업함으로써 팀은 자랑할 만한 기능, 사용자를 만족시킬 수 있는 기능을 만들고 기업이 해결하고자 하는 문제를 풀어낼 수 있다.

원칙: 리스크를 줄이기 위해 배치 사이즈를 줄인다

어떤 의미인가?

린 생산 방식의 또 다른 핵심은 작업을 작은 단위 또는 작은 배치로 나누는 관행이다. 린 생산 방식에서는 이 개념을 사용하여 재고는 낮게, 품질은 높

---

9 (옮긴이) 배치(batch)란 데이터를 실시간으로 처리하는 게 아니라, 일괄적으로 모아서 한 번에 처리하는 작업을 의미한다. 배치 사이즈가 클수록 한 번에 처리해야 하는 작업이 무거워져 시스템에 부담이 될 수 있다.

게 유지한다. 이를 린 UX에 적용하면 팀이 나아가는 데 실제로 필요한 디자인만 만들고, 검증도 구현도 되지 않은 디자인 아이디어를 대규모 '재고'로 쌓아놓는 걸 방지해야 한다는 의미다.

왜 해야 할까?

모든 프로젝트는 가설에서 시작된다. 배치 사이즈가 큰 디자인은 검증되지 않은 가설에서 시작해서 이를 기반으로 많은 디자인 작업을 한다. 기본 가정이 잘못되었다면 많은 디자인 결과물을 쓰지 못하게 된다는 의미다. 배치 사이즈를 작게 만들면 디자인을 하고 일을 진행하면서 결정한 사안을 검증할 수 있고, 작업을 낭비하는 리스크를 줄일 수 있다.

원칙: 지속적 발견을 포용한다

어떤 의미인가?

지속적 발견은 디자인과 개발 과정에 고객의 의견을 적극적으로 반영하는, 계속해서 이어지는 프로세스다. 이는 정량, 정성적 방법을 모두 사용하여 정기적으로 계획된 활동으로 이루어진다. 목표는 사용자가 제품을 사용하여 무엇을 하고 있는지, 왜 그렇게 하는지를 이해하는 것이다. 그래서 리서치를 정기적으로 자주 하는 것이다. 리서치에는 팀 전체를 참여시켜야 한다.

왜 해야 할까?

정기적으로 고객과 대화하면 새로운 제품 아이디어를 검증할 기회가 생긴다. 팀 전체를 리서치에 참여하도록 하면 사용자와 사용자들이 직면한 문제에 대해 팀원 간에 공감대가 형성된다. 공유된 이해를 만들어 낸 것이다. 마지막으로, 팀원들이 함께 사용자에 대해 배우기 때문에 추후에 결과를 정리해서 전달하는 대화나 문서 작업을 줄일 수 있다.

원칙: 사무실 밖으로 나가라

어떤 의미인가?

스탠퍼드 교수이자 기업가이자 작가인 스티브 블랭크(Steve Blank)가 유행시킨 이 문구는 UX 업계에서 사람들이 "사용자 리서치(유저 리서치)"라고 부르는 관행을 지칭한다. 린 생산 방식에서도 "백문이 불여일견"이라는 말로 비슷한 개념을 표현한다.

위에서 언급한 업계에서 공통적으로 발견한 건, 사무실에서 회의하면서 사용자에 대한 진실을 알아내기란 어렵다는 점이다. 사용자는 무엇을 하고 있으며, 어떤 목표를 갖고, 왜 그렇게 하고 있는지를 이해하려면 사용자가 있는 곳으로 가서 사용자를 관찰하고 직접 대화해야 한다.

린 UX는 다음 주장과 결을 같이 한다. 과거보다 더 빨리, 아이디어에 대한 잠재 고객의 의견을 들을 수 있는 기회를 만들어라. 초반에 아이디어를 테스트해서 현실을 직시하도록 하라. 아무도 원하지 않는 제품을 만들기 위해 시간과 자원을 쏟아붓기 전에 여러분의 아이디어가 핵심을 놓치고 있다는 것을 알아내는 게 좋다.

왜 해야 할까?

궁극적으로 제품의 성패는 팀이 아니라 고객이 결정한다. 여러분이 디자인한 '지금 구매하기' 버튼은 사용자가 클릭한다. 사용자의 목소리에 빨리 귀기울일수록, 여러분 아이디어가 성공할지 실패할지를 빠르게 알 수 있다.

원칙: 업무를 외부로 드러낸다

어떤 의미인가?

외부화(externalizing)란 작업물을 머릿속에서, 컴퓨터 속에서 꺼내서 공개적으로 보여주는 걸 말한다. 팀은 화이트보드, 가상 공간, 폼보드, 아티팩트 벽 (artifact wall)[10], 인쇄물, 포스트잇을 사용하여 진행 중인 작업을 팀원과 고객에

---

10 (옮긴이) 아티팩트 벽이란 작업을 하면서 중간 결과물, 발견한 점을 정리한 이미지나 글을 모두 가 볼 수 있게 벽에 넓게 펼쳐 붙인 것을 말한다.

게 보여줄 수 있다.

왜 해야 할까?

외부화 작업을 통해서 사람들은 팀이 어디까지 왔는지 볼 수 있게 된다. 팀 전체에 걸쳐 수동적이고 잔잔한 정보의 흐름을 만든다. 이미 공유한 아이디어에서 영감을 얻어 새로운 아이디어를 만들어낼 수도 있다. 팀의 모든 구성원들, 조용한 팀원들도 정보를 공유하는 활동에 참여할 수 있다. 팀에서 가장 눈에 띄는 사람이든 조용한 사람이든 똑같이 포스트잇이나 화이트보드 스케치로 의견을 낼 수 있다.

원칙: 분석하는 것보다 만드는 게 중요하다

어떤 의미인가?

린 UX에서는 분석하는 것보다 만드는 것에 더 가치를 둔다. 반나절 동안 회의실에서 아이디어의 장점이 무엇인지 논쟁하는 것보다 아이디어의 초기 버전을 빨리 만들어보는 게 더 가치 있다.

왜 해야 할까?

팀에서 직면할 가장 어려운 질문에 대한 답은 회의실이 아니라 현장에서 제품을 사용하는 사용자에게서 얻을 수 있다. 답을 얻기 위해서는 아이디어를 구체화해야 한다. 사람들이 반응할 수 있는 무언가를 만들어야 한다. 시장 데이터도 없이 아이디어에 관해 논쟁하는 건 시간 낭비다. 가능한 시나리오가 무엇일지 분석하는 대신, 눈에 보이는 무언가를 만들어서 사무실 밖으로 나가라.

원칙: 산출물에 대한 미련을 버려라

어떤 의미인가?

린 UX는 디자인 프로세스에서 팀이 만드는 문서를 덜 중요시하도록 한다.

대신 팀이 결과를 내는 데 중점을 둔다. 다양한 분야의 전문가 간 협업이 증가하면서, 이해관계자끼리 어떤 아티팩트를 만들고 있는지보다는 어떤 결과를 얻을 수 있는지에 관한 대화를 많이 하게 된다.

왜 해야 할까?

문서로는 고객의 문제를 해결할 수 없다. 좋은 제품으로 해결할 수 있다. 팀은 고객에게 가장 큰 영향을 미치는 기능이 무엇인지 배우는 데 집중해야 한다. 이런 지식을 얻은 뒤 팀원끼리 소통하기 위해 사용하는 아티팩트는 중요하지 않다. 중요한 건 시장의 반응으로 측정할 수 있는 제품의 품질이다.

마무리

이번 장에서 린 UX의 기본 원칙을 제시했다. 이는 린 UX 팀이라면 누구나 구현하기 위해 노력해야 할 핵심 원칙이다. 업무를 시작할 때 앞에서 제시한 원칙을 사용하여 팀을 어떻게 구성하고 어디서 일할 것인지, 어떤 목표를 잡고 어떻게 실천에 옮길지 함께 정의하는 게 좋다.

3장
결과

전통적으로 소프트웨어 프로젝트는 요구 사항과 산출물에 따라 규정되었다. 각 팀에 요구 사항이 주어졌고, 이에 맞는 산출물을 만들어 내야 했다. 이런 산출물은 요구 사항을 충족하는 시스템, 기능, 기술을 보여주었다. 대부분의 경우 팀원들에게는 전략적 배경에 대한 설명, 즉 왜 이 일을 해야 하는지, 누구를 위해서 하는 것인지, 성공은 어떤 모습일지에 대한 설명 없이 요구 사항만 덩그러니 전달되었다.

린 UX는 우리가 작업의 틀을 잡는 방법을 획기적으로 변화시킨다. 기능과 디자인 의사 결정을 내리게 된 전략적 배경이 무엇인지 상기시켜 주고, 더욱 중요한 점은 디자인 부서뿐 아니라 팀 전체가 성공을 정의하는 방법을 다시 짚어준다는 점이다. 우리의 목표는 단순히 산출물이나 기능을 만드는 것이 아니다. 고객의 행동이나 세상의 변화에 긍정적 영향을 줌으로써 결과를 만들어내는 것이다.

우리는 어떤 사업을 하고 있는가?

린 UX는 산출물에 미련을 버리는 걸 의미한다. 우리는 결과를 만들어 내는 일을 하고 있다. 우리는 문서화, 목업(mock-up) 제작, 프로토타입(prototype) 제작[1], 기능, 페이지, 버튼 등에 집착하지 않고 우리가 만드는 결과에 더 집중해야 한다. 그러기 위해서 의도하는 결과와 직결된 업무에 집중해야 한다.

기능이나 산출물이 아닌 결과에 초점을 맞추는 이유는 무엇인가? 우리가 디자인하고 개발하는 기능이 의도한 가치를 창출할 수 있을지 예측하기 어렵고, 대부분의 경우 예측이 불가능하다는 걸 알게 되었기 때문이다. 이 버튼이 사용자 구매율을 높일 수 있을까? 이 기능이 더 많은 사용자 참여를 유도할까? 우리가 예상하지 못한 방식으로 이 기능을 사용하는 사람들이 있을까? 우리가 성공할 수 있을까? 사용자가 서비스와 상호 작용하는 방식을 완전히 바꿀 수 있을까? 따라서, 기능에 집중하기보다는 우리가 창출하려는 가치에 초점을 맞추고 원하는 가치, 즉 결과를 만들어내는 해결책을 찾을 때까지 반복해서 실험하는 편이 좋다.

이러한 관점의 변화는 문서, 목업, 와이어프레임(wireframe), 기능 명세서(specifications), 프로토타입과 같이 디자이너가 업무 과정에서 만들어 내는 것과 디자이너가 작업하는 방식 모두에 적용할 수 있다. 고객이나 이해관계자가 원하는 결과는 무엇일까? 물론 웹 사이트나 앱을 만들어 달라고 할 수도 있다. 새로운 페이지, 새로운 플로(flow)[2], 새로운 문구를 요청할 수도 있다. 하지만 그들이 그렇게 요구하는 데는 분명히 이유가 있다. 그 이유를 이해하고 분명하게 표현하는 것도 우리가 해야 할 일이다. 구체적인 방법은 다음 파트에서 자세히 다룰 예정이다. 하지만 지금은 산출물에서 결과로 업무 관점을 전환하는 데 도움이 되는 약간의 부연 설명을 해보려 한다.

---

1 (옮긴이) 무언가를 만들기 전에, 대략적으로 만들어 보고 예측하기 위해서 목업(mock-up)과 프로토타입(prototype)을 만든다. 목업은 모양 위주로 만들어내므로 주로 정적이고 이미지로 구성되어 있으며, 프로토타입은 기능 중심으로 만든다. 만들고자 하는 대상의 가장 중요한 기능 위주로 흉내 내듯이 만들어, 기능이 효과가 있을지 미리 시험해보는 것이다.
2 (옮긴이) 사용자 경험에서 플로(flow)란 사용자가 목표를 달성하기 위해 서비스 내에서 하는 일련의 행동을 뜻한다.

결과에 관한 이야기

에이전시에서 일하는 작은 팀을 상상해 보자. 에이전시에서 일하는 조노, 니콜, 알렉스, 아만다는 오늘 새로운 고객을 처음으로 만난다. 고객이 에이전시를 고용한 목적은 새로운 웹 사이트를 디자인하고 개발해서 올해 말에 오픈하기 위해서다.

이번 첫 미팅은 고객 측에서 진행했다. 웹 사이트가 반드시 충족시켜야 할 요건을 상세하게 준비해서 미리 에이전시에 전달했다. 기능 목록은 야심 찼고, 에이전시 팀은 약간 두려움을 느꼈다. 에이전시 팀원들도 미리 숙제를 해왔다. 요구 사항 목록을 검토하고, 고객을 위한 일련의 질문도 준비했다.

간단하게 서로를 소개하고 가벼운 농담을 주고받은 뒤, 니콜은 본론으로 들어간다. 그녀는 "요구 사항 목록을 검토해 보니, 양이 상당히 많습니다. 일단 요구 사항에서 한 발짝 물러서서, 웹 사이트와 제공하려는 서비스의 목적에 대해서 얘기를 나누면 우리한테 상당히 도움이 될 것 같아요. 요청하신 서비스가 회사에 중요한 이유가 궁금합니다."

"물론이죠, 설명해 드릴게요."라고 에이전시를 고용한 작은 회사의 최고경영자인 세실리가 말한다. "저희는 현재 매년 약 50명의 고객을 위한 럭셔리 어드벤처 여행과 이벤트 기획 서비스를 운영하고 있습니다. 사람의 손길과 인간적 감성이 중요한 서비스입니다. 앞으로 매년 수천 명의 고객에게 서비스를 제공할 수 있도록 온라인 버전의 서비스를 시작하고 싶습니다. 수요가 있다는 것은 알고 있지만, 경제적 측면에서 직원 손이 덜 가는 방식이 필요합니다. 그런 서비스를 웹 사이트에서 제공하려 합니다."

"잘됐네요." 니콜이 말했다. 조노는 화이트보드 쪽으로 가서 '성과(Impact): 매년 수천 명의 고객을 응대할 수 있는, 직원 손이 덜 가는 성공적인 서비스'라고 적는다.

니콜은 이어서 묻는다. "이 서비스가 활성화되면, 고객들 입장에서 기존엔 불가능했지만 앞으로 가능해지는 게 무엇인가요?"

"글쎄요." 세실리가 잠시 멈칫한다. "좋은 질문입니다. 현재 저희 회사가 제공하는 서비스는 이국적인 장소에서 맞춤형 이벤트를 진행할 수 있도록 돕는 특별한 이벤트 기획 서비스입니다. 저희 회사에서 필요한 계획을 하나부터 열까지 세워 줍니다. 새로운 웹 서비스에서는 저희의 전문 여행 지식을 필요로 하지 않는 이벤트 주최자들이 자신의 예산과 필요에 맞는 이벤트 플래너를 찾을 수 있길 바랍니다."

조노는 "멋지네요."라고 답하며, 화이트보드에 이렇게 쓴다. '결과: 이벤트 주최자들은 국내외에서 이벤트를 주최할 자격을 갖춘 이벤트 플래너를 만난다.'

세실리는 약간 어리둥절한 얼굴로 칠판을 바라본다. 그녀는 "이거 다 뻔한 얘기인데, 어떻게 도움이 되나요?"라고 묻는다.

니콜은 "요구 사항 문서에 있는 기능 목록이 방대하네요."라고 얘기한다. 고객사에서 나열한 기능이 비합리적인 수준으로 많고, 불확실한 기능도 많다는 걸 공손하게 돌려 말한 것이다. 그녀는 이어서 말한다. "마감 기한이 꽤나 짧기 때문에, 먼저 개발할 기능과 나중에 개발할 기능을 나눠야 해요. 여러분이 원하는 결과가 뭔지 이해해야 수많은 기능 가운데 우선순위를 정해서 이벤트 플래너와 주최자가 서로 만나서 프로젝트를 찾고, 같이 가격을 정하도록 돕는 작업에 집중할 수 있어요. 그런 결과를 만들지 못하는 작업은 무조건 우선순위를 낮출 거예요."

이야기에서 숨은 의미 찾기: 생산물, 결과, 성과

위의 이야기는 가짜지만, 실제로 수많은 첫 미팅에서 일어나는 대화를 기반으로 만든 이야기다. 그리고 린 UX의 핵심 개념 중 하나를 설명해 준다. 린 UX는 결과에 초점을 맞추는 것이다.

조금 더 자세하게 이야기를 살펴보면서, 니콜과 조노가 업무를 진행하는 과정 뒤에 숨겨진 프레임워크에 대해 이야기해보자.

먼저, 고객은 긴 요구 사항 목록을 가지고 왔다. 요구 사항 문서에서 에이전시가 디자인하고 개발하길 바라는 웹 사이트의 형태와 기능을 설명하고 있다. 그들은 에이전시가 '생산물(output)'을 만들어주길 바라는 것이다.

에이전시는 고객이 요구하는 기능이 너무 많다는 걸 알고 있다. 요구 사항에 있는 모든 기능을 개발하려면 시간이 오래 걸릴 것이다. 더 큰 문제는 목록에 있는 많은 기능이 최종 사용자나 고객사에 유용하지 않을 것 같다는 점이다. 그래서 에이전시는 기능 목록을 넘어선 차원의 논의를 하고자 했다.

니콜이 고객사에 달성하려는 성과에 대해 물었을 때, 그녀는 큰 그림을 보고 있었다. 최고 경영자로서의 지위를 유지하려면 이사회에 무슨 내용을 보고해야 할까? 우리는 회사에서 설정하는 가장 높은 수준의 목표를 묘사할 때 '성과(impact)'라는 용어를 쓴다. 일반적인 회사는 매출, 수익, 고객 충성도를 기준으로 최고 수준의 목표를 설정하는 경향이 있다. 하지만 위 이야기의 세실리가 소규모의 서비스 제공 업체에서 폭넓은 고객을 가진 조직으로 성장하려는 목표를 세웠던 것처럼, 크고 전략적인 차원의 목표를 설정할 수도 있다.

큰 목표(즉 성과 수준의 목표)에서 발생할 수 있는 문제는 이를 달성할 수 있는 방법이 아주 많고, 목표에 기여하는 요소도 너무 많다는 점이다. 그래서 작업을 어떻게 세분화할지, 목표를 향해 잘 나아가고 있는지를 어떻게 측정해야 하는지 알기 어렵다. 이를 해결하기 위해 우리는 '결과(outcome)'라는 중간 목표를 활용한다. 위의 이야기에서 팀원들은 작업에서 가장 중요한 중간 목표를 포착했고, 이게 바로 결과다. 자격을 갖춘 전문가들이 서로 만나 협력해서 입찰에 들어갈 프로젝트를 만드는 것이다.

생산물은 웹 사이트나 기능처럼 우리가 만드는 대상인 반면, 결과는 사용자가 하는 행동이다. 사실 이것이 린 UX에서 결과를 정의하는 핵심 키워드다. 우리는 결과를 "가치를 창출하는 행동 변화"로 정의한다.[3] 이렇게 결과를 정의할 때, 우리는 본질적으로 인간 중심적 사고로 성공을 정의하게 된다. 우리가 만드는 생산물에서 벗어나 결과를 향해 나아갈 때, 인간과 인간의 니즈를 우리가 하는 일의 중심에 두는 선택을 하게 된다.

---

3 결과에 대해 더 배우고 싶다면, 조시 세이던(Josh Seiden)의 '생산물보다 결과물: 왜 고객 행동이 사업 성공의 주요 지표인가(Outcomes Over Output: Why Customer Behavior Is the Key Metric for Business Success)'를 참고하자. *https://oreil.ly/7O2xZ*

우리가 쓰고 있는 용어(생산물, 결과, 성과)는 켈로그 재단이 2004년에 처음 설명한 논리 모델에서 가져왔다. 이 논리 모델은 비영리 업계에 널리 알려졌다. 복잡한 프로젝트를 운영하는 사람들이 자신이 운영하는 프로그램의 성과를 평가하는 데 도움을 받기 위해 해당 모델을 만들었다. 후원자가 프로그램을 위해 돈을 기부할 때, 후원자는 일반적으로 성과를 염두에 둔다. 자신이 후원한 돈이 잘 쓰였는지 어떻게 판단할 수 있을까? 논리 모델 프레임워크는 프로그램을 평가하는 사람들이 이 질문에 답하는 걸 돕기 위해 개발되었다. 모델은 주로 그림 3.1처럼 시각화할 수 있다.

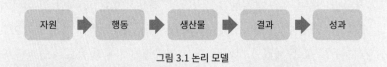

그림 3.1 논리 모델

실무 팀들과 일하면서, 논리 모델이 애자일 팀에도 유용하다는 걸 알게 되었다. 우리의 한정된 상황에 맞게 해당 모델을 조금 수정했다. 논리 모델에 대해 자세히 알고 싶다면, 켈로그 재단 웹 사이트를 방문해서 프로그램 평가 방식에 대해 자세히 읽어보도록 하자.

결과를 더 깊이 있게 살펴보기

위의 이야기에서 나오는 결과를 자세히 살펴보자. 첫째, 우리는 결과가 행동 변화라고 말했다. 무슨 의미일까? 이 이야기에서 결과물은 자격을 갖춘 전문가를 만나 입찰에 들어갈 협업 프로젝트를 만드는 것이었다. 이 프로젝트가 성공하면 특정 행동(온라인에서 전문가들이 서로 만나 함께 프로젝트를 만들어 내는 것)을 촉진할 것이다. 이는 새로운 행동, 즉 전문가들이 지금은 할 수 없는 행동일 수도 있고, 단순히 지금 하는 행동을 더 나은 방식으로 하는 것일 수도 있다. 어느 쪽이든 우리는 그걸 행동 변화로 간주한다.

　그렇다면 우리가 정의한 결과에서 가치를 창출하는 부분은 어떤가? 웹 사이트 작업이 성공한다면 전문가들은 새로운 일을 할 수 있게 되고, 그로써 가치를 얻게 된다. 그럼 우리가 정의한 결과의 2가지 조건을 모두 만족하는 것이다. 전문가들은 새로운 행동을 하게 되고, 이로써 가치를 창출할 것이다.

여기서 흥미로운 점은 고객의 새로운 행동이 조직을 위한 가치도 창출한다는 점이다. 새로운 고객 행동이 조직에 이익이 되는 이유는, 고객을 만족시키면 고객은 서비스에 대한 대가를 지불하고, 미래에도 서비스에 비용을 지불할 가능성이 높아지며, 서비스를 주변 사람들에게 추천할 가능성도 높아지기 때문이다. 잘 살펴보면 위에서 나열한 행동은 모두 고객 행동이다. 고객이 서비스에 비용을 지불하고, 다시 서비스를 이용하고, 서비스를 남에게 추천한다. 이건 모두 결과지만 반드시 사용자 이익에 직결되는 행동은 아니다. 이런 결과는 오히려 조직에 이익이 된다.

결과를 다룰 때 주의를 기울여야 할 중요한 질문이 있다. 해당 행동으로 누가 가치를 얻는가? 전문가가 사업을 더 쉽게 할 수 있게 되면 그들이 가치를 얻는다. 사용자가 결과를 얻기 위해 비용을 지불하면 조직이 가치를 얻는다. 다시 말하면, 가치는 어떤 관점으로 보느냐에 따라 달라진다. 이에 관해서는 8장에서 더 자세히 설명할 예정이다. 지금은 모든 결과에는 관점이 내재되어 있다는 것, 그리고 우리가 누구의 관점에서 생각하고 있는지를 인지하는 게 중요하다는 걸 기억하라(그림 3.2 참고).

그림 3.2 일치하는 가치

페이스북 같은 시스템을 예로 들어 관점에 대해 생각해 보자. 사용자는 페이스북에 로그인할 때 타임라인에 있는 게시물을 읽고 게시물을 올리면서 가치를 얻는다. 광고주들은 사용자가 타임라인에 있는 광고를 보고 광고를 누를 때 가치를 얻는다. 페이스북은 사용자들이 사이트에서 더 많은 시간을 보내고 광고주들이 사용자에게 접근하는 비용을 지불할 때 가치를 얻는다. 시스템이 잘 작동하길 바란다면 서로 목적이 맞는 일련의 결과들을 만들어내야 한다. 각기 다른 사용자들이 가치를 얻는 방법을 이해하고, 여러분 조직에도 가치를 창출하는 방향으로 사용자에게 가치를 전달해야 한다.

페이스북 예시는 또 다른 관점을 제시해 준다. 시스템을 사용하지 않는 사람한테도 시스템이 가치를 창출할 수 있다는 관점이다. 물론 페이스북이 사회에 미치는 영향은 논란의 여지가 있다. 우리 모델의 관점에서 보면 페이스북은 사용자, 광고주, 조직에 가치를 창출하는 방법을 만들어냈지만 사회는 이로 인해 어떤 대가를 치렀는가? 강력하고 윤리적인 프레임워크로 서로 다른 가치를 일치시키려면 시스템과 직접 상호 작용하는 사람들과 간접적으로 영향을 받는 사람들 모두를 포함하는, 보다 넓은 범위의 이해관계자의 니즈를 고려해야만 한다.[4]

이제 결론에 도달했다. 우리가 작업하는 어떤 시스템도 단 하나의 결과만으로 설명할 수 없다. 시스템은 전부 서로 연결되어 있는 결과의 집합이기 때문이다. 게다가 연관된 결과들이 합쳐져 우리가 추구하는 상위 수준의 성과를 만들어낸다. 이 때문에 결과를 토대로 작업하는 게 까다로워질 수 있다. 일반적인 시스템은 다수의 사람이 많은 행동을 수행하는 것으로 구성된다. 여기에 쉽게 압도될 수 있다. 어떤 행동이 중요한가? 어떤 행동에 집중해야 하는가? 다음 장에서는 서로 연관된 결과를 발견하고, 이해하고, 시각화하는 기법을 공유하고, 복잡성을 이겨내고 핵심 결과에 집중하는 방법을 설명하려 한다.

---

4 위의 문제를 잘 요약한 오즈 루블링(Oz Lubling)의 글 "UX에서의 권한과 이기적 이용 사이의 모호한 선(The Blurry Line between Empowerment and Exploitation in UX)", 컬처 클래시 (Culture Clash) 참고, *https://oreil.ly/BDi2z*.

결과, 반복, 검증

일할 때 생산물보다 결과에 집중하게 되면, 여러분의 업무 체계에 큰 변화가 생긴다. 가장 큰 변화 중 하나는 종료 시점이다. 일이 마무리되었는지를 어떻게 알 수 있을까?

소프트웨어 업계에서는 일반적으로 요구 사항, 기능 명세서(specifications), 인수 조건(acceptance criteria)[5]을 통해 작업이 완료되었는지를 알 수 있다. 소프트웨어가 잘 작동하는가? 기능 명세서에 부합하는가? 요구 사항을 따르는가? 인수 조건에 맞는가? 스크럼(Scrum)에서 말하는 '완료의 정의'에 부합하는가? 이런 방법은 일이 끝나는 시점을 정확하게 정의할 수 있다는 장점이 있지만, 대부분의 경우 작업의 생산물을 평가해야만 한다. 여기서 멈추고 싶지 않다면? 우리가 만든 결과를 측정하고 싶다면 어떻게 해야 할까?

그런 경우라면, 제품을 완성했다고 해서 끝이 아니다. 결과를 측정하기 위해서는 제품을 출시하고 그것이 실제로 사람들의 행동을 변화시키는지, 행동을 얼마나 변화시키는지를 관찰해야 한다. 다시 말해, 생산물을 완성해야 하지만 그걸로 끝이 아니다. 검증도 해야 한다.

생산물 검증 과정은 본래 반복적이다. 첫 시도에서 모든 걸 완벽하게 해내는 팀은 거의 없다. 일반적으로 처음 시도할 때 우리가 추구하는 결과의 일부를 달성할 수 있지만, 전부 달성하지는 못한다. 결과에 집중할 때 우리는 개선할 기회를 찾고, 우리가 의도한 결과를 달성할 때까지 계속해서 노력한다. 이것이 린 스타트업에서 만들기-측정-학습 순환(Build-measure-learn loop)이라고 부르는 과정이다. 애자일 커뮤니티에서는 이를 검토와 적응(Inspect and adapt)이라 부른다. 이 순환을 뭐라고 부르든, 모두 반복적인 접근 방식을 의미한다. 이런 접근 방식은 한번에 끝내는 접근 방식과 대척점에 있고 결과를 얻을 때까지 반복하는 접근 방식이다.

---

5 (옮긴이) 기능 명세서(specifications)란 사용자의 관점에서 최종 제품이 어떤 모습이며 어떻게 동작할 것인지를 기술한 문서를 말한다. 인수 조건(acceptance criteria)이란 제품이나 프로젝트가 반드시 달성해야 하는, 사전에 설정된 기준과 요구 사항을 의미한다.

Lean UX Third Edition

제2부

프로세스
PROCESS

2부에 관하여

앞부분에서는 린 UX 뒤에 깔린 발상, 즉 작업을 추진하는 원칙을 살펴보았다. 이번 섹션에서는 실무적 관점에서 린 UX를 실천에 옮기는 과정을 자세히 살펴보려 한다.

우리가 지난 몇 년간 사용해 온 새로운 툴인 린 UX 캔버스를 기반으로 이번 섹션을 구성했다. 린 UX 캔버스는 여러분의 린 UX 프로세스를 조율하는 하나의 방법이다. 린 UX 캔버스를 이용하면 기능, 에픽이나 이니셔티브[1], 더 나아가 제품 전체에 대한 작업까지 한눈에 들어오게 한 페이지로 정리해 볼 수 있다.

한 페이지 도구(single-page tool)는 린 UX의 주요 도구, 방법론, 프로세스, 기술을 모아서 하나의 구조로 문서에 정리하도록 도와준다. 디자인 프로세스의 가장 앞단인 문제 정의에서부터 디자인하고 프로토타입을 만들고, 리서치를 하는 전 과정에 걸쳐 사용할 수 있는 도구다.

린 UX를 하는 데 캔버스가 꼭 필요하지는 않지만, 린 UX 프로세스를 설명할 때 캔버스를 이용하는 게 좋은 방법임을 깨달았다. 그래서 캔버스를 이용해 린 UX 프로세스를 소개하려 한다.

린 UX 캔버스

4장 "린 UX 캔버스"에서는 린 UX 캔버스를 개괄적으로 살펴본다. 린 UX에서 요구 사항에 회의적인 이유, 요구 사항 대신 가설을 수용하는 이유, 린 UX 캔버스를 도구 삼아 가설을 세우고 검증해 보는 방법을 설명할 것이다. 4장에서는 캔버스로 일하는 과정을 수월하게 해주는 몇 가지 아이디어를 소개하려 한다.

---

1 (옮긴이) 애자일에서 일의 기본 단위는 스토리다. 스토리는 '어떤 사용자가 어떤 목적을 위해 어떤 행동을 할 수 있다'라는 형태로 표현되는 작업 단위다. 에픽이란 작은 단위의 사용자 스토리가 모여서 생기는 더 큰 스토리를 의미한다. 이니셔티브는 공통의 목표를 추구하는 에픽의 모음이다.

5장 "1번째 상자: 비즈니스 문제"에서는 여러분과 팀원들이 비즈니스 관점에서 해결하고자 하는 문제를 정의하는 데 사용하는 기술을 다룬다.

6장 "2번째 상자: 비즈니스 결과"에서는 프로젝트의 성공을 정의하는 방법이 담겨 있다. 여러분이 비즈니스, 조직, 고객을 위해 달성하고자 하는 결과가 무엇인지 이해하도록 해준다.

7장 "3번째 상자: 사용자"에서는 사용자(및 고객)를 정의하는 캔버스 영역을 다룬다. 이 장에서는 프로토퍼소나(proto-persona)[2] 기술과 사용 방법을 다룰 예정이다.

8장 "4번째 상자: 사용자 결과와 혜택"은 전부 사용자의 목표와 관련된 내용이다. 사용자(고객)는 무엇을 하려고 하는가? 그들은 무엇으로 성공을 정의하는가?

9장 "5번째 상자: 해결책"에서는 정의한 문제를 해결하기 위해 무엇을 만들 것인지(또는 할 것인지) 윤곽을 잡기 시작한다.

10장 "6번째 상자: 가설"과 11장 "7번째 상자: 우리가 먼저 배워야 하는 가장 중요한 것이 무엇일까?", 12장 "8번째 상자: MVP와 실험"은 캔버스에서 아래쪽 1/3에 해당하는 영역을 다루는데, 캔버스의 다른 영역에서 우리가 정한 가설이 맞는지 확인하는 논의를 이끌어 내는 부분이다.

주어진 연습을 진행하며 가설을 선언하는 과정에서 각 상자를 자세히 살펴보면서 논의가 어떻게 전개되는지, 어떻게 하면 논의를 성공적으로 진행할 수 있을지, 각 상자에서 무엇에 유의해야 할지 알아보자.

---

2 (옮긴이) 프로토퍼소나는 최종 퍼소나의 베타 버전이라고 생각하면 된다. 퍼소나를 프로토타이핑해보는 것처럼, 이미 고객에 대해 가지고 있는 정보를 바탕으로 가설 수준에서 빠르게 설정하는 퍼소나이다. 이후 데이터를 검증하여 가설을 입증하거나 반박한다.

린 UX 캔버스

가설은 새로운 요구 사항

모든 것이 비교적 예측 가능한 업계, 즉 회사가 만들어야 하는 것, 만드는 데 필요한 것, 완성했을 때의 모습, 고객들이 제품을 받고 할 행동에 관한 위험이나 불확실성이 적은 곳에서 일한다면 사전에 정해진 요구 사항 내에서 편안하게 작업할 수 있다. 제조업 시대의 사고방식에 젖어 있는 업계에서는 작업에 들어가기 전에 하나부터 열까지 디자인을 완성해 놓는 게 일반적이다. 제품을 생산하면서 변동 사항이 생기면 변화하는 시장에 민첩하게 대응해야 한다고 여기는 게 아니라, 원래 계획에서 일탈하는 사치스러운 것으로 여긴다. 소프트웨어 산업 역시 초기에는 요구 사항에 관한 이러한 사고방식을 답습했다. 수십 년간 소프트웨어 업계에서도 제조업과 유사한 사고방식이 지배적이었고, 오늘날까지 작업 방식에 스며들어 있는 경우가 많다.

　요구 사항은 우리가 무엇을 만들어야 하는지 정확하게 안다는 가정 아래 작성된다. 요구 사항은 엄격한 공학적 품질 관리를 위해 시작되었다. 하지만 소프트웨어 개발에서는 일반적으로 요구 사항을 작성한 이후에 이를 엄격하게 지키기 힘들다. 그럼에도 사람들은 요구 사항 작성자의 신뢰도나 직함을 보고 작성된 내용을 곧이곧대로 받아들인다. 많은 경우에 "전에는 효과가 있었어."라고 이야기하며 이런 맹목적 믿음이 강화된다. 자신이 받은 요구 사항의 완결성에 의문을 제기하는 개인이나 팀을 골칫거리로 여긴다. 마감일을 넘기거나, 주어진 프로젝트의 범위를 넘어서거나, 둘 다인 경우 그들이 희생양이 된다. 여전히 요구 사항에 의존해 팀이 해야 할 일을 알려주는 조직에서 요구 사항은 제프 패튼(Jeff Patton)이 자주 이야기하는 것처럼 "입 다물라"는 말처럼 들린다.

그러나 오늘날의 소프트웨어 기반 사업은 일관성, 예측 가능성, 안정성, 확실성이 없는 현실에서 운영해야 한다. 특정 조합의 코드, 문구, 디자인이 원하는 사업 성과를 달성할 것이고, 지정된 마감일까지 완성해 배포할 수 있다고 권위를 갖고 단언하는 것은 위험할 뿐 아니라, 대부분의 경우 거짓말이다. 소프트웨어 개발은 복잡하고 예측할 수 없다. 변화 속도는 믿을 수 없이 빠르다. 기업들은 전례 없는 속도로 지속적으로 기능을 배포하고 있고 소비자 행동도 그만큼 빠르게 변화하고 있다. 특정 기능 세트, 디자인 접근법을 결정하고 어떤 사용자 경험을 제공할지 정하자마자 고객들의 멘탈 모델[1]은 다른 온라인 서비스 사용 경험을 토대로 자연스럽게 진화할 것이다.

좋은 소식은 우리가 요구 사항에 의존할 필요가 없다는 것이다. 업계는 엄격한 요구 사항에서 벗어날 수 있는 새로운 작업 방식을 개발했다. 우리가 이 책의 초판을 쓰던 당시에 아마존은 11.6초마다 프로덕션 코드를 배포하고 있었다. 오늘날 그들은 배포 시간을 1초로 줄였다.[2] 그렇다. 아마존 생태계 어딘가에 있는 고객은 매 순간 제품의 작동 방식이 변하는 걸 경험한다. 아마존은 고객의 요구를 잘 충족시키고 있는지 알 수 있는 기회를 1분에 60번씩 얻는다. 학습한 것에 대해 반응할 기회를 1분에 60번 갖는다. 사용자 경험을 개선할 기회를 1분에 60번 갖는다. 이런 역량이 있으면 엄격한 요구 사항이라는 개념은 기껏해야 시대착오적 발상에 불과하다. 최악의 경우, 팀

---

1 (옮긴이) 멘탈 모델(mental model) 또는 심성 모델이란 사물이 실제로 어떠한 방식으로 작동할 것이라고 생각하는 인간의 사고 과정을 구조화한 것이다.
2 보겔스(Vogels), "아폴로 이야기 - 아마존의 배포 엔진(The Story of Apollo - Amazon's Deployment Engine)"

원들이 최선을 다하는 데에 요구 사항이 장애물이 된다. 아마존이 극단적인 예시이긴 하지만, 우리는 아마존 사례에서 영감을 얻을 수 있고 가능한 목표가 무엇인지에 대한 분명한 기준점으로 삼을 수 있다. 우리가 변화를 신속하게 처리하고, 감지하고, 변화에 대응할 수 있다면 가치를 어떻게 제공할지 정확히 안다고 가정하는 것은 조직에게 감당할 수 없는 위험이며 오만한 생각일 뿐이다.

요구 사항을 멀리 해야 하는 또 다른 이유가 있다. 소프트웨어는 어렵다. 숙련된 소프트웨어 엔지니어들도 무언가를 만드는 게 간단해 보인다고 해서 실제로 간단하게 만들 수 있다는 의미는 아니라고 이야기한다. 종종 특정 사용자 경험을 제공하기 위해 생각보다 많은 코드를 작성해야 한다는 사실을 알게 된다. 우리가 단순할 거라고 생각한 코드가 복잡한 의존성을 가지고 있거나, 기존에 작성한 잘못된 코드로 인해 제약이 생기거나 계획에 없던 장애물에 부딪히게 되고, 문제를 해결하는 방법을 고민하는 데 많은 시간을 할애해야 한다. 이 역시 마감 기한이 있는 엄격한 요구 사항에 정면으로 위배된다.

복잡하고 예측할 수 없는 건 코드만이 아니다. 인간도 복잡하고 예측할 수 없다. 우리가 사용자들이 쓰기에 이상적일 거라 믿는 소프트웨어 서비스는 사람들의 내재적 동기, 성격, 기대, 문화적 규범, 습관과 정면 충돌한다. 우리는 '사용하기 쉬운' 또는 '직관적'이라고 생각하는 디자인에 대해 크게 기대하지만, 결과적으로 타깃 고객들은 우리가 고객을 위해 단순화했다고 믿는 디자인을 피해 자신만의 방법을 찾는다는 사실을 깨달을 뿐이다. 그들은 왜 이런 행동을 할까? 사용자 인터뷰와 리서치를 통해 알 수 있는 다양한 요소로 인해 예상치 못한 행동이 발생할 수 있지만, 모두 같은 결과로 귀결된다. 즉, 요구 사항이 잘못되었음을 증명한다.

그럼 어떻게 해야 할까? 대부분의 요구 사항은 권위로 포장한 단순한 가설이라는 것을 인지할 필요가 있다. 요구 사항에서 권위와 과신, 오만함을 덜어낸다면 사용자 목표를 가장 잘 달성하거나 비즈니스 문제를 해결할 수 있는 방법에 대한 누군가의 최선의 추측만 남게 될 것이다. 우리는 디지털 제품을 만드는 사람들이므로 겸허한 자세로 요구 사항이 추측 또는 가설임을 빠르고 분명하게 인정한다면, 제품 탐색(Product discovery)[3]과 린 UX를 실행할 환경을 조성할 수 있다. 인간의 행동을 예측할 수 없기 때문에 팀에서 수행하는 일에 불확실성이 있다는 걸 인정한다면, 실험하고 연구하고 다시 작업하는 것까지 우리 업무의 일부가 되어야 한다는 걸 알게 된다. 아이디어에 대한 애착을 줄이고 기꺼이 행로를 바꿀 수 있는 팀 문화를 만들어야 한다. 즉, 아이디어가 실현 불가능하다는 게 반복적으로 입증되면 작업 중이던 아이디어를 버리는 수준까지 가야 한다.

그럼 어떻게 하면 팀 전체가 아이디어를 내도록 독려하면서도 팀원들이 낸 아이디어가 가설의 조건을 갖추도록 할 수 있을까? 이 책의 이전 버전에서는 가설을 제시하는 연습 몇 가지를 공유했고, 이를 통해 독자와 실무자는 자신의 아이디어를 새로운 방식, 즉 실험 가능한 가설로 표현할 수 있었다. 시간이 지나면서, 우리는 가설을 제시하는 연습과 가설을 검증하는 데 필요한 단계를 린 UX 캔버스라고 부르는 하나의 포괄적인 퍼실리테이션(facilitation)[4] 도구로 통합했다.

린 UX 캔버스

린 UX 캔버스(그림 4.1)는 팀이 이니셔티브에 대한 가설을 제시하도록 하는 일련의 연습을 모아놓은 것이다. 팀 내부만이 아니라 이해관계자, 고객, 다른 부서의 동료와 논의를 원활하게 진행할 수 있도록 설계했다. 린 UX에서는 공유된 이해를 쌓기 위해 노력한다는 점을 기억하라. 이를 위해(특히 요구 사항에서 벗어나려고 할 때) 이해관계자와 실무자가 공통된 용어를 일관적으로 사용해야, 서로 아이디어를 공유하고 아이디어를 명확하게 만들 수 있다.

---

3 (옮긴이) 제품 탐색이란 새로운 기능이나 새로운 제품을 탐색하고 발굴하는 활동을 말한다.
4 (옮긴이) 퍼실리테이션(facilitation)이란 다양한 의견을 하나의 의사 결정으로 모아가는 과정이 잘 진행되도록 돕는 것을 말한다. 좁은 의미에서는 회의를 효과적으로 진행하도록 돕는 걸 의미하고 넓은 의미에서는 중립적 위치에서 집단의 목표를 효율적으로 달성할 수 있도록 촉진하고 지원하는 행동을 의미한다. 이런 일을 하는 사람을 퍼실리테이터(facilitator)라고 한다.

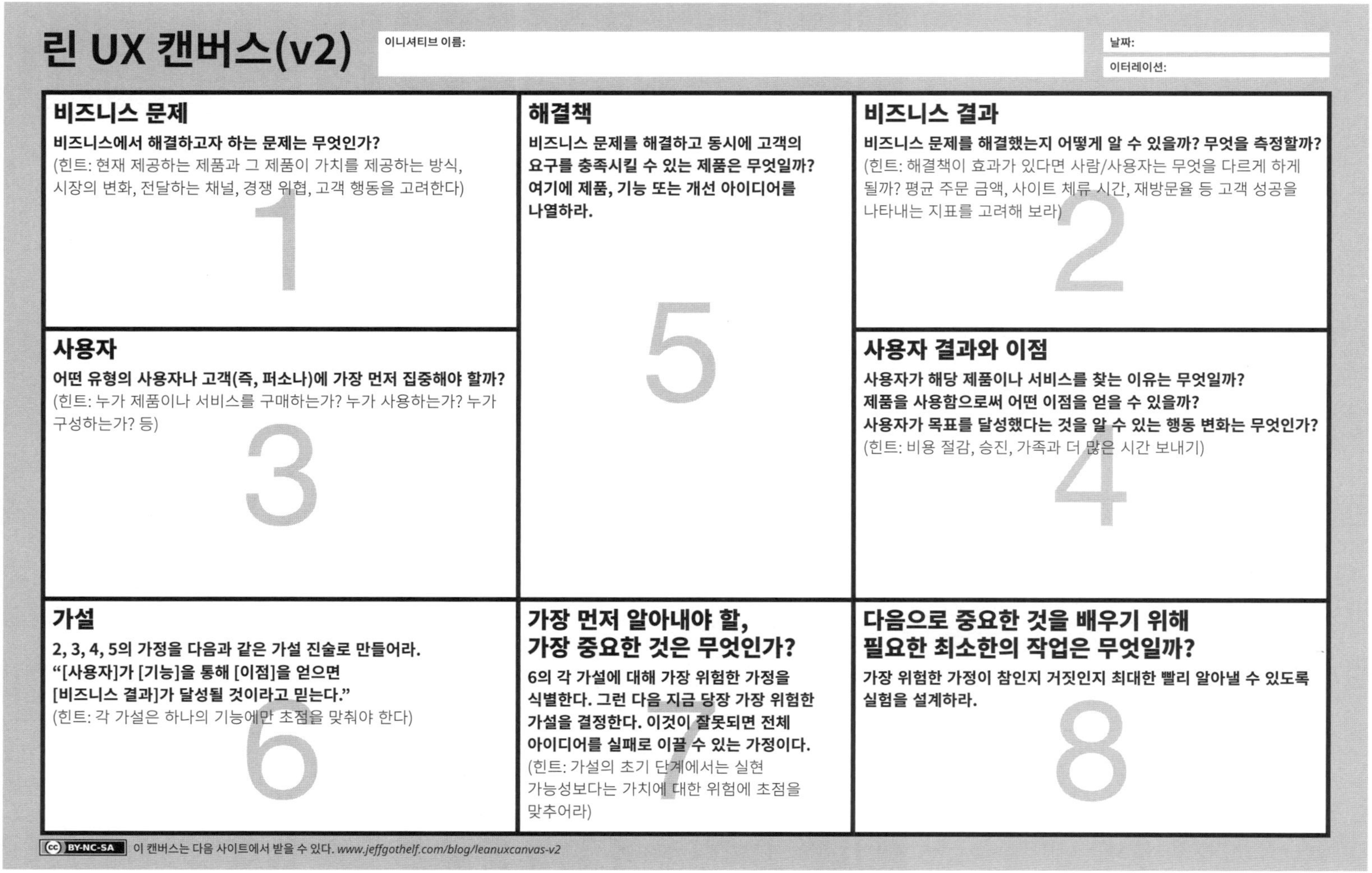

린 UX 캔버스(v2)

아이네이티브 이름:

날짜:

이터레이션:

비즈니스 문제

비즈니스에서 해결하고자 하는 문제는 무엇인가?

(힌트: 현재 제공하는 제품과 그 제품이 제공하는 방식, 사장의 변화, 경당하는 재료, 경쟁 위협, 고객 행동을 고려한다)

1

사용자

어떤 유형의 사용자나 고객(즉, 퍼소나)에 가장 먼저 집중해야 할까?

(힌트: 누가 제품이나 서비스를 구매하는가? 누가 사용하는가? 누가 구성하는가? 등)

3

가설

2, 3, 4, 5의 가정을 다음과 같은 가설 진술로 만들어라.

"[사용자]가 [기능]을 통해 [이점]을 얻으면 [비즈니스 결과]가 달성될 것이라고 믿는다."

(힌트: 각 가설은 하나의 기능에만 초점을 맞추어야 한다)

6

해결책

비즈니스 문제를 해결하고 동시에 고객의 요구를 충족시킬 수 있는 제품은 무엇일까? 여기에 제품, 기능 또는 개선 아이디어를 나열하라.

5

가장 먼저 알아내야 할, 가장 중요한 것은 무엇인가?

6의 각 가설에 대해 가장 위험한 가정을 식별한다. 그런 다음 지금 당장 가장 위험한 가설을 결정한다. 이것이 잘못되면 전체 아이디어를 실패로 이끌 수 있는 가정이다.

(힌트: 가설의 초기 단계에서는 실현 가능성보다는 가치에 대한 위험에 초점을 맞추어라)

7

비즈니스 결과

비즈니스 문제를 해결했는지 어떻게 알 수 있을까? 무엇을 측정할까?

(힌트: 해결책이 효과가 있다면 사람/사용자는 무엇을 다르게 하게 될까? 평균 주문 금액, 사이트 체류 시간, 재방문율 등 고객 성공을 나타내는 지표를 고려해 보라)

2

사용자 결과와 이점

사용자가 해당 제품이나 서비스를 찾는 이유는 무엇일까? 제품을 사용함으로써 어떤 이점을 얻을 수 있을까? 사용자가 목표를 달성했다는 것을 알 수 있는 행동 변화는 무엇인가?

(힌트: 비용 절감, 승진, 가족과 더 많은 시간 보내기)

4

다음으로 중요한 것을 배우기 위해 필요한 최소한의 작업은 무엇일까?

가장 위험한 가정이 참인지 거짓인지 최대한 빨리 알아낼 수 있도록 실험을 설계하라.

8

그림 4.1 린 UX 캔버스

과거에 린 UX 작업을 해본 적이 있다면 이런 활동이 대부분 익숙할 것이다. 이전에 디자인 작업을 해본 적이 있다면 캔버스에 있는 모든 항목이 얼마나 중요한지, 프로젝트를 시작할 때 이러한 주제를 중심으로 대화를 나누는 것이 얼마나 중요한지 알 것이다. 우리가 캔버스를 사용해 본 경험으로는, 캔버스 구조를 활용하면 이런 대화를 나눌 수 있게 되고, 다양한 관점에서 논의가 이루어질 수 있으며, 작업을 마쳤을 때 확장된 팀에서 팀원들 간에 공유된 이해를 쌓고, 앞으로 나아갈 방향을 명확히 알게 된다.

캔버스는 제품이나 시스템의 현재 상태, 또는 마이크 로더(Mike Rother)가 자신의 책 《도요타 카타(The Toyota Kata)》[5]에서 '현재 상태(그림 4.2의 현재)'라고 부르는 지점에서 논의를 시작하여 원하는 미래 상태 또는 목표 상태(그림 4.2의 미래)로 나아가도록 설계되었다.

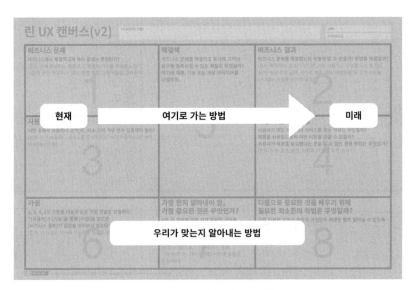

그림 4.2 린 UX 캔버스의 주요 영역

5 마이크 로더(Mike Rother), *The Toyota Kata: Managing People for Improvement, Adaptiveness, and Superior Results*, McGraw-Hill Education, 2009

또 캔버스야? 좋은 질문이다. 알렉스 오스테르발더(Alex Osterwalder)와 그의 회사 스트래티저(Strategyzer)에서 일하는 팀이 비즈니스 모델 캔버스를 세상에 내놓은 후로 우리는 캔버스에 매료되었고, 다양한 캔버스가 세상에 물밀듯 넘쳐났다. 캔버스를 내놓지 못한다면 정말 업계의 리더라고 할 수 있을까? 이것도 좋은 질문이다. 캔버스는 유용하며, 안정되고 폭넓은 팀 협업을 이끄는 데 중심 역할을 할 수 있다. 올바르게 사용할 경우 캔버스는 다음과 같이 기능한다.

- 일련의 활동을 통합해 논리적인 이야기 구조를 만들어 나가기 위한 순차적인 과정으로 구성한다.
- 복잡한 환경에서 도움이 된다. 복잡성의 핵심 요소를 보여주는 단일한 시각적 모델을 만드는 걸 돕는다.
- 특정 논의에 관심이 있는 팀원들이 쉽게 따라 할 수 있는 퍼실리테이션 도구가 된다.
- 일반적인 브레인스토밍 세션에서 아이디어를 잘 제시하지 않는 팀원들이 동등하게 발언할 수 있는 환경을 조성한다.
- 팀에서 공통 용어를 사용하게 된다.
- 팀에서 해야 할 일의 체계를 잡는다.
- 팀이 해결하고 있는 문제나 작업이 무엇인지 타 부서에 공유한다.

캔버스 사용하기

다음 장에서는 캔버스의 각 부분에 대해 자세히 설명할 것이다. 그 전에, 팀원들에게 캔버스를 알려줄 때 나오는 몇 가지 일반적인 질문에 답해 보려 한다.

언제 린 UX 캔버스를 사용해야 할까?

우리는 캔버스가 이니셔티브를 시작하는 훌륭한 방법이라고 생각한다. 캔버스는 새로운 기능, 주요 이니셔티브 또는 신제품에 관한 작업을 시작할 때 하는 킥오프 미팅에 적합한 구조로 되어 있다. 여러분이 캔버스 툴에 익숙해질수록, 다루려는 작업의 규모가 캔버스에 비해 너무 작을 때는 작다는 감이 올 것이다. 일반적으로 큰 덩어리의 작업을 계획할 때는 언제든 캔버스를 사용하는 게 좋다.

캔버스는 초기 단계의 아이디어에 적합한가, 아니면 존속적 혁신[6]에 적합한가?

캔버스는 사실 두 종류의 작업에서 모두 효과적이다. 중요한 질문은 다음과 같다. 중요하지만 잘 모르는 문제, 불확실하고 복잡한 문제에 부딪혔는가? 이럴 때 바로 린 UX 캔버스 그리고 린 UX가 실질적인 도움을 줄 수 있다. 초기 단계에서는 본질적으로 알 수 없는 것들이 존재한다. 이 제품이나 서비스가 시장에 필요한가? 사람들이 우리의 제품을 사용할까? 우리가 이 문제를 해결해서 사업으로 연결할 수 있을까? 혁신을 반복할 때 질문이 다루는 범위가 줄어드는 경향이 있지만, 그렇다고 답이 더 명확한 것도 아니다. 린 UX 캔버스는 두 가지 상황 모두에 도움을 줄 수 있다.

누가 캔버스에서 작업해야 할까?

캔버스가 제공할 수 있는 가치 중 하나는 작업 과정에서 자연스럽게 팀원들 간에 공유된 이해가 생긴다는 점이다. 성공적인 제품으로 나아가기 위한 제품 발견 작업을 하도록 팀원들과 이해관계자를 독려한다. 따라서 우리는 모든 팀원들이 캔버스 작업에 참여해야 한다고 믿는다. 특히 비즈니스 문제와 목표를 정의하는 단계에서 이해관계자와 클라이언트가 가능한 한 많이 참여해야 한다고 생각한다.

---

6 (옮긴이) 하버드 비즈니스스쿨의 클레이튼 크리스텐슨 교수는 《혁신기업의 딜레마》(2020, 세종), 《성장과 혁신》(2021, 세종)에서 혁신을 파괴적 혁신(Disruptive Innovation), 존속적 혁신(Sustaining Innovation)으로 분류한다. 존속적 혁신은 기술적으로 성능을 향상시키는 혁신을 의미한다. 새로운 제품이 출시될 때마다 성능이 점점 고도화되는 현상은 존속적 혁신의 결과다.

얼마나 오랜 시간을 투자해야 하는가?

반나절도 안 되는 시간에 모든 걸 끝내기란 쉽지 않다. 캔버스는 킥오프 활동을 훌륭하게 대체할 수 있다. 일반적으로 프로젝트 킥오프 기간을 얼마나 잡는지 생각해 보라. 이틀? 아니면 일주일 간 진행하는가? 일부 팀에서는(특히 한 공간에 모여서 작업한다면) 그 정도 기간 안에 캔버스 작업을 진행할 수 있다. 다른 팀에서는 몇 주 동안 줄줄이 회의를 거듭하는 방식을 택할 것이다. 일반적으로 프로젝트가 크고 중요할수록 더 오래 걸린다. 분석에 얽매이지는 말라. 몰라서 막히는 부분이 있으면 잠시 모르는 채로 두고 다음 단계로 나아가라. 결국 캔버스의 핵심은 모르는 게 무엇인지 정리해 보고, 모르는 정보를 빨리 학습하기 시작하는 것이다.

린 UX를 하려면 꼭 캔버스를 사용해야 하는가?

절대 그렇지 않다. 캔버스의 각 영역에는 린 UX 프로세스의 유용한 부분이 포함되어 있다. 어떤 이니셔티브에 관해 작업하든 캔버스에 있는 각 상자가 암시하는 질문에 대해 고민하고 답해야 할 것이다. 즉, 캔버스에 있는 각 상자를 독립적 기술로 사용할 수 있다. 사용자에 대해 잘 모르는가? 3번 박스로 이동하여 프로토퍼소나에 대해 읽고 팀원들과 이를 활용해 사용자에 관해 더 명확하게 밝혀라. 문제에 대해 최선의 해결책이 무엇인지 모르는가? 5번 상자에 관한 섹션으로 넘어가서, 팀원들이 관련된 과정을 익힐 수 있도록 하라.

캔버스 전체를 사용하기로 결정했다면 캔버스가 유연한 도구라는 점을 기억하라. 여러분 상황에 잘 맞는 활동을 택하고, 맥락을 고려해 팀원들에게 적합한 방식을 골라라. 팀원들이 이 작업의 본질에 익숙해짐에 따라 활동을 추가하라. 궁극적으로 우리는 고객이 대화의 출발점이자 중심이 되기를 바란다. 린 UX 캔버스는 이를 보장하기 위한 강력한 출발점이다.

각 섹션 퍼실리테이팅하기

다음 장에서는 캔버스를 완성하기 위한 활동에 대해 설명할 예정이다. 여기서 몇 가지 일반적인 패턴에 주목하려 한다.

팀 전체가 참여할 수 있도록 하기

캔버스를 완성하는 데는 팀 전체가 참여하는 게 이상적이다.[7] 이는 여러분이 회의에 참여하는 사람들의 다양한 권력 수준과 각자의 참여 성향까지 고려해야 한다는 걸 의미한다.

이를 해결하기 위해 우리는 '1-2-4-전체' 패턴을 변형해 사용하는 것을 좋아한다.[8] 이는 집단 참여를 이끌어 내기 위한 구조적인 방법이다. 방법은 다음과 같다.

- 사람들에게 혼자 작업하도록 요청하는 것으로 시작한다(1-2-4-전체 패턴의 '1'). 각자 조용히 아이디어를 쓰거나 무언가를 그리도록 한다. 시간을 빠듯하게 제한하여(약 5분) 사람들이 자기 아이디어를 수정하고 다듬는 데 지나치게 많은 시간을 보내지 않고 빠르게 아이디어를 내놓도록 한다. 이렇게 각자의 작업 시간이 끝나면, 참가자들에게 각 테이블 또는 자신이 속한 조에서 아이디어를 공유하도록 한다. 만약 사람들이 포스트잇으로 작업했다면 포스트잇을 모아서 벽에 붙이도록 하는 것도 좋다. 이때 토론을 제안하는 것도 선택 사항이다. 또한 이 시점에 어피니티 매핑(affinity mapping)[9]을 수행할 수도 있다.

---

7 '팀 전체'라는 개념은 맥락에 따라 달라질 것이다. 여러분이 속한 집단의 규모와 회의에 참여하는 사람들의 역할에 따라 이 조언은 얼마든지 바꿔 적용할 수 있다.

8 이는 참여 촉진 구조(Liberating Structures) 컬렉션에 있는 유용한 패턴 중 하나다. "1-2-4-전체 (1-2-4-All)", 참여 추천 구조(Liberating Structures)를 참조하라. *https://oreil.ly/12vgk* (옮긴이) 참여 촉진 구조(Liberating Structures)는 비즈니스 혁신 전문가인 키스 맥캔들리스 (Keith McCandless)와 앙리 리프마노비치(Henri Lipmanowicz)가 개발했다. 이들은 비즈니스, 공공, 비영리 기관 등에서의 조직적 혁신과 협력을 촉진하기 위해 이 구조를 만들었다.

9 (옮긴이) 어피니티 매핑(affinity mapping)이란 방대한 데이터에서 의미 있는 결론을 이끌어내기 위한 도구로, 각 데이터의 연관성/상호 의존성/존속성에 따라 데이터를 구조화해 가는 기법이다. 어피니티 다이어그램 기법이라고도 부른다.

- 그런 다음 아이디어를 구체화하고 더욱 정교하게 만들기 위해 다른 사람과 짝을 지어 작업하도록 하라(1-2-4-전체 패턴의 '2'). 둘이서 작업하는 건 혼자 하는 것보다 시간이 더 오래 걸리기에, 시간을 더 길게 주도록 한다. 마찬가지로 둘이서 작업한 뒤에 두 사람은 각자의 테이블이나 조에서 발표를 해야 하며, 이 시점에 토론을 진행해도 좋다.
- 다음으로 각 테이블이나 조별 작업을 하나의 발표물로 만들어내도록 한다(1-2-4-전체 패턴의 '4').
- 마지막으로(최종적으로 하나의 아이디어를 도출하려는 경우) 전체 참가자에게 하나의 아이디어로 발전시키도록 요청한다(패턴에서 '전체'에 해당하는 부분이다).

'1-2-4-전체' 패턴은 방에 있는 모든 사람의 의견을 수렴하고, 개인 작업과 협업을 둘 다 허용하며, 마지막에 전체의 의견을 하나로 합칠 수 있기 때문에 효과적이다. 이 패턴을 특정한 활동에 적용하고 싶겠지만, 그룹 활동을 계획하면서 이 패턴을 염두에 두도록 하자.

비대면 vs. 대면

위에서 소개한 모든 활동은 대면 워크숍에서 할 수도 있고, 화상 회의 소프트웨어와 공유 화이트보드 도구를 사용해 원격으로 수행할 수도 있다. 원격으로 하는 경우, 세션을 쪼개서 사람들이 중간중간 휴식을 취하고 '줌 피로(Zoom fatigue)'[10]에 시달리지 않도록 해야 한다. 온라인 화이트보드에 익숙하지 않은 사람이 있을 수 있으니 경험이 부족한 참가자가 사용법에 익숙해질 수 있도록 시간을 마련하라. 때로는 도구 사용법을 익히는 아이스 브레이킹 활동이 필요할 수도 있다. 우리는 여러분이 사용할 수 있는 린 UX 캔버스 템플릿을 만들었다.

---

10 (옮긴이) 코로나로 인해 화상 회의가 잦아지면서 발생한 스트레스 현상을 나타내는 신조어다. 화상 회의에서는 대면 회의에서 중요한 요소인 눈맞춤이나 표정 같은 비언어적 단서가 사라져 상대방의 의중을 파악하는 데 더 많은 에너지가 필요해서 피로가 쌓일 수 있다.

마무리

2부의 이어지는 장에서 캔버스의 각 영역에 대해 자세히 설명할 예정이다.

5장

1번째 상자: 비즈니스 문제

비즈니스 문제
비즈니스에서 해결하고자 하는 문제는 무엇인가?

(힌트: 현재 제공하는 제품과 그 제품이 가치를 제공하는 방식,
시장의 변화, 전달하는 채널, 경쟁 위협, 고객 행동을 고려한다)

1

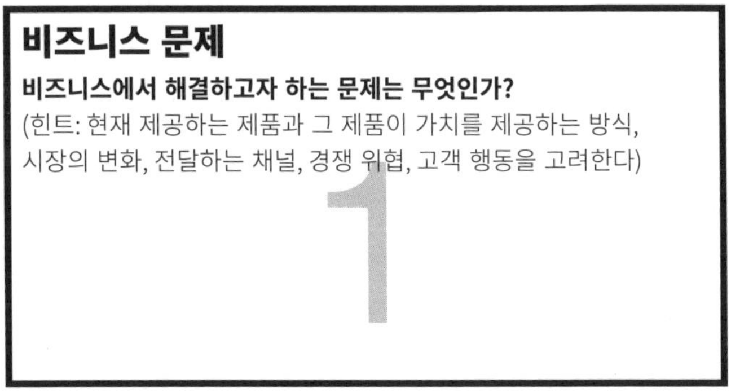

그림 5.1 린 UX 캔버스의 1번째 상자: 비즈니스 문제

린 UX가 성공하기 위해서는 팀원들에게 해결 방안을 제시하지 말고 문제를 주고 직접 고민하도록 해야 한다. 해결 방안은 요구 사항이나 기능 명세서로 표현되는 경우가 많다. 하지만 요구 사항이 잘못된 방향이라면, 올바른 방향은 무엇일까? 올바른 방법은 이해관계자와 클라이언트가 해결하려는 문제를 이해하고, 그 문제를 적절하게 표현하는 것이다. 이것이 비즈니스 문제정의서(business problem statement)의 역할이다. 비즈니스 문제정의서는

제품 탐색 작업 시작을 명시적으로 요구하는 방향으로 작업을 재구성한다.

비즈니스 문제정의서의 형태는 어느 정도 자유롭지만, 최소한 다음의 항목은 충족시켜야 한다.

- 구현할 기능의 집합이 아니라 팀이 해결해야 하는 문제를 구체적으로 제시한다.
- 최종 목표에 고객의 성공이 자연스럽게 녹아들어 가도록 팀의 관점을 고객 중심으로 바꾼다.
- 팀원들에게 가이드라인과 제약 사항을 제시하여 프로젝트 범위 내에 있는 것과 아닌 것을 명확히 보여주고, 공동의 노력을 필요한 곳에 집중하도록 한다.
- 비즈니스의 핵심 성과 지표(Key performance indicator, KPI) 또는 회사가 타깃 고객층에서 얻고자 하는 특정 결과로 성공의 척도를 명확하게 표현한다.
- 해결책을 정의하지 않는다(말하기는 쉽지만 실행하기는 어렵다).

기본적으로 비즈니스 문제정의서는 3가지로 구성된다.

1. 팀에서 작업 중인 제품 또는 시스템의 현재 목표. 다른 말로 하면, 처음에 그것이 만들어진 이유는 무엇인가? 원래 어떤 문제를 해결하기 위해 고안되었는가? 어떤 가치를 제공하고자 했는가?
2. 세상은 어떻게 변화했고, 그 변화는 제품에 부정적인 영향을 미쳤는가? 다시 말해 처음에 설정한 제품 목표 중 현재 달성하지 못하고 있는 지점은 무엇인가?
3. 제품을 개선해 달라는 분명한 요청. 구체적인 해결책을 제시하는 게 아니라 결과의 관점에서 '개선'을 어떻게 측정할지 정량화한다.

처음 비즈니스 문제정의서를 작성할 때는 여러분의 노력이 가설에 머무를 가능성이 높다는 걸 기억하라. 이게 린 UX 캔버스의 모든 영역에서 적용되는 법칙이라는 것도 알게 될 것이다. 괜찮다. 사실 피할 수 없는 일이다. 문제를 들여다보기 시작할 때(발견 작업을 하기 시작할 때), 여러분이 그동안 잘못된 문제나 고객군을 붙잡고 있었다거나, 성공을 잘못된 방법으로 측정하고 있었다는 걸 발견하게 될 수 있다는 점을 염두에 두어야 한다. 그래도 괜찮다. 그렇기 때문에 발견 작업을 하는 것이다. 다만 잘못된 문제정의서에 시간과 노력을 낭비하지 않도록 배운 점을 팀원들과 이해관계자들에게 최대한 빨리 전달하라.

활동을 퍼실리테이팅하기

비즈니스 문제정의서를 작성할 때 이해관계자, 프로덕트 오너와 편하게 앉아서 초안을 작성할 수도 있다. 하지만 우리는 팀 전체와 워크숍 환경에서 프로그램의 일부로 이것을 진행하는 걸 선호한다. 그렇게 할 예정이라면 다음 과정을 따르길 권한다.

팀원들에게 이것을 진행하는 맥락과 배경을 설명하라. 프로덕트 매니저가 맡아서 설명할 때가 많으며, 이는 작업의 틀을 올바로 잡는 데 매우 중요하다. 비즈니스 문제정의서를 작성하기에 앞서 프로덕트 매니저가 팀원들에게 답해야 하는 질문은 다음과 같다.

- 어떤 관찰이나 측정 결과를 보고 문제가 있다고 확신하게 되었는가?
- 이 작업은 누구를 타깃으로 삼고 있는가?
- 회사가 수행하는 광범위한 일에서 이번 업무는 어떤 역할을 하는가?
- 이 문제를 해결하는(또는 방치하는) 건 회사 건전성에 어떤 영향을 미치는가?

인원이 많은 경우, 2~3명으로 짝을 지어서 비즈니스 문제정의서 초안을 작성하도록 하라. 소그룹 안에서 같이 작성할 수 있다. 작성 시간은 30분을 넘지 않도록 한다.

다음은 출시된 제품에 관한 비즈니스 문제정의서를 작성할 때 사용하기 좋은 템플릿이다.

[우리의 서비스/제품]은 **[이러한 비즈니스/고객 목표와 가치]**를 달성하도록 설계했다. 우리는 **[이러한 측면]**에서 현재 제품/서비스가 이런 목표를 달성하지 못하고 있다는 걸 관찰하였고, 이는 우리 사업에 **[이러한 부정적 영향/문제]**를 미치고 있다.

어떻게 하면 우리의 서비스/제품을 개선해서 **[이러한 측정 가능한 행동 변화]**로 판단할 수 있는 고객의 성공을 도울 수 있을까?

완전히 새로운 이니셔티브를 추진하는 경우 템플릿은 다음과 같다.

[현재 작업 중인 분야]에서는 현재 주로 **[이러한 고객군, 이러한 불편한 지점, 이러한 워크 플로 등]**에 집중하고 있다.

기존 제품/서비스는 **[이러한 시장 격차 또는 변화]**를 해결하지 못하고 있다.

우리 제품/서비스는 **[이러한 제품 전략이나 접근 방식]**으로 격차를 줄일 것이다.

우리는 초기에 **[이러한 고객군]**에 집중할 것이다.

우리는 **[목표 고객군에서 이러한 측정 가능한 행동]**을 관찰할 때 성공했다는 걸 알 수 있다.

2~3명으로 이루어진 소그룹에서 초안을 완성하면 팀 전체가 모여 초안을 공유하도록 하라. 서로 비판과 피드백을 하고, 각 초안에서 불분명한 점을 명확하게 밝혀내는 질문을 던져라. 비판은 작업에 공격을 가하는 게 아니라 작성한 사람의 의도를 보다 명확하게 이해하기 위한 탐색 과정이란 것을 기억하라.

모두가 초안을 공유하고 나서 4~5명으로 구성된 더 큰 그룹으로 만들고, 각자 작성한 것을 하나의 문제정의서 초안으로 합친다. 30분 동안 작업하고, 큰 그룹에서 작업한 초안을 팀 전체에 다시 공유한다. 마지막으로 30분 동안, 각 초안을 모아서 하나의 비즈니스 문제정의서로 만드는 작업을 진행한다. 이것이 가설 선언 연습(assumptions declaration exercise)이라는 걸 기억하라. 가설의 일부는 불가피하게 틀릴 것이기 때문에 1번째 상자의 목표는 완벽한 문제정의서를 작성하는 게 아니다. 목표는 이번 이니셔티브에서 우리가 어느 방향으로 가고자 하는지, 목표 달성 여부를 판단하는 방법에 대해 팀원들 간 의견을 맞추는 것이다.

> **NOTE** 비즈니스 문제정의서는 결국 프로젝트 헌장(project charter)[1]에 관한 것이므로, 만약 이해관계자가 관여하지 않았다면, 이 시점에는 이해관계자를 관여하게 하여 함께 움직여야 한다.

완성된 문제정의서 초안을 캔버스에 옮겨 적는다.

문제정의서의 예시

다음은 잘 작성한 비즈니스 문제정의서의 예시다.

중소기업용 디지털 대출 솔루션을 출시했을 때 시장에는 전통적인 은행 기관에서 판매하는 기성 상품만 있었다. 우리의 디지털 대출 솔루션은 단연 돋보였고 은행과 새로운 방식으로 협력하고자 하는 중소기업 고객들을 끌어모았다. 전통적인 은행이 점점 '핀테크' 회사 역할을 하면서, 시장에 공급자가 많아졌고 경쟁이 치열해졌다. 이로 인해 고객 획득 비용이 상승하고, 시장 점유율은 정체되고, 고객 지원 비용은 높아지고 있다.

어떻게 하면 중소기업용 제품군을 다시 디자인하여, 고객으로 하여금 우리 상품이 중소기업의 신사업을 지원하기 위해 고안되었다는 걸 확신하도록 하고, 결과적으로 고객 획득 비용을 낮추고 시장 점유율을 높일 수 있을까?

이 예시는 비교적 높은 수준의 문제, 즉 사업부 차원의 문제를 다루고 있다. 이 주제를 담당하는 팀은 사업부 레벨에 영향을 미칠 수 있는 권한을 갖추고 있어야 한다. 필요한 수준의 영향력이 없는 팀에서 실제로 해결할 수 없는 비즈니스 문제정의서를 작성하면 팀은 실패하게 될 것이다.

---

1 (옮긴이) 프로젝트 헌장(project charter)이란 주요 프로젝트 이해관계자에게 승인을 받기 위해 프로젝트 목표, 프로젝트 범위, 프로젝트 책임을 엘리베이터 피치처럼 제안하는 것이다. 프로젝트 헌장에는 세 가지 요소인 프로젝트의 목표, 범위, 책임만 포함되어야 한다.

다음은 기능 단위 팀에서 맡을 수 있는 보다 전략적인 비즈니스 문제정의서의 예시다.

고객이 비밀번호를 잊었거나 비밀번호가 만료되었을 때, 제품을 다시 빠르게 사용할 수 있도록 비밀번호 찾기 기능이 구현되었다. 고객이 문제를 스스로 해결할 수 있도록 하면 고객 서비스 센터에 오는 전화를 줄일 수 있으며, 콜센터 착신 전화의 최소한 35%가 비밀번호를 재설정해달라는 요청이기에 연간 고객 상담 통화 숫자도 줄일 수 있다.

분석 보고서와 꾸준히 진행된 사용성 연구 피드백에 따르면, 고객들은 비밀번호 찾기 기능을 발견하는 데 어려움을 겪으며, 기능을 발견하더라도 실행 과정이 복잡하여 최소 42%는 비밀번호를 다시 설정하는 과정을 직접 완료하지 못했다. 이로 인해 콜센터 지원 비용이 12% 증가했으며, 고객의 불만을 악화시켜 이탈률이 0.7% 증가했을 가능성이 있다.

어떻게 하면 비밀번호 찾기 경험을 다시 디자인해서 프로세스 완료율 90%, 비밀번호 재설정에 관한 고객 문의 전화 50% 감소로 판단할 수 있는 고객 성공 경험을 도울 수 있을까?

주의 사항

해결책을 지정하지 말라

이 활동을 비즈니스 문제정의서라고 부르고 있음에도, 해결책을 진술문에 넣는 팀들이 종종 있다. 주로 문장에서 '우리가 어떻게 하면' 부분에서 나타나는 현상인데, 예를 들어 '어떻게 하면 모바일 앱을 구축해서 이 문제를 해결할 수 있을까'처럼 잘못 작성한다. 해결책은 이번 단계에서 포함하면 절대 안 된다. 다섯 번째 상자에서 논의할 내용이므로, 잠시 아껴두자.

적절한 수준으로 맞추어라

앞에서도 문제정의서의 '수준'을 적절하게 맞추어야 한다는 걸 언급했지만, 다시 언급할 만한 가치가 있다. 여러분이 팀원들과 같이 직접 문제정의서를 작성하든 누가 대신 작성해주든, 팀이 해결할 수 있는 문제정의서에만 책임을 다해야 한다. 문제가 너무 상위 수준에서 정의되었다면 팀에서 스스로 문제를 해결할 수 없을 것이다. 이로 인해 팀 내부뿐만 아니라 린 UX 과정 전반에 대해 참여자들이 좌절을 느낄 수 있다.

구체적으로 말하라

흔히 볼 수 있는 안 좋은 패턴은 진술문이 충분히 구체적이지 못한 것이다. 명확한 지표나 근거를 문제정의서에서 빼놓는 팀이 종종 있다. 세부 사항은 문제의 중요도를 표현해주고, 사업 측면에서 성공 기준을 명확하게 제시해주기 때문에 중요하다. 헷갈릴 때는 언제나 구체성을 강조하라.

마지막으로, 지표뿐 아니라 우리가 다루는 제품 영역을 설명할 때도 구체성은 중요하다. 팀원들은 '직관적 UI' 또는 '훌륭한 사용자 경험'과 같은 문구로 기존 작업과 앞으로 해야 할 작업을 묘사한다. 이런 문구들은 언제나 문제정의서에서 대체로 빠져야 하는 특성(구체성이 떨어지기도 하고)을 담고 있다.

여기 두 가지 예시문이 있다. 어떻게 수정하면 좋을지 보여주려 한다.

> 우리가 쇼핑 경험을 개선하기 시작했을 때, 평균 주문 금액을 높이기 위해 직관적 UI를 구현했다.

위의 예시에서는 무엇을 구현했는지 명확하지 않으므로, 팀에서는 UI의 어떤 부분을 개선 대상으로 삼아야 하는지 알 수 없다.

위의 모호한 문구는 다음 예시의 "우리가 어떻게 하면" 부분에서 마무리가 된다. 문장은 언뜻 친절해 보이지만, 발견 작업을 하기도 전에 팀원들이 특정 해결 방향에 집중하도록 만들고 있다.

> 어떻게 하면 고객들이 방문할 때마다 더 많은 물품을 장바구니에 넣을 수 있도록 직관적 UI를 만들 수 있을까?

여기서는 평균 주문 금액이 줄어드는 근본 원인을 찾기보다 팀원들에게 UI 개선에만 집중하도록 작업을 규정하고 있는 걸 볼 수 있다.

> **NOTE** 도움이 될지 모르겠지만, 모두가 직관적인 UI를 제공하려 한다. 아무도 "우리는 전자 상거래 플랫폼에 형편없는 UI를 제공할 거야."라고 하지 않는다.

6장

2번째 상자: 비즈니스 결과

비즈니스 결과

비즈니스 문제를 해결했는지 어떻게 알 수 있을까? 무엇을 측정할까?

(힌트: 해결책이 효과가 있다면 사람/사용자는 무엇을 다르게 하게
될까? 평균 주문 금액, 사이트 체류 시간, 재방문율 등 고객 성공을
나타내는 지표를 고려해 보라)

2

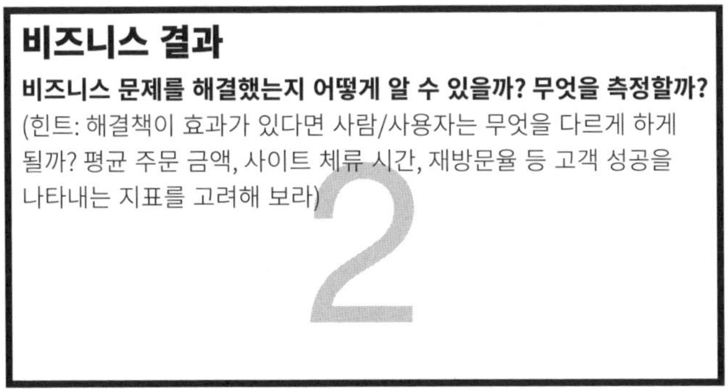

그림 6.1 린 UX 캔버스의 2번째 상자: 비즈니스 결과

3장에서 결과(outcome)라는 개념을 다뤘다. 린 UX 캔버스의 2번째 상자에서
처음으로 '결과'가 등장한다. 비즈니스 문제정의서를 완성했다면 이니셔티
브의 일부로 만들고자 하는 핵심 행동 변화에 대해 더 깊이 연구해 보고 싶
을 것이다. 보통 문제정의서에서 성공 기준은 상위 수준의 지표, 즉 핵심 성
과 지표 또는 성과 지표(impact metric)로 설정하는 경우가 많다. 임원들이 주
시하는 지표 말이다. 여기에는 매출, 수익, 판매액, 고객 만족도 등이 포함될

수 있다. 이런 지표는 사업의 건전성을 측정하는 데 도움이 되지만, 기능 단위로 작업하는 팀은 좀 더 구체적인 수준에서 작업해야 한다.

이번 활동에서 팀원들과 협동하여 성과 지표의 선행 지표를 파악할 것이다. 여기서 답하고자 하는 질문은 다음과 같다. 우리의 해결 방안이 성공한다면 사람들은 어떻게 다르게 행동할 것인가? 최적의 조합으로 코드와 문구를 작성하고 디자인한다면 무슨 일이 일어날 것이라고 예상하는가? 이번 가설 선언 활동에서 이런 질문에 대한 답변을 찾고자 한다.

브레인스토밍할 때 모든 선택지는 동사로 끝나야 한다. 각 답변은 시스템에서 현재 고객이 하는 가치 있는 행동, 고객이 하지 않았으면 하는 무가치한 행동, 또는 가치 있을 것으로 예상하는 새로운 행동, 고객이 시작했으면하는 행동이어야 한다. 본질적으로 우리는 사용자 여정(user journeys)에 대해차근차근 고민하며, 집중해 볼 예정이다.

사용자 여정 사용하기

이번 활동의 목표는 집중할 가치가 있는 고객의 행동을 찾는 것이다. 그렇게 하려면, 고객 행동 모델에서 시작하는 것이 좋다. 고객은 현재 무엇을 하고 있는가? 고객은 어디서 어려움을 겪고 있는가? 고객에게도 우리에게도 생산적이지 않은데 고객이 하는 행동은 무엇인가? 어떤 가치 있는 새로운 행동을 시작할 수 있을까? 질문에 답하기 위해 사용자 여정이라는 개념을사용해 보자.

사용자 여정 지도 작성은 간단하다. 해적 지표(Pirate Metrics) 또는 지표 산맥(Metrics Mountain) 같은(둘 다 다음 쪽 설명 참고) 서식을 이용할 수 있다. 아니면 서비스 디자인에서 쓰는 도구로 사용자 여정 지도를 만들 수 있다. 어떤 프레임워크를 선택하든 팀원들과 이해관계자가 함께 사용자 여정 지도를 중심으로 모여 고객이 우리 시스템에서 어떻게 이동하는지, 사용자 여정 중어떤 부분에 집중해 작업할 것인지 논의하는 게 중요하다.

각자의 상황에 따라, 다음과 같은 모델을 참고하여 시작해 보자.

사용자 여정 종류: 해적 지표

결과 척도를 도출하는 방법의 하나로 해적 지표(Pirate Metrics)를 이용하는 방법이 있다. 스타트업 인큐베이터인 500 스타트업에서 고안한 해적 지표 퍼널(funnel)은 제품을 사용하는 사용자 여정을 살펴볼 때 표준이 되는 방법이다. 해적 지표를 사용해 사용자 여정 중 우리가 다루는 문제와 연관된 부분을 판단할 수 있다.

해적 지표는 5가지 고객 행동으로 구성된다.

획득(Acquisition)

고객이 처음으로 제품을 접하는 단계에서 일어나는 활동이다. 여기서 가능한 선택지는 다운로드 수, 회원 가입 페이지 방문 수, 회원 가입 횟수 등이 있다.

활성화(Activation)

일단 고객이 유입되고 나면, 실제로 고객이 제품을 사용하고 있는지 아닌지를 측정할 수 있다. 활성화 지표는 생성한 계정의 개수, 팔로우한 사람 수, 신규 가입자 중 결제한 사람 비율 등을 포함할 수 있다. 이런 지표는 제품의 핵심 기능을 반영해야 한다.

유지(Retention)

고객이 제품을 사용해 보도록 할 수 있다면, 다음 과제는 고객이 정기적으로 제품을 사용하도록 하는 것이다. '사용 주기'는 제품의 맥락에 따라 다르게 정의할 수 있다(넷플릭스 같은 제품은 매일 시청하는지를 측정하겠지만, 스스로 학습할 수 있는 스마트 온도 조절 장치를 만든다면 사용자와 기기가 상호 작용을 얼마나 덜 하는지를 측정할 가능성이 높다). 사용자를 유지할 수 있다면 사용자는 제품을 자주 찾을 것이고, 제품 내에서 더 많은 행동을 하고, 시간도 많이 보낼 것이다.

수익(Revenue)

우리가 고객에게 제품을 접하게 하고, 사용해 보도록 설득하고, 이제 고객이 정기적으로 제품을 사용한다고 하자. 그럼 우리에게 돈을 내고 있는가? 이것이 우리가 고객이 수행하길 바라는 다음 단계의 행동이다. 우리의 목표는 어디서 어떻게 고객이 유료 사용자로 전환하는지, 시간이 지나면서 그런 경향이 어떻게 변화하는지를 확인하는 것이다. 여기서 고려해 볼 만한 지표로 유료/무료 사용자 비율, 고객 생애 가치(lifetime value)의 평균값 등이 있다.

추천(Referral)

해적 지표 퍼널의 마지막 단계는 고객이 다른 고객에게 제품을 추천하고 있는지 평가하는 것이다. 진심으로 만족했고, 제품에서 가치를 느끼고, 우리 제품 없는 삶을 상상할 수 없다면 사용자는 친구에게 추천하거나 인터넷에 후기를 작성할 것이다. 이것이 여러분이 할 수 있는 최고의 마케팅이다. 주의 깊게 볼 지표는 추천을 통해 유입된 신규 사용자 비율, 타인에게 제품을 추천한 사용자 비율, 신규 사용자 1인당 획득 비용 등이다.

이 시점에서, 5가지 고객 행동의 영문 첫 글자를 나열하면 'AARRR'이 된다는 걸 알아차렸을 것이다. 해적이 내는 '아르르르' 소리와 비슷하여 해적 지표라는 이름이 붙었다. 우리 중에 해적을 만난 사람은 아무도 없을 것이기 때문에, 실제로 해적이 이런 소리를 내는지 확인할 방법은 없다!

사용자 여정 유형: 지표 산맥

해적 지표에서 한동안 거슬렸던 점 중 하나는 고객 여정을 퍼널(깔때기) 형태로 시각화했다는 점이었다. 현실 세계에서 깔때기에 뭔가를 넣으면 전부 밑으로 나온다. 깔때기 위에서 액체를 부었는데 일부가 아래로 나오지 않는다는 생각은 이치에 맞지 않는다. 당연히 전부 깔때기를 통과해서 밑으로 나올 것이다. 깔때기 반대쪽 끝에 구멍이 있으니까 말이다. 더 좋은 비유법

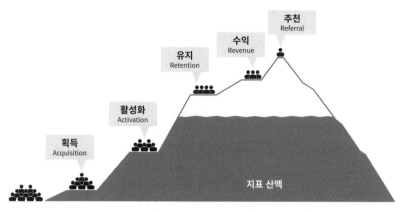

그림 6.2 제프 패튼(Jeff Patton)과 제프 고델프(Jeff Gothelf)가 고안한 개념인 지표 산맥

이 필요했다.

퍼널 대신 사용할 수 있는 지표 산맥(Metrics Mountain)을 소개한다(그림 6.2). 고객 생애 주기를 산맥으로 시각화하는 건 굉장히 합리적이다. 최대한 많은 고객을 산꼭대기로 데려가는 게 우리의 목표이기 때문이다. 하지만 현실에서는 꼭대기로 가는 길에 일부 고객들은 떠날 것이다. 힘들어서, 지루해서, 다른 것에 정신이 팔려서, 또는 경쟁자에게 떠나는 사람도 있을 것이다. 모두가 꼭대기에 도달할 수는 없다(즉, 퍼널의 비유가 깨지는 지점이다).

고객이 지표 산맥을 올라갈수록, 제품이나 서비스로 더 많은 작업을 수행해야 한다(등산이 점점 어려워진다). 그 과정을 가능한 한 쉽게 만들고, 올라가는 길에 계속 동기를 유발하는 것이 여러분의 목표다. 고객들 중 일부는 끝까지 해낼 것이다. 특히 여러분이 제안하는 가치(value proposition), 사용자 경험, 비즈니스 모델이 강력하다면 말이다. 하지만 산을 오를수록 포기하는 고객이 많아질 것이다. 최대한 많은 사람이 산꼭대기에 도달할 수 있도록 하는 사용자 경험을 만드는 것이 우리의 목표다.

지표 산맥을 이용해서 비즈니스 결과에 대한 대화를 원활하게 하기

사용자가 제품을 사용하면서 거쳐 가는 행동에 대해 팀원들, 이해관계자들과의 대화를 돕기 위해 산맥의 비유를 활용할 수 있다. 방법은 다음과 같다.

1. 출발점에서 시작하자. 제품을 사용하기 시작할 때 사용자가 처음 해야 하는 행동을 확인하라. 어떻게 고객을 획득하는가? 고객은 여러분이 작업하고 있는 새로운 기능을 어떻게 발견하는가?

2. 고객 여정에서 다음으로 이어지는 각 단계를 산맥의 '고원'으로 정의하고, 거기까지 도달하는 데 필요한 사용자 행동을 판단하라.

3. 각 단계에서 몇 퍼센트의 사용자가 위로 올라가야 팀에서는 성공했다고 간주할까? 그 숫자를 산맥 다이어그램에 적어 넣어라.

   • 예를 들어, 일일 방문자 중 75% 이상이 여러분이 작업 중인 새로운 기능을 발견하고 50% 이상이 기능을 시도해보길 바란다고 해보자. 여러분은 기능을 시도해 본 사용자 중 최소한 25%가 매주 해당 기능을 사용하길 바라고, 그 중 10%는 새로운 기능에 대해 비용을 지불하기를 기대할 수 있다.

4. 정확한 고객 여정이 무엇인지 확신할 수 없다면 해적 지표가 제시하는 고객 행동을 5가지 '산턱'이라고 간주하고 시작해 보자. 이번 활동을 시작하는 좋은 방법이 될 것이다.

사용자 여정 유형: 서비스 여정과 사용자 스토리 맵

사용자 여정을 퍼널이나 산맥으로 시각화하는 게 적절하지 않은 때도 있다. 여러분의 제품을 가장 잘 아는 사람은 여러분 자신이고, 이런 모델이 여러분에게 적합하지 않을 수 있다. 무리해서 적용하려 할 필요는 없다. 대신, 서비스 여정 지도나 사용자 스토리 맵(User Story Map)을 시도해 볼 수 있다. 이 두 가지 방법은 사용자가 제품이나 서비스에서 이동하는 경로를 실제와 더욱 유사하게 시각화해준다. 사실 형태는 중요하지 않다. 본인과 본인의 제품에 더 적합한 방법을 사용하라. 여러분이 보기에 이해하기 쉬운 방법으로 제품 사용 흐름을 시각화한 다음 그 모델을 사용해 사용자 여정에서 가장 중요한 부분에 집중하고, 이니셔티브의 성공을 위해 가장 중요한 고객 행동이 무엇인지 확인한 다음 해당 여정의 성공을 나타내는 결과 지표를 판단하는 것이 목표다.

결과-성과 매핑

결과-성과 매핑은 비즈니스 문제정의서의 성과 지표와 고객에게서 기대하는 전략적 결과 사이의 연관성을 시각화하는 또 다른 기술이다. 기능 단위로 작업하는 팀에 적합하며, 이해관계자와 함께 진행할 수 있는 효과적인 활동이다.

이번 활동은 선행/후행 지표의 개념도 시각화한다. 성과 지표가 후행 지표, 즉 이미 발생한 과거의 일을 반영하는 척도인 경우가 꽤 많다는 걸 발견했을 것이다. 이번 활동을 진행하면서 여러분은 많은 결과, 즉 구체적인 수준의 지표가 선행 지표임을 알게 될 것이다. 이런 고객 행동은 성과 지표를 달성하기 전에 발생해야 하는 경우가 많다. 예를 들어, 고객이 우선 앱을 다운로드 받아야만 우리 서비스에 돈을 결제할 수 있다. 전자는 후자의 선행 지표다. 팀은 한두 개의 성과 지표에 여러 선행 지표가 존재한다는 걸 발견하는 경우가 많다. 이번 활동은 그 사실을 더욱 분명하게 밝히고, 우선순위에 관한 생산적인 대화를 하도록 이끌어준다.

작동 방식은 다음과 같다.

1. 팀원들과 제품 팀장을 회의실로 모은다.
2. 그중 가장 직급이 높은 사람에게 화이트보드 가장 상단에 있는 포스트잇에 올해의 전략적 목표를 작성하도록 요청한다.
3. 그 아래에 있는 포스트잇에는 동일인(또는 다른 임원)에게 해당 전략에 대한 성공 판단 기준을 나열하도록 한다(힌트: 이러한 기준은 성과 지표가 되어야 하며, 후행 지표인 경우가 많다).

4. 각 성과 지표 아래에 각 지표로부터 뻗어 나오는 선(조직도를 작성하는 것처럼)을 그린다.

5. 회의실에 모인 사람들에게 성과 지표 아래에 있는 선에 해당 지표를 만들어내는 고객 행동(선행 지표)을 채워 넣도록 하라. 포스트잇을 사용하고, 초반에 브레인스토밍할 때는 모두가 개인으로 작업하도록 하라.

6. 이제 팀원들에게 맨 아랫줄에 초기 결과를 만들어내는 고객 행동을 또 다른 포스트잇에 작성하도록 한다.

이 시점에서 화이트보드는 그림 6.3에 표시된 지도와 비슷해야 한다.

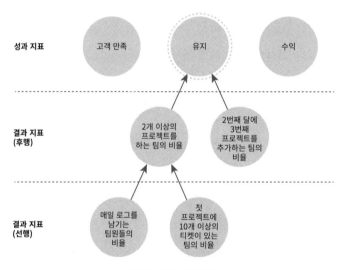

그림 6.3 결과-성과 매핑

모두가 의견을 내고 나면, 화이트보드에는 회사에서 전략적 목표와 성과 목표를 달성하는 데 도움이 되는 다양한 고객 행동(결과)이 적혀 있는 수십 개의 포스트잇이 붙어 있어야 한다. 이 시점에 팀원들은 압도될 수도 있다. 우리가 이번 활동을 해본 경험을 비추어 보면, 팀원 대부분은 긍정적인 변화를 이끌어낼 방법이 그렇게 많지 않다고 생각한다.

이제 어려운 부분이다. 먼저 집중해야 한다고 생각하는 10개의 결과를 골라서 스티커로 투표하도록 하라(또는 선택을 돕는 다른 활동을 활용하라).

여기서 여러분은 결과(고객 행동)와 성과 지표(임원들이 신경 쓰는 사항) 사이에 직접적인 연관성을 만들어 냈고, 다음 주기에 집중해야 할 부분을 선택하도록 했다. 마지막 단계로, 각 결과에 대해 기준선(예: 현재 고객의 위치)과 목표(예: 주기가 끝났을 때 바라는 고객의 위치)를 만들고 이것을 팀에 다음 작업 주기의 목표로 할당한다.

이제 이해관계자는 팀에서 구체적인 진행 상황을 보고할 때마다 왜 팀에서 해당 작업을 하고 있는지, 그들이 주의를 기울이는 성과 지표에 해당 작업이 어떻게 영향을 미치는지를 확실히 이해하게 될 것이다.

주의 사항

숫자나 백분율을 전부 결과 지표로 쓸 수 있는 건 아니다. 제프는 독일의 소매 대기업과 이 활동을 진행했다. 성과 수준의 목표는 동일 매장의 매출을 매년 올리는 것이었다. 결과-성과 매핑 활동을 진행하면서, 일부 팀원들은 결과에 '매대에 있는 제품 중 우리 브랜드 제품의 비중'라는 항목을 추가했다. 기술적으로 그것도 지표긴 하지만, 고객 행동의 측정값은 아니다. 일부 고객 행동을 유도하리라고 기대되는 제품 전략 의사 결정이다. 자동화 도구를 만드는 또 다른 클라이언트와 작업할 때 비슷한 문제가 생겼다. 한 팀원은 '시스템을 통해 자동화된 수동 작업의 비율'을 목록에 추가했다. 다시 말하지만, 이건 고객 행동의 측정값이 아니다. 이는 구축하고 있는 시스템의 측면에서, 제품과 관련된 의사 결정이다. 궁극적인 목적은 직원들이 반복 작업에 들이는 시간을 줄이는 것이고, 이건 좋은 결과 지표라 할 수 있다.

자주 일어나는 다른 문제는 도표가 지저분해진다는 점이다. 엑셀이나 파워포인트 슬라이드에서 도표를 깔끔하게 표현하기는 쉽다. 하지만 현실 속에서 사업은 이처럼 선형적이지 않고, 이런 차트는 다루기 꽤 어려워질 수 있다(그림 6.4). 종종 하나의 결과가 여러 성과 지표를 이끌어내기 때문에 한 결과를 도표에 중복해서 작성해야 하는 팀도 있다. 여러분의 비즈니스와 팀에 적합한 형태의 도표를 만들어라. 단, 이번 활동에서 다룬 내용은 그대로 유지하라.

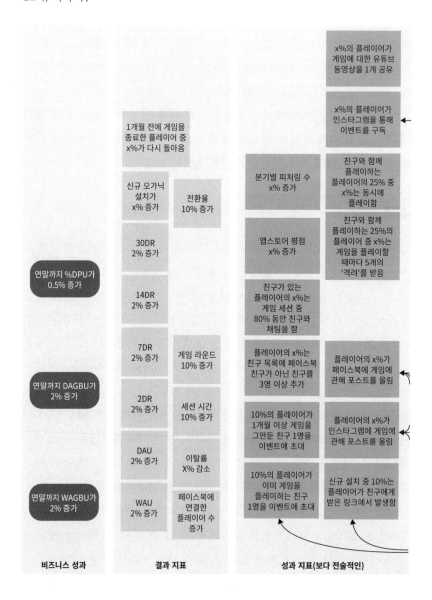

그림 6.4 킹 회사의 델핀 새시(Delphine Sassi)와 팀원들이 제공한 결과-성과 맵의 실무 사례

7장

3번째 상자: 사용자

사용자
어떤 유형의 사용자나 고객(즉, 퍼소나)에 가장 먼저 집중해야 할까?
(힌트: 누가 제품이나 서비스를 구매하는가? 누가 사용하는가? 누가 구성하는가? 등)

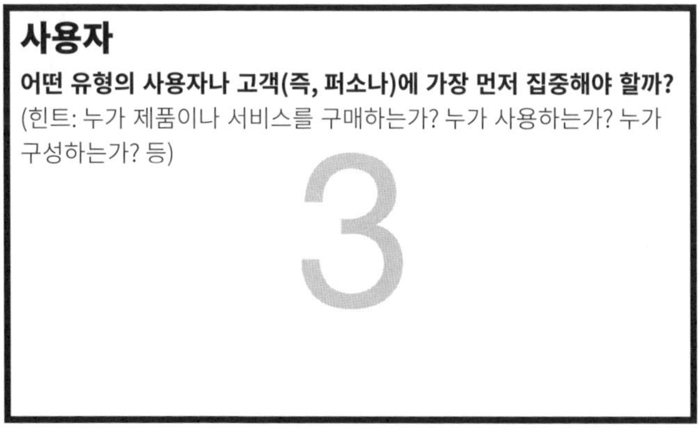

그림 7.1 린 UX 캔버스의 3번째 상자: 사용자

디자이너는 오랫동안 최종 사용자를 대변해 왔다. 린 UX라고 해서 달라지는 점은 없다. 비즈니스와 달성하려는 결과에 대한 가설을 세우더라도 여전히 사용자를 중심에 두고 사고해야 한다. 린 UX 캔버스의 3번째 상자는 목표 사용자에 관한 깊은 대화를 나눌 수 있게 해준다.

우리는 대부분 연구로 습득한 정보를 표현하는 도구가 퍼소나라고 배웠다. 오랜 기간, 큰 비용을 들여 연구를 진행하여 퍼소나를 생산물로 제작하는 경우가 많았다. 이렇게 만든 퍼소나에는 몇 가지 문제가 있다.

우선 퍼소나를 만드는 데 엄청난 노력이 들어가기 때문에 일단 퍼소나를 만들고 나면 손댈 수 없는 대상으로 여기는 경향이 있다. 게다가 리서치 팀이나 외주 업체가 퍼소나를 만드는 경우도 많다. 이로 인해 연구를 진행한 사람이 가진 지식과, 퍼소나를 사용하는 사람이 가진 지식 사이에 위험한 간극이 생긴다.

린 UX에서는 퍼소나를 만드는 작업의 순서를 바꾼다. 퍼소나를 일회성 작업이 아니라 계속 진행되는 과정, 즉 사용자에 관해 새로운 정보를 습득할 때마다 수행하는 과정으로 바꾸려 한다.

이런 접근 방식으로 퍼소나를 만들 때는 사용자에 대한 가설에서 출발하고, 가설을 검증하기 위한 연구를 진행한다. 현장에서 사람들을 인터뷰하며 수개월을 보내는 대신, 몇 시간 만에 프로토퍼소나를 만든다. 프로토퍼소나는 우리 제품을 사용하는(또는 미래에 사용할) 사람과 사용 목적에 대한 최선의 추측이다. 팀 전체가 모여 종이에 프로토퍼소나를 스케치한다. 이를 통해 모든 팀원들의 가설을 포함시키고자 한다. 연구를 진행하면서 우리의 초기 추측이 얼마나 잘 맞아떨어지는지 빠르게 확인하고, 결과에 따라 퍼소나를 수정한다.

프로토퍼소나는 다양한 출신의 제품 개발 팀원들의 사고를 고객 중심으로 바로잡아 주기도 하지만, 이 외에도 2가지 중요한 역할을 한다.

공동의 지식

여러분 팀이 테이블에 둘러앉아 누군가가 '개'라는 단어를 말하는 것을 상상해 보라. 어떤 이미지가 떠오르는가? 동료에게 떠오르는 이미지는 서로 같은 이미지일까(그림 7.2)? 어떻게 알 수 있는가?

누군가 '사용자'라고 말할 때에도 같은 일이 일어난다. 프로토퍼소나 접근 방식은 누군가 '사용자'를 언급했을 때 모두가 머릿속에 같은 이미지를 떠올리도록 한다.

그림 7.2 개. 박식한 동료인 에이드리언 하워드(Adrian Howard)가 도움을 주었다.

우리는 사용자가 아니라는 것을 기억하자

사용자가 우리와 비슷하다고 가정하는 건 쉽다. 특히 우리가 만든 제품을 우리도 소비할 때 더욱 그렇다. 하지만, 실제로 우리는 고객과 달리 기술 이해도가 높고 실패에 관용적이다. 프로토퍼소나 활동을 통해 팀원들은 제품에 대한 개인적 선호를 잠시 잊고, 외부 사용자에 집중하게 된다.

☑ 프로토퍼소나 사용하기

뉴욕에서 우리와 일하던 팀은 뉴욕 시 거주자들의 지역 사회 지원 농업(CSA) 경험을 개선하는 앱을 만들고 있었다. CSA는 도시에 거주하는 사람들이 돈을 모아서, 한 계절에 해당하는 농작물을 지역 농부에게 구매할 수 있도록 하는 프로그램이다. 그러면 농부는 CSA 구성원들에게 매주 작물을 배달해 준다. CSA 구독자 대부분은 20대 후반, 30대 초반으로 바쁜 직장 생활과 사교 생활, CSA에 참여하고 싶은 욕구 사이에서 줄타기해야 했다.

팀원들은 CSA 소비자들이 대부분 요리를 좋아하는 여성일 것으로 추정했다. 수잔이라는 이름의 퍼소나를 만드는 데 1시간이 걸렸다. 하지만 현장에 나가 20대 젊은 직장인들과 연구를 진행한 결과, 요리하는 사람들, 곧 앱의 잠재 고객 중 압도적으로 많은 수가 젊은 남성이라는 걸 발견했다. 그들은 사무실로 돌아와 퍼소나를 수정하고, 앤서니라는 이름을 붙였다.

앤서니가 훨씬 정확한 목표 사용자라는 것이 증명되었다. 팀원들은 잘못된 대상을 위한 아이디어를 다듬는 데 시간을 낭비하지 않아도 된다. 이제 완벽하지는 않더라도, 초기에 잡은 가설보다 정확한 대상에 집중할 수 있었다.

프로토퍼소나 템플릿

우리는 종이에 영역을 3개로 나눠서 프로토퍼소나를 스케치하는 걸 선호한다(그림 7.3). 왼쪽 위 영역에는 퍼소나를 대략 그려 보고 이름과 역할을 작성한다. 오른쪽 위 영역에는 기본 인구 통계 정보, 사이코그래픽(psychographic)[1], 행동 정보를 담는다. 퍼소나에서 보이는 안 좋은 패턴 중 하나는 인구 통계 정보를 지나치게 강조하는 것이다. 제품 디자인에서는 인구 통계 정보보다 사용자의 니즈, 목표, 행동이 훨씬 중요하다. 인구 통계 정보에 대해 생각하기보다는 특정한 행동(제품이나 서비스와 관련 있는 행동)을 예상하게 해주는 정보에 집중하도록 하라. 예를 들어, 아이폰과 같은 특정 기기에 접근할 수 있는지 여부가 우리 제품과 상호 작용하는 방식을 완전히 바꾸는 경우도 있지만, 퍼소나의 나이는 전혀 관련 없을 수도 있다. '영향을 미치는 차이점'만 적도록 하자.

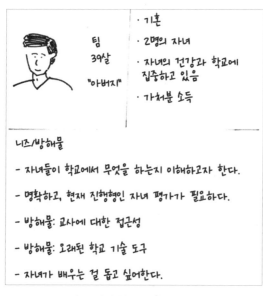

그림 7.3 완성된 프로토퍼소나 템플릿

---

1 (옮긴이) 사이코그래픽이란 시장을 사회 계층, 생활 방식, 개성 등의 기준에 따라 구분하는 일이다. 인구 통계적 변수보다 심도 있는 정보를 제공하는 세분화 방법이다.

프로토퍼소나에서 아래 절반에 가장 중요한 세부 사항을 적는다. 여기에 목표, 니즈, 원하는 결과, 니즈 달성의 장애물을 적는다. 사용자가 '기능'을 필요로 하는 일은 거의 없다는 걸 기억하라. 사용자에게 필요한 건 어떤 목표를 달성하는 것이다(구체적인 목표가 아닐 수도 있다. 감정적 목표나 불분명한 욕망이 될 수도 있다). 사용자가 목표를 달성할 최선의 방법을 결정하는 것이 우리의 역할이다.

활동 퍼실리테이팅

다시 한번, 브레인스토밍으로 퍼소나 만드는 과정을 시작하고자 한다.

1. 팀원들은 프로젝트에서 목표로 해야 하는 대상이 누구인지, 이는 제품 사용에 어떤 영향을 미칠지 의견을 제시하며 시작한다.
2. 팀에서 퍼소나 유형을 목록으로 작성한다.
   예를 들어, '대학생', '스트리밍 애호가', '일선 의료 종사자'와 같은 목표 세그먼트(segment)[2]를 목록에 넣을 수 있다.
3. 팀에서 목표 고객과 가장 유사할 것이라 예상되는 3~4가지 퍼소나로 아이디어를 좁혀본다.
4. 인구 통계 정보보다는 니즈와 역할로 퍼소나를 구분하려고 노력하라.
5. 잠재 사용자 목록을 추린 뒤에, 유형마다 프로토퍼소나 템플릿을 작성하도록 하라.
   사람들을 소그룹으로 나누고 각 그룹별로 하나의 퍼소나에 집중하도록 한 다음 다 같이 모여서 퍼소나를 함께 검토해볼 수도 있다.
6. 피드백을 기반으로 각 퍼소나를 수정한다.

일단 일련의 퍼소나를 두고 합의점에 도달했다면, 팀 외부의 다른 동료와 퍼소나를 공유하고 피드백을 받아보라.

---

2 (옮긴이) 세그먼트(segment)란 비슷한 욕구(니즈)를 가진 소비자 세부 집단이다. 전통적으로는 나이, 성별 등 인구 통계 데이터를 통해 소비자를 분류했으나, 세분화하는 목적에 따라 구매 동기, 생활 방식 등 다양한 기준으로 고객을 세분화할 수 있다.

빠른 검증

이 시점에 일부 초기 가설의 검증을 시작할 수 있다. 사실 가설을 선언하기 전인 지금이 가설 일부를 시험하기 좋은 시점이다. 연구를 시작할 때 퍼소나를 참가자 모집 기준으로 활용하라.

여러분은 프로토퍼소나에 기반을 두고 3가지를 결정할 수 있다.

고객이 실제로 존재하는가?

여러분이 만든 퍼소나를 기반으로 참가자를 모집하면서 가설이 얼마나 현실적인지 빠르게 확인할 수 있다. 기대하는 사람들을 찾을 수 없다면 아마 존재하지 않기 때문일 것이다. 이를 통해 학습하고 퍼소나를 수정하라.

사용자에게 여러분이 예상한 니즈와 장애물이 있는가?

다른 말로 하면, 우리는 진짜 문제를 해결하고 있는가? 여러분이 모집한 참가자를 관찰하고 이야기를 나누면서 이를 간단하게 판단할 수 있다. 대화와 관찰을 통해 문제를 확인하기 어렵다면 존재하지도 않는 문제에 대해 해결책을 만들고 있는 것이다. 이럴 때 결말이 대부분 좋지 않다.

고객이 문제에 대한 해결책을 가치 있게 여길까?

고객이 실존하고 여러분이 해결해야 하는 문제를 겪고 있다고 해서, 고객이 반드시 문제를 해결하는 새로운 방법을 가치 있게 여기는 건 아니다. 다시 말해, 사람들이 매일 시리얼에 바나나를 곁들여 먹는데 바나나 써는 걸 귀찮아한다고 해서, 여러분이 만든 바나나 슬라이서를 산다는 뜻은 아니다(그림 7.4). 현재 고객은 니즈를 어떻게 해결하고 있는지, 여러분의 아이디어가 고객의 현재 해결 방식을 대체할 가능성이 얼마나 높은지를 이해하는 것이 중요하다. 이메일이나 엑셀처럼 오랫동안 사용해온 도구를 대체하고자 한다면 험난한 싸움을 하게 될 수도 있다. 그러한 정보는 빨리 얻을수록 좋다.

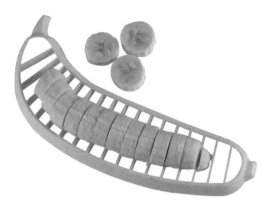

그림 7.4 바나나 슬라이서. 이걸 사는 사람이 있을까?

우리가 한때 협업했던 스타트업은 엔젤 투자[3]와 관련된 정보를 모두 모아놓은 온라인 저장소를 만들어, 엔젤 투자자의 니즈를 채워주기 위한 서비스를 만들고 있었다. 목표 사용자의 삶을 순조롭고 단순하게 만들겠다고 약속하는 강력한 제품이었다. 프로젝트에 참여하기에 앞서 우리는 팀원들과 프로토퍼소나를 만들고 목표 고객을 찾기 시작했다. 알고 보니, 이는 전혀 어렵지 않았다. 미국에서 엔젤 투자자(예: 여유 투자 자금이 5만~10만 달러 있는 사람) 자격이 있는 사람이 아주 많았다. 퍼소나는 존재한다!

다음으로, 이런 사람들과 대화를 하며 우리가 실제 문제를 해결하고 있는지 확인하기 시작했다. 실제로 이들에게 피치 덱(pitch decks)[4], 텀 시트(term sheets)[5], 캡 테이블(cap tables)[6], 다음 투자 라운드 정보를 관리하는 건 따분한 일이었다. 문제는 존재한다! 점점 재미있어지고 있었다.

마침내 대화 주제가 디지털 솔루션으로 바뀌었을 때 팀원들은 추세를 눈

---

3 (옮긴이) 엔젤 투자(angel investment)는 초기 단계의 스타트업 기업에 자금을 제공하는 투자 형태를 말한다. 주로 기업이 아직 제품을 개발하거나 시장에 진출하기 전에 초기 자금이 필요한 단계에서 이루어진다.

4 (옮긴이) 피치 덱(pitch deck)이란 피투자자가 투자자에게 보여주기 위한 발표 자료로, 회사 비즈니스 모델에 대한 설명을 담는다. 주로 3~5분 내외로 간결하게 발표한다.

5 (옮긴이) 텀 시트(term sheets)란 사업에 대한 투자가 진행될 때 투자자가 피투자자인 회사에 제공하는 '투자 계약의 주요 조건'을 담은 서류를 말한다.

6 (옮긴이) 캡 테이블(cap tables)이란 외부 투자에 따른 자본금의 변화와 지분 관계 변화를 표로 만든 것이다. 이 테이블을 통해 투자 단계별로 창업자들이 가진 지분 가치와 변동 사항을 쉽게 예측하고 관리할 수 있다.

치채기 시작했다. 목표 고객 중 압도적 다수를 차지하는 약 95%는 1년에 최대 한두 번 투자했다. 1년에 한두 번 하는 투자라면 이메일이나 마이크로소프트 엑셀만 사용해도 충분했다. 우리의 목표 고객은 이런 도구에 아주 익숙하고, 온라인 투자 관리 도구가 아무리 강력하고 복잡하고 사용하기 쉽더라도 이메일과 엑셀을 버리고 우리 제품으로 갈아타지 않을 것이었다. 우리가 만드는 도구는 투자를 본업으로 하는 5%의 투자자만을 위한 것이었다. 제품을 만드는 데 들이는 노력에 비하면 이는 너무나 작은 숫자였다. 예상할 수 있겠지만, 우리는 사무실로 돌아가 힘겹게 입을 열었다. 퍼소나가 존재하고, 그들을 위한 실제 문제를 해결한다고 해서 고객이 여러분의 해결책을 항상 가치 있게 여기는 건 아니다. 하지만 코드를 프로덕션에 배포하고 나서 알게 되는 것보다 린 UX 캔버스의 3번째 상자에서 발견하는 게 훨씬 낫지 않은가.

주의 사항

수년간 우리와 함께 프로토퍼소나 활동을 진행한 팀도 많고, 진행했다는 소식을 건너 들은 팀도 많다. 하지만 처음 만든 퍼소나로 다시 되돌아가 가설을 조정하는 팀은 거의 없었다. 프로토퍼소나를 살아있는 문서로 여기는 것이 중요하다. 고객 인터뷰나 사용성 평가를 진행할 때마다 목표 사용자에 대해 팀이 가지고 있는 신념이 얼마나 유효한지 자신에게 물어보라. 새로운 정보를 발견하면 이를 팀원들과 논의하고 퍼소나를 조정해서, 미래에 하는 연구가 더욱 정밀하고 성공적으로 이루어지도록 하라.

8장

4번째 상자: 사용자 결과와 이점

사용자 결과와 이점

사용자가 해당 제품이나 서비스를 찾는 이유는 무엇일까?

제품을 사용함으로써 어떤 이점을 얻을 수 있을까?

사용자가 목표를 달성했다는 것을 알 수 있는 행동 변화는 무엇인가?

(힌트: 비용 절감, 승진, 가족과 더 많은 시간 보내기)

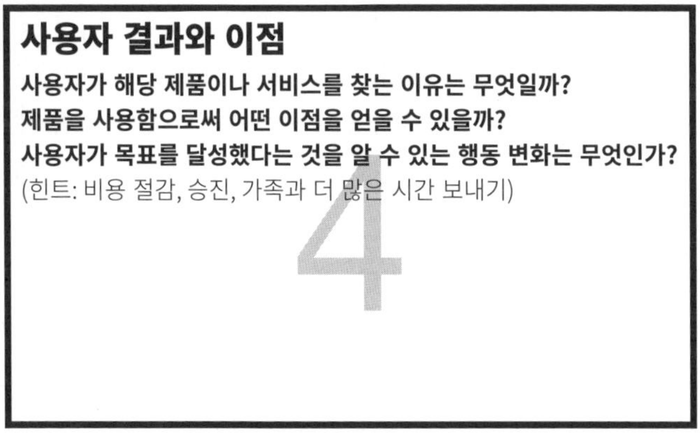

그림 8.1 린 UX 캔버스의 4번째 상자: 사용자 결과와 이점

사용자 스토리[1]와 같은 애자일 기법이 확산했지만 기능, 디자인, 기술 개발
을 주제로 오래 논쟁하다 보면 사용자와 사용자 목표를 잊어버리게 된다.

---

1 (옮긴이) 사용자 스토리(user story)란 통상 '요구 사항'이라고 부르는 시스템의 기능 설명을 사
용자 관점에서 이야기하는 것이다. 모든 요구 사항을 사용자 관점으로 바꿀 필요는 없고, 사용
자에게 가치가 있는 일부 요구 사항만 스토리 형태로 바꿔 팀원들이 사용자 관점에서 생각하도
록 돕는다. 일반적으로 '~는 ~하기 위하여 ~할 것이다' 형식을 사용하지만, 꼭 이 형식을 따를 필
요는 없다.

위대한 제품과 서비스의 핵심에는 공감이 있다. 그동안 디자이너는 사용자에게 공감하는 관점에서 사용자를 대변해 왔다. 이제 우리도 알다시피, 이는 더이상 디자이너만의 책임이 아니다. 다른 팀원들에게도 사용자에 대한 공동의 지식, 사용자가 달성하려는 바에 대한 깊은 공감대를 전파하기 위해, 사용자가 하려는 일에 대한 팀원들의 가설을 '사용자 결과와 이점' 형태로 선언하도록 요청하라.

4번째 상자를 시작하기에 앞서 비즈니스 결과, 고객 결과, 사용자 결과는 무엇이 다른지 궁금할 것이다. 좋은 질문이다. 예를 들어, 여러분이 기업용 비용 관리 소프트웨어를 만드는 회사를 위해 일한다고 가정해 보자.

회사가 달성하려는 비즈니스 결과는 더 많은 고객을 획득하고, 기존 고객은 유지하며, 매달 소프트웨어 구독에서 얻는 수입을 늘리는 것이다.

회사의 고객은 직원을 위해 비용 관리 소프트웨어를 구매하는 다른 회사이며, 고객사는 경영 지원 팀의 효율을 높이고, 돌려줄 수 없는 비용을 줄이고, 전반적인 운영 비용을 절감하려고 노력할 것이다.

소프트웨어 사용자는 고객사에서 일하는 직원들이다. 그들의 목표는 자신이 지출한 경비를 최대한 빨리 돌려받고 지출 내용을 입력하는 데 걸리는 시간을 줄이는 것이다.

전부 행동에 기반을 둔 결과이지만, 각기 다른 관점에서 보고 있다. 다시 말하면, 다른 그룹에 속한 사람들이 추구하는 다양한 목표를 보여준다.

고객과 사용자 수준에서는 행동 변화 이외에 정서적 목표도 존재한다. 소프트웨어 구매자는 회사의 성공과 수익성에 기여한다는 느낌을 받고 싶어 한다. 상사에게 잘 보이고 싶어 하고 자신이 회사의 성공에 기여했다는 점을 드러내고 싶어 한다. 이는 더 쉽게 일할 수 있게 도와주는 비용 관리 소프트웨어 제품을 찾아보도록 동기를 부여한다.

소프트웨어 사용자는 신속하게 비용을 상환 받고자 하며, 형식적인 절차나 번거로운 일 없이 지출 내용을 완전히 상환 받을 수 있다는 확신을 원한다. 이것이 동기 부여가 되어, 사용자는 이 소프트웨어를 다른 기업용 IT 도구처럼 버려두거나 피하지 않고, 더욱 부지런하고 신중하게 사용하게 된다.

이러한 결과는 모두 중요하며, 비즈니스, 고객, 사용자 결과라고 특별히 콕 집어 언급해야 한다. 그러나 모든 결과가 정량화될 수는 없다. 특히 팀에서 지표에 집중하는 경향이 있다면 사용자의 정서적 목표를 달성하기 어렵다. 정서적 요인은 다른 방식으로 측정하기 때문이다. 하지만 측정이 힘들다고 해서 이런 목표에 관심을 기울이지 않아도 된다는 뜻은 아니다. 감정적 목표는 매우 중요하다. 팀에서 전달하려는 경험에 대한 이해를 돕고, 궁극적으로 목표를 제대로 달성한다면 정량화된 지표에 좋은 성과를 가져다주기 때문이다.

활동 퍼실리테이팅

프로토퍼소나가 만들어지면 프로토퍼소나 템플릿 아래에 있는 내용을 논의의 기초로 활용할 수 있다. 개별 작업을 하든 소그룹 또는 전체 팀에서 진행하든, 각 프로토퍼소나를 차근차근 살펴보라. 다음과 같은 질문으로 시작해보자.

사용자가 달성하려는 것은 무엇인가?

답변 예시: 나는 새로운 핸드폰을 사고 싶다.

과정을 진행하면서 그리고 과정을 마친 뒤 사용자는 어떤 감정을 느끼고 싶어하는가?

답변 예시: 나는 괜찮은 가격에 필요한 핸드폰을 얻었고, 친구들에게 뒤쳐지지 않았다고 느끼고 싶다(즉, 멋져 보이고 싶다).

사용자가 삶의 목표나 꿈에 더 가까워지는 데 우리 제품이나 서비스가 어떤 도움을 주는가?

답변 예시: 나는 최신 기술에 능숙하고 이 때문에 존경 받고 싶다.

사용자가 제품을 찾는 이유는 무엇인가?

답변 예시: 나는 학교에서 친구들과 잘 어울리고 싶다.

목표를 달성했다는 것을 사용자의 어떤 행동 변화를 통해 알 수 있을까?

답변 예시: 학교에 매일 새 휴대폰을 들고 간다.

사용자 결과가 모든 수준에서 존재하는 것은 아니다. 하지만 이러한 관점에서 결과를 고려해 보면 여러분의 해결책에서 작업해야 할 중요한 차원, 즉 기능적 결과, 과업 지향적인 결과, 감정적 경험 지향적인 결과를 발견하는 데 도움이 된다.

캔버스의 이번 섹션에서 팀원들은 감정적 부분을 파고들며 논의한다. 기능, 픽셀, 코드에 관한 이야기가 아니다. 퍼소나가 우리의 제품을 찾아 나서게 되는 동기, 제품을 발견했을 때 어떤 행동을 할지 이해해야 한다. 제품을 시험하고, 마케팅하고, 홍보하는 시기가 오면 이번 섹션에서 한 작업은 콘텐츠, 행동 유도 버튼, 도움말 문구 작성에서 노다지가 될 것이다.

주의 사항

때때로 지나치게 기능에 집중하여, 이번 활동을 다소 반복적인 활동으로 만드는 팀도 있다. 또 기능이 고객에게 동기를 부여한다고 가정하여 이번 활동에서 기능을 작성하는 팀을 본 적도 있다. 사용자 이점을 '캘린더 연동'이라고 적는 것은 이번 활동의 요점을 놓친 것이다. 목표는 사용자의 잠재된 니즈를 이해하는 것이다. '회의에 절대 늦지 않기'는 그걸 달성하도록 돕는 세부적인 기능보다 사용자에게 훨씬 중요하고 강렬하다. 애플은 이러한 방식으로 삼성을 비롯한 경쟁사 제품과 아이폰을 차별화하는 데 능하다. 경쟁사들이 '12-메가픽셀 카메라'과 같이 기능 위주로 홍보할 때, 애플은 '나라 반대편에 사는 손주를 할머니께 보여 드리세요.'라고 광고한다.

9장

5번째 상자: 해결책

해결책

비즈니스 문제를 해결하고 동시에 고객의
요구를 충족시킬 수 있는 제품은 무엇일까?
여기에 제품, 기능 또는 개선 아이디어를
나열하라.

5

그림 9.1 린 UX 캔버스의 5번째 상자: 해결책

드디어 린 UX 프로세스에서 해결책을 논의할 시점에 도달했다. 디자인을 통한 해결책이다. 만들려는 해결책이나 기능에 관해 이야기하며 작업을 시작할 수도 있지만(사실 프로젝트 대부분은 필요한 해결책에서 출발한다!) 한 발짝 물러서서 제약 조건을 정리해 보고 시작하는 편이 좋다. 지금까지 우리는 비즈니스 문제정의서, 비즈니스 결과, 퍼소나 작업, 사용자 결과와 이점에 관한 논의를 통해 제약 조건을 정리했다. 이러한 제약 조건이 없으면 잘못된 사람들을 위해 잘못된 문제를 해결하거나 목적이 명확하지 않은 산발적인 해결책만 내게 된다. 지금까지 우리가 선언한 가설들로 해결책을 만들 수 있는 공간을 한정했고, 창의성은 그러한 제약 조건 아래서 꽃필 수 있다.

여전히 우리는 세부 디자인 작업에 들어가지 않고 있다. 우선 캔버스를 완성하고 작업을 시작할 것이다. 다만, 고객과 우리가 무엇을 해야 고객을 현 상태에서 목표 상태로 도달하게 할 수 있을지는 구체화하기 시작했다.

활동 퍼실리테이팅

가설 선언 연습 대부분이 그런 것처럼, 이번 활동을 퍼실리테이팅할 때 여러 방법이 있다. 시작하면서 도움이 되는 몇 가지 접근 방법을 아래에 나열했다. 5번째 상자를 완성하는 데 도움이 될 만한 디자인 브레인스토밍 기술 중 좋아하는 것이 있다면 자유롭게 추가해도 좋다.

어피니티 매핑

어피니티 매핑(Affinity mapping)은 5번째 상자에서 팀원들과 함께 작업하는 가장 간단하고 쉬운 방법이다. 비즈니스 문제를 해결하면서 바라는 비즈니스 결과를 내고, 타깃 퍼소나를 위한 사용자 결과를 낼 수 있는 아이디어를 각자 브레인스토밍하도록 한다. 가능한 한 많은 아이디어를 내야 하고, 포스트잇 한 장에 아이디어를 하나씩 쓴다. 다른 브레인스토밍 활동과 마찬가지로, 어떤 질문으로 시작하는지에 따라 브레인스토밍 수준이 달라진다. 팀원들에게 제시해야 하는 질문은 다음과 같다.

> 어떤 해결책을 디자인하고 만들어야 우리 퍼소나를 만족하게 하고 퍼소나가 바라는 결과를 만들어낼 수 있을까?

각자 5분 동안 포스트잇에 단어를 쓰거나 그림을 조그맣게 그려 보자. 그런 뒤에 아이디어를 공유하고, 비슷한 아이디어끼리 그룹으로 묶어 보자. 성공할 가능성이 가장 높다고 생각하는 접근 방식에 투표를 진행해 본다.

어피니티 매핑을 활용하면 프로세스를 신속하게 완료할 수 있다. 그러나 충분한 시간을 들여서 어피니티 매핑을 하면, 단순히 추상적 해결 방안을 찾는 것 이상의 추가적인 이점을 얻을 수 있다.

협업 디자인: 더욱 체계적인 접근 방법

해결책을 더욱 신중하게 발전시킬 방법으로 '디자인 스튜디오'라 부르는 협업 디자인 방법론이 있다(14장에서 디자인 스프린트를 포함한 협업 디자인 방법을 자세히 설명할 것이다). 공식 회의 시간에 사람들을 모두 모아 논의할 때 디자인 스튜디오는 흔히 쓰이는 방법이다.

'디자인 스튜디오'는 건축 업계에서 처음 시작한 방법이며, 디자인 샤렛(Design Charrette)이라고도 불렀다. 디자인 문제를 해결할 아이디어를 시각화하기 위해 다양한 분야의 전문가가 함께 작업하는 방법이다. 이는 조직에서 부서 이기주의 현상을 없애고 동료 팀원들의 관점에서 볼 수 있도록 하는 토론의 장을 만든다.

디자이너, 개발자, 해당 분야의 전문가, 프로덕트 매니저, 비즈니스 분석가, 그 외 다른 직무 구성원이 같은 공간에서 하나의 문제에 집중하도록 하면 다른 부서와 소통하지 않고 각자 작업할 때보다 훨씬 멋진 결과물이 만들어진다. 또 다른 이점도 있다. 공식 회의를 넘어서 비공식적으로 자주 협업하면 구성원 간에 필요한 신뢰가 쌓이기 시작한다.

디자인 스튜디오 운영하기

이 기술을 다음 절에서 아주 상세하게 설명했다. 하지만 디자인 스튜디오는 여러분의 상황과 주어진 시간에 맞춰 유연하게, 더 자유롭게 또는 공식적으로 운영하면 된다. 구체적인 내용보다 동료와 클라이언트와 문제를 해결하는 활동이 중요하다. 어떤 접근 방식을 선택하든 목표는 비즈니스 문제를 해결하는 방법을 찾는 것임을 잊지 말자.

진행하는 환경

디자인 스튜디오 세션을 진행하려면 시간을 정해서 팀원들을 한자리에 모아야 한다. 최소한 3시간은 잡아야 한다. 사람들이 모일 수 있고 테이블이 있는 회의실도 필요하다. 중간마다 작업 중인 내용을 벽에 붙이면서 진행해야 하기에 회의실에는 벽 공간도 충분해야 한다.

원격으로 작업하는 경우, 뮤럴(Mural), 미로(Miro)와 같은 적절한 화이트보드 협업 툴을 사용하라. 여러분이 선택한 툴에 모두가 익숙해질 수 있게 시간을 할애해야 한다. 회의 초반에 시간을 따로 투자해서 모든 참여자가 툴을 빠르게 사용할 수 있도록 하라.

팀

이번 과정은 5~8명으로 구성된 팀에 가장 적합하다. 인원이 더 많다면 팀을 더 만들고, 과정을 마칠 때 팀별로 생산물을 비교할 수 있다(인원이 많으면 피드백을 주고받는 데 더 오래 걸리기 때문에 8명이 넘는 그룹은 작은 팀으로 쪼개서 이어지는 과정을 병렬적으로 진행하고, 마지막에 각 팀을 합치는 게 중요하다).

원격으로 진행하는 경우, 화상 회의의 '브레이크아웃 룸' 기능을 활용하라. 물리적 공간을 분리할 필요가 없으므로, 화상 회의의 '브레이크아웃 룸'은 각 팀이 각자의 작업에 집중할 수 있도록 독립된 공간을 보장한다.

프로세스

디자인 스튜디오는 다음 흐름으로 진행한다.

- 문제 정의 및 제약 조건 정리
- 각자 아이디어 내기(발산)
- 발표와 피드백
- 짝을 지어 반복하고 아이디어 다듬기(정교화)
- 팀 아이디어 만들기(수렴)

필요한 물품

대면으로 세션을 진행할 경우 필요한 준비물은 다음과 같다.

- 연필
- 펜
- 사인펜 또는 유사한 펜(여러 색상/두꺼운 것으로)
- 형광펜(여러 색상)
- 스케치할 템플릿(미리 인쇄한 한 칸/여섯 칸 템플릿을 쓰거나, 빈 A3 용지를 접어서 6칸으로 만들 수도 있다)
- A1 크기 접착형 이젤 패드
- 점 스티커(또는 아무 작은 스티커)

같은 공간에 있지 않은 팀에서는 원격 협업 툴을 선호할 것이므로 위의 준비물을 고려할 필요가 없다. 그래도 여전히 사람들에게 초반 스케치는 종이와 펜으로 하고, 스케치 사진을 찍어서 온라인 화이트보드 툴에 공유하도록 요구하는 일부 원격 퍼실리테이터도 있다.

문제 정의 및 제약 조건 정리(15분)

디자인 스튜디오의 첫 번째 단계에서는 우리가 해결하려는 비즈니스 문제, 성공을 정의하는 결과, 고객, 그들이 달성하려는 목적 등 여러분이 지금까지 선언한 가설을 모두가 인지하도록 한다. 대부분의 경우 팀원들은 지금까지 캔버스에 함께 작업해 왔기 때문에 이미 인지하고 있다. 그동안 작업을 함께 수행하지 않은 경우 팀원들에게 내용을 알려주고 그들의 질문에 답할 수 있는 시간을 계획에 포함하자.

각자 아이디어 내기(10분)

이번 단계에서는 각자 작업한다. 각 팀원에게 6칸 템플릿을 나눠준다. 6칸 템플릿은 그림 9.2처럼 6개의 빈칸이 있는 종이 1장이다. A3 종이를 접어서 만들 수도 있고, 템플릿을 미리 인쇄해서 참가자들에게 나눠줄 수도 있다 (온라인 툴을 사용하고 있다면 사람들에게 온라인 툴로 그림을 그리라고 강요하지 말자. 어렵고 오래 걸린다. 대신 각자 종이에 작업하고 사진을 찍거나 스캔해서 공유하도록 한다).

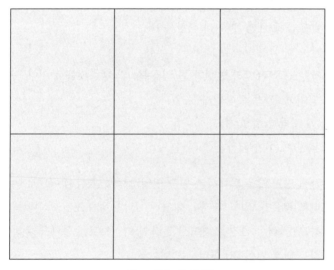

그림 9.2 빈 '6칸' 템플릿

때때로 사람들은 백지 앞에서 머리가 하얘진다. 그렇다면, 필수는 아니지만 다음 단계를 추가해 보자. 모두에게 종이에 있는 각 상자에 퍼소나와 퍼소나가 겪는 고충/불만사항(pain point)나 문제점 중 본인이 다루려는 것을 적도록 한다. 퍼소나의 이름과 불만 사항을 상자 6개에 각각 적는다. 해당 문제에 대한 아이디어 개수만큼 같은 퍼소나/불만 사항 조합을 적을 수 있다. 아니면 각 상자에 퍼소나/불만 사항을 다르게 조합해서 적을 수도 있다. 어떤 조합이라도 괜찮다. 5분간 진행하라.

다음으로, 모두 각자 5분 동안 6칸 종이에 각 퍼소나의 문제를 해결할 아이디어 6개를 대충 스케치하도록 한다. 글로 쓰면 안 되고, 시각적으로(UI 스케치, 워크 플로, 다이어그램 등) 표현해야 한다. '원, 사각형, 삼각형을 그릴 수 있으면 누구나 인터페이스를 그릴 수 있다'는 알려지기 원치 않는 인터랙션 디자인의 비밀을 알려주면서 팀원들을 격려하라. 우리는 누구나 도형을 그릴 수 있다고 확신하고, 바보 같아 보이는 말이라도 공평한 경쟁의 장을 만드는 데 도움이 될 수 있다.

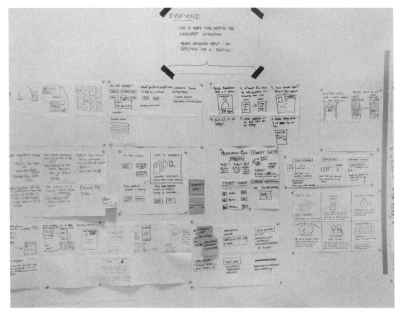

그림 9.3 완성된 6칸 그림으로 가득 찬 벽

발표와 피드백(1인당 3분)

시간이 되면 지금까지 한 작업을 공유하고 서로 피드백을 주고받는다. 회의실을 돌면서 참가자들이 3분간 스케치를 공유하고 스케치를 발표할 시간을 주자(그림 9.4). 발표자는 누구(다시 말해, 어떤 퍼소나)를 위한 문제인지, 다루려는 불만 사항이 무엇인지 명확히 밝혀야 하고 스케치를 설명해야 한다.

팀 구성원들은 발표자에게 아이디어에 대한 비평과 피드백을 해야 한다. 팀원들은 발표자의 의도를 명확히 하는 데 피드백의 중점을 두어야 한다.

좋은 피드백을 주는 건 기술에 가깝다는 점을 팀원들이 이해해야 한다. 의견을 내는 것보다 질문하는 게 좋을 때가 많다는 걸 일깨워 주자. 질문을 통해 팀원들은 서로 어떤 작업을 하고 있는지 얘기하게 되고, 각자 자신의 작업을 찬찬히 생각해볼 수 있다. 반면에 의견은 대화를 단절시키고 협업을 막으며, 사람들을 방어적으로 만든다. 따라서 피드백을 할 때는 "이 기능이 어떻게 퍼소나의 특정 문제를 해결하나요?" 또는 "스케치의 이 부분이 잘 이해가 안 되는데 더 자세히 설명해 줄 수 있나요?" 같은 질문을 하라. 이런 질

그림 9.4 디자인 스튜디오에서 짝을 지어 스케치를 발표하고 피드백 중인 팀

문은 아주 도움이 된다. "콘셉트가 맘에 들지 않아요." 같은 피드백은 거의 가치가 없고, 발표자에게 구체적인 아이디어를 주는 게 아니므로 반복을 통해 콘셉트를 개선하는 데 도움이 되지 않는다.

짝을 지어 반복하고 아이디어 다듬기(10분)

이제 모두 다음 단계를 위해 짝을 지어달라고 요청하라(만약 이전 세션에서 두 사람이 비슷한 생각을 하고 있었다면, 그 두 사람을 같이 작업하도록 하자). 원격 세션이라면 2명씩 짝을 지어 브레이크아웃 룸에서 작업해야 한다.

각 그룹은 그들의 디자인 아이디어 개선 작업을 진행한다(그림 9.5). 여기서 목표는 각 그룹에서 가장 장점이 크다고 생각하는 아이디어를 골라 더욱 진화되고 통합적인 아이디어로 만드는 것이다. 각 그룹에서 무엇을 유지하고, 바꾸고, 버릴지 결정해야 한다. 이런 결정을 내리는 건 어려운 일이고 서로 의견이 맞지 않는 사람들도 있을 것이다. 아이디어를 더 추상적이고 일반적으로 만들면서 손쉽게 협의하려는 유혹을 이겨내야 한다. 그 대신 각

그림 9.5 디자인 스튜디오에서 팀이 함께 작업하는 모습

그룹에 결단을 내리고 아이디어를 더 구체화하도록 요구하라. 그룹별로 A3 6칸 종이에 하나의 그림을 그리도록 하라. 이번 단계에서는 각 팀에 10분을 준다.

시간이 다 되면 모두를 한 자리에 모아 다시 한번 발표와 비평 과정을 거친다.

팀 아이디어 만들기(45분)

이제 모든 팀원이 자신의 아이디어에 피드백을 받았고 사람들은 짝을 지어 아이디어를 더욱 발전시켰다. 이것을 팀 차원에서 하나의 아이디어로 수렴할 차례다. 이번 단계에서 팀은 성공할 가능성이 가장 높다고 느껴지는 아이디어를 골라내야 한다. 일련의 아이디어는 린 UX 프로세스 다음 단계의 발판이 될 것이다. 가설을 만들고 최종적으로 실험을 디자인하고 실행할 것이다.

아이디어 요소와 워크 플로를 그릴 때 큰 접착형 이젤 패드 용지를 쓰거나 화이트보드를 쓰도록 하라. 이번 단계에서는 많은 타협과 논쟁이 있을 것이고, 합의에 도달하려면 팀에서는 우선순위를 정하고 기능 수를 줄여야 할 것이다.

탈락했지만 좋은 아이디어를 보관할 '주차장'을 만들도록 권장하라. 아이디어를 포기하기가 조금 더 쉬워질 것이다. 다시 강조하지만, 결정을 내리는 게 가장 중요하다. 결정을 일반화하거나 미루면서 합의에 도달하려는 유혹을 이겨내야 한다.

> **NOTE** 디자인 스튜디오에서 대규모 그룹을 여러 팀으로 나눴다면 각 팀이 비평과 피드백의 마지막 라운드가 끝났을 때 최종 아이디어를 발표하도록 요청하고, 원한다면 하나의 아이디어로 수렴하라.

생산물 사용하기

여러분이 디자인 스튜디오에서 하는 작업은 가설을 만들고 궁극적으로 디자인을 실험하는 데 도움이 될 것이다. 모든 아이디어가 최종 단계까지 갈 것이라는 뜻은 아니지만, 팀에서 수렴한 아이디어는 전부 6번째 상자인 가설 만들기부터 테스트하게 될 것이다.

생산물이 눈에 잘 보이도록 디자인 벽이나 눈에 잘 띄는 다른 공간에 붙여두고 팀이 생산물을 다시 참조할 수 있도록 하라. 보관하고 싶은 중간 스케치가 있는지 정하고, 그것도 최종 스케치 주변에 같이 붙여놔서 팀원들이 아이디어를 다시 참조할 수 있도록 하라. 벽에 무엇을 붙여놓든지, 전부 사진을 찍고 보관용 폴더에 저장해두는 것이 좋다. 나중에 언제 필요하게 될지 모른다. 보관 폴더 담당자를 지정하는 것도 좋은 방법이다. 책임을 부여하는 팀일수록 좋은 성과를 유지하는 경향이 있다.

주의 사항

협업 디자인에서 가장 어려운 점은 모두가 골고루 참여하게 하는 것이다. 활동을 간단하게 진행하면 대부분은 쉽게 참여할 수 있다고 느낄 것이다(누구나 포스트잇에 글씨를 쓸 수 있다). 만약 디자인 스튜디오처럼 더 참여를 요구하는 기술을 쓰려면 퍼실리테이팅이 최고 수준인지 확신해야 한다(특히 원격 세션에서는 모든 게 힘들어진다는 걸 기억하라). 이런 활동이 자신에게 너무 고차원적이라고 생각해서 이탈하는 팀원이 있다면, 그는 이후에도 팀에서 결정하는 기능과 디자인에 크게 반발할 가능성이 높다. 이 경우, 다른 어디서나 마찬가지로 디자인 퍼실리테이팅 스킬이 디자이너들에게 핵심 기술이 될 것이다.

10장

6번째 상자: 가설

가설

2, 3, 4, 5의 가정을 다음과 같은 가설 진술로 만들어라.
"[사용자]가 [기능]을 통해 [이점]을 얻으면
[비즈니스 결과]가 달성될 것이라고 믿는다."

(힌트: 각 가설은 하나의 기능에만 초점을 맞춰야 한다)

6

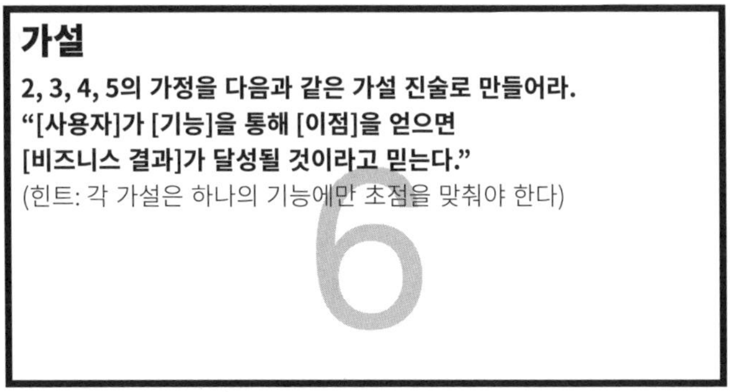

그림 10.1 린 UX 캔버스의 6번째 상자: 가설

팀에서 6번째 상자까지 도달했다면, 전략적이고 실험해볼 수 있는 가설을 작성하는 데 필요한 재료는 모두 갖췄다고 볼 수 있다. 하지만 그 전에, 가설에 대해 전반적으로 이야기해보자.

에릭 리스(Eric Ries)가 과학적 방법에서 영감을 얻은 제품 개발 방법론을 《린 스타트업(The Lean Startup)》(인사이트, 2012)에서 설명하면서, 가설은 최근 제품 개발 분야에서 인기 단어가 되었다. 에릭 리스는 가설을 초기에 자주 테스트하는 걸 추천한다. 그럼 애초에 가설이란 뭘까?《Oxford Dictionary of Difficult Words(옥스퍼드의 어려운 단어 사전)》에 따르면, 가설은 '한정된 근거 기반으로 만들어진 가정 또는 제안하는 내용으로, 추가 연구의 출발점이 될 수 있다.'[1]

이게 바로 우리가 만들려고 하는 것이다. 우리의 모든 가정(가정은 '한정된 근거'에 기반을 둔 진술이다)을 재료로, 하나의 주장(문제와 해결책에 대해 우리가 '제안하는 내용')으로 통합해서, 리서치와 테스트 과정을 시작할 것이다('추가 연구').

자, 이제 가설을 써보자. 우리가 권장하는 템플릿은 다음과 같다.

> **[이러한 퍼소나]**가
> **[이러한 이점/사용자 결과]**를
> **[이러한 기능이나 해결책]**으로 달성한다면
> **[이러한 비즈니스 결과]**를 달성할 것이라고 믿는다.

템플릿은 '믿는다'는 말로 끝난다. 답을 모른다고 솔직하게 드러내는 것이다. 우리는 추측하고 있다. 앞서 캔버스의 각 상자에서 만든 재료를 기반으로 가설 템플릿을 완성하고 있다. 비즈니스 결과는 2번째에서, 퍼소나는 3번째에서, 이점은 4번째, 해결책은 5번째 상자에서 가져온 것이다. 어떤 면에서, 이번 과정은 그냥 빈칸 채우기다.

하지만 거기서 더 나아가야 한다. 우리의 목표는 우리가 믿을 만한 타당한 가설을 쓰는 것이다. 가설의 본질은 특정한 디자인 방향으로 나아가는 걸 지지해 주는 짧은 이야기다. 여러분과 팀원들이 실제로 믿는, 타당하고 좋은 가설을 작성하는 건 해결책을 위한 여러분의 브레인스토밍이 얼마나 유효했는지 검증하는 첫 관문이다. 5번째 상자에서 나온 해결 아이디어 중 하나로 설득력 있는 가설 문장을 쓸 수 없다면, 그런 아이디어는 다음 단계로 나아가서는 안 된다. 최대한 명확하게 설명하자면 설득력 있는 가설은 명확

---

1 아치 홉슨(Archie Hobson) 편집, *Oxford Dictionary of Difficult Words*, Oxford University Press, 2004, 'hypothesis' 참고.

한 사용자가 있는 기능이며, 사용자는 기능으로부터 확실한 효용을 얻고, 이어지는 사용자의 행동 변화는 1번째 상자에서 설명한 비즈니스 문제를 해결하는 데 도움이 되어야 한다.

활동 퍼실리테이팅

우리는 그림 10.2와 같은 표를 만들고 앞 단계에서 캔버스에 채운 재료로 표를 완성하는 걸 선호한다. 물리적으로 포스트잇을 적절한 상자로 옮겨서 비슷한 아이디어끼리 열을 만든다. 각 열은 캔버스의 특정 상자와 직접 연결된다. 맨 왼쪽부터 2, 3, 4, 5번째 상자다.

우리는 이걸 달성할 것이다	만약 이 퍼소나가	이것을 성취한다면	이것으로
비즈니스 결과	**퍼소나**	**사용자 결과**	**기능**

그림 10.2 가설 표

이번 활동을 하면서 자신의 초반 브레인스토밍 과정에 빈 구멍이 있다는 걸 발견하는 사람도 종종 있다. 일부 비즈니스 결과에는 기능이 빠져 있을 수도 있고, 일부 기능은 고객이나 비즈니스에 아무 가치도 창출하지 못할 수 있다. 이것이 이번 활동의 요점 중 하나다. 초반에 했던 생각이 앞뒤가 맞도록 정리하기 위해서다. 브레인스토밍한 내용 중 빠진 게 무엇인지 확인한 뒤에 빈 부분을 새로운 포스트잇으로 채워 넣어라(그림 10.3). 더 좋은 방법은 관련성이 낮은 아이디어는 차트에서 빼는 것이다. 팀원들이 만든 수많은 아이디어를 이해하는 데 도움을 줄 것이다.

그림 10.3 가설 차트 작업

가상 화이트보드 툴을 사용하는, 원격으로 일하는 팀에게는 이번 활동이 더 쉽다. 캔버스의 다른 부분에 있는 노트를 6번째 상자로 복사, 붙여넣기하고 차트를 완성하는 데 필요한 만큼 노트를 이동시켜라.

차트를 완성했다면(처음에는 7~10개의 행이 적당하다) 기능 가설을 추출하기 시작하라. 가설 템플릿을 이용해 가설문에 필요한 구성 요소를 다 갖추었는지 점검하라. 다시 템플릿을 보자.

[이러한 퍼소나]가

[이러한 이점/사용자 결과]를

[이러한 기능이나 해결책]으로 달성한다면

[이러한 비즈니스 결과]를 달성할 것이라고 믿는다.

가설을 작성하면서 어떤 퍼소나를 위한 해결책을 제안하고 있는지 고민하라. 해결책 중 한 번에 여러 퍼소나를 다루거나, 가설에 포함된 여러 기능이 비슷한 결과를 도출하는 경우를 흔히 볼 수 있다. 그런 일을 겪는다면 한 기능에 집중해 가설을 다듬도록 하라. 여러 기능을 포함하는 가설을 테스트하는 건 어렵다. 과정 전반에서 반드시 기억할 점은, 아이디어를 충분히 구체화하여 아이디어가 타당한지 확인할 수 있는 의미 있는 실험을 해야 한다는 점이다.

☑ 가설과 애자일 사용자 스토리는 어떤 점이 다른가?

가설과 고전적인 애자일 사용자 스토리는 무엇이 다른지 묻는 질문을 종종 받는다. 차이점은 미묘하지만 강력하다. 애자일 사용자 스토리에서 자주 사용하는 형식 중 하나는 다음과 같다.

> <사용자 유형>으로서,
> 나는 <어떤 욕구/행위>를 하고 싶다,
> <어떤 이유>를 위해서

이런 스토리에 사용자와 사용자 결과가 드러난다는 걸 알아챘을 것이다. 그렇긴 하지만, 우리가 협업한 팀 대부분은 '어떤 욕구/행위'를 '이런 기능'으로 대체했다. 사용자 스토리를 작성한 뒤에 '어떤 욕구/행위' 아래에 있는 '사용자 유형'이나 '어떤 이유'는 잊어버리고, 즉시 기능을 만들기 시작한다. 팀에서 속도를 높여 기능을 개발하는 와중에 사용자는 빠르게 잊힌다. 팀의 인수 기준(예: 성공의 정의)은 사용자가 시스템에서 태스크를 완료할 수 있도록 하는 것이다. 해결책이 사용하기 쉬운지, 매력적인지, 하물며 사용자에게 즐거움을 주는지는 논외다. 기능이 바라는 결과를 가져올지도 이야기하지 않는다. 오직 시스템이 '디자인한 대로 작동하는지'만 테스트한다.

반면 가설은 행동 변화(비즈니스 결과)를 성공의 정의로 삼는다. 작동하는 기능을 개발하는 건 최소한의 요구 조건이다. 대화의 시작일 따름이다. 우리는 팀의 성공을 얼마나 빨리 기능을 배포하는지로 측정하지 않는다. 대신, 고객이 '어떤 행위/욕구'를 처음부터 달성할 수 있는지, 지속해서 달성할 수 있는지로 성공을 측정한다.

이것이 사용자 스토리와 가설의 주요 차이점이다. 가설은 팀원들이 핵심 가치에 다시 집중하도록 한다. 고객이 성공하고 비즈니스 목표를 달성하도록 하는 것 말이다. 반면에 사용자 스토리는 팀이 얼마나 생산적인지를 성공의 기준으로 여긴다.

그렇다고 해도, 여전히 팀에서 만드는 생산물과 기능을 논의할 방법이 필요하다. 여러분의 사용자 스토리가 기능 중심이더라도 괜찮다. 사실 주어진 가설이 여러 사용자 스토리로 이어지는 경우가 많다. 작업을 어떻게 추적하겠다고 결정하든지 상관없다. 단지 여러분이 하는 일부 과정이 기능 수준에서 여러분이 하는 작업과 목표로 하는 사용자와 비즈니스 결과를 확실히 연결해 주어야 한다.

가설의 우선순위 정하기

린 UX는 우선순위를 냉정하게 정하는 활동이다. 엄격하게 학습에만 초점을 맞추어 프로젝트 예산이 만들어지는 경우는 거의 없다. 대부분 결국 제품을 개발해야 한다. 시작할 때 가정을 선언하는 이유도 프로젝트 위험을 미리 파악하고 우선순위를 정하기 위해서다. 어떤 부분이 위험하고 테스트가 필요한가? 어떤 부분이 위험하지 않고 쉽게 시작할 수 있는가?

가정을 가설로 연결한 후 잠재적인 작업 백로그를 만든다. 다음으로, 어떤 것이 가장 위험한지 파악해야 가장 위험한 부분을 먼저 작업할 수 있다. 모든 가정을 테스트할 수 없다는 걸 이해했다면 어떤 가정을 먼저 테스트할지 어떻게 결정할 것인가?

우선순위를 정하는 방법이 많이 있지만, 프레임워크를 바탕으로 팀원들과 협업해서 우선순위를 정하는 게 종종 도움이 된다는 걸 발견했다. 그래서 그림 10.4(맞다, 다른 캔버스다)와 같은 가설 우선순위 캔버스를 만들었다. 가설 우선순위 캔버스는 2×2 행렬로, x축은 위험을, y축은 인지된 가치를 나타낸다. 여기서 '인지된' 가치라는 말을 쓴 이유는 이것이 막연한 추측이기 때문이다. 만약 아이디어를 실행하는 것이 사용자 경험에 의미 있는 영향을 주고, 연달아서 비즈니스에도 영향을 준다면 해당 아이디어는 아주

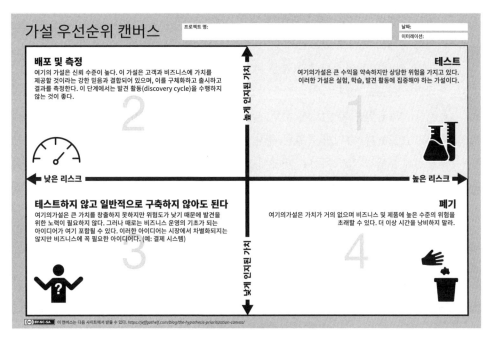

그림 10.4 가설 우선순위 캔버스

높은 인지된 가치를 지녔다고 할 수 있다. 위험에 관한 한, 각 가설을 자체적으로 평가한다. 일부 가설은 기술적으로 위험할 것이다. 일부는 브랜드에 위험성이 있을 것이다. 나머지는 우리의 디자인 능력을 시험할 것이다. 이렇게 하면 각 가설마다 생길 수 있는 모든 측면의 위험을 고려할 수 있고 특정 종류의 위험으로 일반화하지 않는다.

팀원들과 가설을 캔버스에 대응해 보라.

- 1 사분면에 있는 가설은 우리가 테스트할 가설이다. 이 가설들은 린 UX 캔버스에서 7, 8번째 상자로 넘어갈 것이다.
- 2 사분면에 위치한 가설은 가치가 높고 위험이 낮으므로 구축해야 한다. 사용자 스토리를 작성하고 백로그에 두고 개발하라. 기능이 프로덕션에 배포된 후에 측정하는 것을 잊지 말자. 기대에 부응하지 않는다면(달리 말해 가설에서 성공으로 정의한 비즈니스 결과를 달성하지 못한다면) 아

이디어를 다시 검토해야 한다.

- 위험 축에서 아래에 있으면서 인지된 가치가 낮은 가설은 테스트하지 않는다. 만약 가설이 4 사분면(높은 위험, 낮은 가치)에 위치한다면 버린다. 개발할 필요도 없다.

- 3 사분면에 있는 가설(낮은 위험, 낮은 가치)은 테스트하지도 않고 구축하지도 않는다. 하지만 특별히 가치가 있지 않거나 위험하지 않아서 3 사분면에 도달한 일부 가설은 비즈니스 운영을 위해 구축해야 할 수 있다. 예를 들어 전자상거래 서비스를 만들기 위해서는 결제 시스템을 구축해야 하지만, 이는 시장에서 차별화 지점이 되지 못한다. 이런 경우 혁신적이고 즐거움을 주는 기능들, 더 위험성이 높은 기능은 테스트하고 검증한 뒤에 구축할 것이라는 걸 인지한 상태로 기본 유스 케이스를 구축한다.

주의 사항

가설 작성은 대부분의 새로운 기술처럼 연습하면서 더 나아진다. 팀에서는 종종 린 UX 여정의 초기에 테스트하기에 너무 광범위한 가설을 작성한다. 이런 상황에 부닥친다면 가설의 범위를 다시 고민해 보라. 어떻게 범위를 축소할 수 있을까? 팀에서 해당 범위에 대해 완전한 주도권을 가질 수 있도록 가설 범위를 조정할 수 있을까?

가설 작성은 비즈니스 문제정의서를 쓸 때처럼 구체적인 게 좋다. 비즈니스 결과에 있는 특정한 숫자를 사용하라. 만들고 싶은 기능에 관해 명료하게 기술하라. 여기서도 마찬가지로 '더 나은 사용자 경험'이나 '직관적인 UI' 같은 두루뭉술한 문구는 도움이 되지 않는다. 만약 '직관적인 UI'를 테스트하라고 누군가 요청한다면 (분명히 여러분은 캔버스의 다음 단계에서 실제로 테스트를 해야 한다) 무엇을 테스트할 것인가? 그런 모호한 표현을 '원클릭 결제' 또는 '얼굴 인식 인증'과 같은 구체적인 표현으로 바꾸도록 하자.

11장

7번째 상자: 어떤 중요한 점을 먼저 배워야 할까?

**가장 먼저 알아내야 할,
가장 중요한 것은 무엇인가?**

6의 각 가설에 대해 가장 위험한 가정을 식별한다. 그런 다음 지금 당장 가장 위험한 가설을 결정한다. 이것이 잘못되면 전체 아이디어를 실패로 이끌 수 있는 가정이다.
(힌트: 가설의 초기 단계에서는 실현 가능성보다는 가치에 대한 위험에 초점을 맞추어라)

그림 11.1 린 UX 캔버스의 7번째 상자: 학습

가설의 우선순위를 정하고 어떤 가설을 테스트할지 결정했다면, 다음 단계는 각 가설에서 발생할 수 있는 주요한 리스크를 확인하는 것이다. 이를 위해 린 UX의 주요 질문 2가지 중 첫 번째인, '이번 가설에서 먼저 배워야 할 중요한 점은 무엇일까?'를 스스로에게 물어보자.

배움에 관한 질문은, 사실 리스크에 관한 이야기다. 우리는 가설을 깨뜨릴 수 있는 모든 것을 알아내야 한다. 책에서 지속적으로 권고한 것처럼 다양한 직무로 구성된 팀과 함께하고 있다면, 회의실에 있는 직무의 다양한 수만큼 많은 답변을 얻을 것이다. 개발자는 기능을 개발할 때 복잡성에 관해 이야기할 것이다. 디자이너는 워크 플로와 사용성 문제를 언급할 것이다. 프로덕트 매니저는 우리가 예상하는 비즈니스 결과를 가져올 것인지를 질문할 것이다. 이런 리스크는 모두 유효하지만, 지금 우리가 집중하고자 하는 리스크는 가설을 무효하게 만들고, 우리가 틀렸다면 다른 가설로 빨리 넘어가게 해줄 리스크다.

가설의 생애 주기 초반에 가장 큰 리스크는 주로 해결 방안의 가치와 관련이 있다. 사람들은 실제로 해결책을 필요로 하는가? 사람들은 해결책을 찾아볼 것인가? 해결책을 시도해 볼 것인가? 사용해 볼 것인가? 해결책에서 가치를 느낄 것인가? 이런 것들이 초반에 중요하다. 이런 질문에 대한 답이 '아니오'라면, 어떻게 디자인하고 개발할지 고민할 필요가 없다. 우리가 가설을 더 숙고해서 가치가 검증되고 기술적 구현 단계로 넘어가야 한다면 다음으로는 기술적 도전, 사용성, 확장 가능성 같은 리스크를 탐색하는 게 맞다.

활동 퍼실리테이팅하기

이 시점에는 일반적으로 대화가 주된 활동이다. 팀원들은 모여서 가설 우선순위를 검토하고 무엇을 먼저 테스트할지 결정한다. 다음으로, 이번 가설에서 먼저 학습해야 할 가장 중요한 점이 무엇인지 질문하라. 대화가 막히면 여기서 브레인스토밍하고, 비슷한 생각을 묶어보고, 투표를 할 수도 있다. 아니면 강한 의견이 있는 팀원을 따를 수도 있다. 일반적으로 이번 단계에 많은 과정이 필요하지 않다. 중요한 점은 이번 가설과 관련된 1~3개 중요한 리스크를 확인하고 8번째 상자에서 할 실험을 계획하는 것이다.

주의 사항

합의에 도달하면 좋지만, 항상 가능한 건 아니다. 팀에서 논의를 했지만 합의에 이르지 못했다는 것은 결정을 내리기 위해 더 많은 정보가 필요하다는 분명한 신호다. 유일한 방법은 결정을 내리고 8번째 상자로 이동해서 실험을 만드는 것이다. 대부분의 경우 프로덕트 매니저가 할 수 있는 일이다. 이렇게 한다는 것이 가설, 가정, 리스크를 영원히 버린다는 뜻이 아니다. 단순히 하나의 가설을 가지고 진행하다 틀렸음이 입증되면 가설 백로그로 돌아와 과정을 반복할 것이다.

12장

8번째 상자: MVP와 실험

다음으로 중요한 것을 배우기 위해 필요한 최소한의 작업은 무엇일까?

가장 위험한 가정이 참인지 거짓인지 최대한 빨리 알아낼 수 있도록 실험을 설계하라.

8

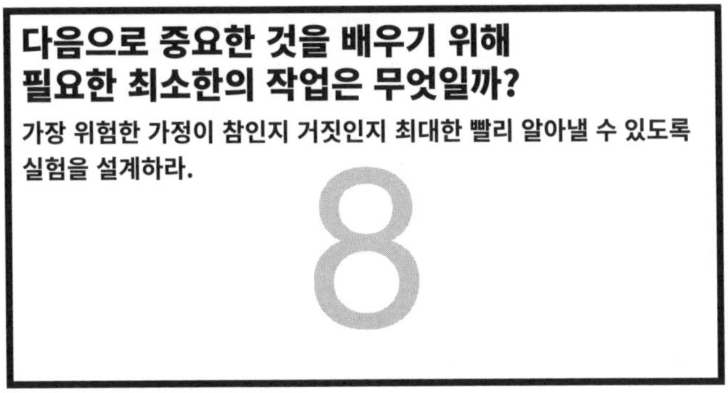

그림 12.1 린 UX 캔버스의 8번째 상자: MVP와 실험

린 UX 캔버스의 마지막 단계는 실험에 중점을 두고 있다. 캔버스에서 2번째 핵심 질문은 '다음으로 중요한 것을 배우기 위해서 최소한 어떤 일이 필요한가?'이다. 이 질문에 대한 대답이 바로 여러분의 가설을 검증하기 위한 실험이 될 것이다.

최소한의 일을 한다고 해서 게으른 게 아니다. 효율적이다. 우리는 낭비를 줄이려 하고 있음을 기억하라. 아이디어를 검증하는 데 필요 이상의 일을 하는 건 낭비다. 아이디어가 계속 작업할 가치가 있는지 빨리 판단할수록 불필요한 투자를 줄일 수 있다. 이렇게 하면 방향을 쉽게 바꿀 수 있어, 팀이 더욱 민첩하게 움직일 수 있다.

여러분이 8번째 상자에서 고안하는 실험은 MVP(Minimum Viable Products, 최소 기능 제품)다. 사실 바로 이것이 에릭 리스(Eric Ries)가 《린 스타트업》에서 언급한 MVP의 정확한 정의다.

MVP란 무엇인가?

기술 전문가로 가득 찬 방에서 'MVP가 도대체 뭘까'라고 질문하면 다음과 같이 주옥같은 표현이 포함된 다양한 설명을 듣게 될 것이다.

"우리가 최대한 빨리 배포할 수 있으면서도 작동하는 무언가다."

"타협으로 가득 찬, 모두를 불행하게 만드는 못생긴 릴리스다."

"고객이 말하는 정의가 정답이다."

"우리가 '작동한다'고 말할 수 있는 최소한의 기능이다."

"1단계다." (그리고 우리 모두 2단계의 가능성에 대해 알고 있다.)

MVP라는 용어는 생긴지 얼마 안 되었지만 많은 혼란을 일으켰다. 문제는 MVP가 최소한 2가지 아주 다른 맥락에서 사용된다는 점이다. 가끔 MVP는 '작고 빠른 배포'를 설명하는 데 사용된다. 위의 인용문에서는 이 의미로 사용했다. 하지만 우리가 주로 쓰는 MVP의 의미는 조금 다르다.

여기서 말하는 MVP는 무언가를 작게 만들어 빠르게 배우는 방법을 의미한다. 소프트웨어 배포를 뜻할 때도 있고 아닐 때도 있다. 스케치가 될 수도 있고, 랜딩 페이지나 프로토타입이 될 수도 있다. 가치가 아니라 학습을 끌어내는 게 주된 관심사다. 물론 두 가지는 상호 배타적인 것이 아니다. 배우려는 핵심 내용에 시장에서 무엇을 가치 있게 여기는지가 포함되어 있기 때문이다. 때로 좋은 MVP는 가치와 학습을 모두 창출한다. 하지만 우리에게 MVP의 목적은 학습에 집중하는 것이다.

예시: 뉴스레터를 시작해야 할까?

몇 년 전 우리에게 컨설팅을 받은 중소기업을 예로 들어보자. 해당 기업에서는 새로운 마케팅 전략을 찾고 있었고 월간 뉴스레터를 발행하고 싶어했다. 성공적인 뉴스레터를 만드는 건 쉬운 일이 아니다. 콘텐츠 전략, 발행 일정 관리, 뉴스레터 레이아웃과 디자인, 지속적 홍보, 배포 전략까지 필요하다. 작가와 편집자도 필요하다. 회사가 곧바로 뛰어들기에는 꽤 큰 지출이다. 팀은 뉴스레터 아이디어를 일종의 가설로 취급해 보기로 했다.

팀은 스스로 질문했다. 우리가 먼저 배워야 할 가장 중요한 것은 무엇인가? 답변은 다음과 같았다. 뉴스레터에 대한 고객 수요가 들어가는 노동력을 정당화할 정도로 많은가? 회사가 아이디어를 테스트하기 위해 사용한 MVP는 현재 웹 사이트에 있는 뉴스레터 가입하기 양식이었다. 가입하기 양식으로 뉴스레터를 홍보하고 고객의 이메일 주소를 수집했다. 이런 방식으로는 아직 고객에게 어떤 가치도 전달하지 못한다. 대신 목적은 수요를 측정하고 어떤 가치 제안과 문구가 가입을 유도하는지 인사이트를 얻는 것이었다. 팀에서는 실험을 통해 진행 여부 결정을 내리기에 충분한 정보를 얻으리라 예상했다.

반나절 간 팀은 가입하기 양식을 디자인하고 개발했고, 그날 오후에 가입하기 양식을 배포했다. 팀은 웹 사이트에 매일 상당한 트래픽이 유입된다는 것을 알고 있었다. 실제로 뉴스레터에 수요가 있다면 빠르게 배울 수 있을 것이다.

이 시점에서 팀은 실제 뉴스레터를 디자인하거나 제작하려는 노력을 기울이지 않았다. 그들은 첫 번째 실험으로 충분한 데이터를 수집한 다음, 데이터를 통해 뉴스레터에 대한 고객 수요를 확인했을 때만 행동에 옮길 것이다. 데이터가 긍정적이면 팀은 다음 MVP로 넘어가고, 고객에게 가치를 전달하기 시작할 것이다. 다음 MVP는 콘텐츠 유형, 표현 방식, 발송 빈도, 배포 채널 등 좋은 뉴스레터 제작에 필요한 다른 요소를 배우도록 해줄 것이다. 팀에서는 뉴스레터 MVP 실험을 계속 이어나갈 계획을 세웠다. 매 MVP

는 이전 버전보다 개선되어, 뉴스레터에는 더 다양한 콘텐츠와 디자인이 담겼고 궁극적으로 팀에서 원하는 비즈니스 결과를 얻을 수 있었다.

MVP 만들기

MVP를 만들 때 첫 번째 질문은 항상 '우리가 다음에 배워야 할 가장 중요한 것이 무엇인가' 하는 것이다. 대부분 이에 대한 답은 가치의 문제이거나 구현의 문제다. 어떤 경우든 실험을 잘 설계해서 질문에 답할 만한 충분한 근거를 얻고, 아이디어를 발전시킬지 여부를 결정하고 싶을 것이다.

가치를 이해하기 위한 MVP 만들기

아이디어의 가치를 이해하려는 경우 따라야 할 몇 가지 지침을 소개한다.

핵심만 말해라

사용하려는 MVP 방법론이 무엇이든 아이디어에서 핵심 가치 제안(core value proposition)[1]을 뽑아내는 데 집중하고, 고객에게 그걸 제시하라. 여러분의 아이디어 자체가 대상 고객에게 가치를 제공하지 못하면 아이디어를 둘러싼 부가적인 요소(예: 내비게이션, 로그인, 비밀번호 찾기)는 의미가 없다. 그런 건 나중을 위해 남겨두자.

명확한 콜 투 액션(call to action)[2]을 써라

사람들이 해결책을 사용할 의사나 구매 의사를 표현할 때 사람들이 여러분의 해결책을 유용하게 여긴다는 걸 알게 된다. 서비스에 가입하는 방법을 제공하는 것은 사람들이 해결책에 관심이 있는지, 기꺼이 서비스에 비용을 지불할지 알아내는 좋은 방법이다.

---

1 (옮긴이) 가치 제안(value proposition)이란 제공하려는 서비스에 대해 고객이 기대할 수 있는 이점을 요약하여 기술한 것이다. 핵심 가치 제안은 경쟁 브랜드와의 차별화 포인트를 포함해야 하며, 고객의 문제를 짚어내고 이를 해결해줄 수 있는 나의 해결책을 2~3개로 정리해야 한다.
2 (옮긴이) 콜 투 액션(call to action)이란 웹 사이트, 랜딩 페이지, 이메일 또는 광고에서 고객으로 하여금 원하는 작업을 수행하도록 유도하는 짧은 문구를 말한다. 예를 들어 쇼핑몰 상세 화면의 하단에 '상품 구매하기' 버튼을 배치했다면 이는 콜 투 액션 버튼이다.

행동을 측정하라

사람들의 행동을 관찰하고 측정할 수 있는 MVP를 만들어라. 이렇게 하면 사람들이 하겠다고 하는 말이 아니라 실제로 하는 행동을 확인할 수 있다. 디지털 제품을 디자인할 때 행동은 의견보다 압도적으로 중요하다.

사용자에게 이야기하라

행동을 측정하면 사람들이 MVP로 무엇을 했는지 알 수 있다. 사람들이 그렇게 행동한 이유를 모른 채 MVP를 반복하는 것은 마구잡이로 디자인하는 것과 같다. MVP에서 전환이 수집된 사용자뿐 아니라 이탈한 사용자와도 대화를 나누도록 하라.

우선순위를 냉정하게 정하라

아이디어는 그다지 비용이 들지 않고 많은 개수를 만들어 낼 수 있다. 최고의 아이디어는 결국에 결과로 드러나기 때문에, 단순히 마음이 간다고 해서 검증되지 않은 아이디어에 매달리지 말라. 이번 지침이 특히 디자이너에게 실천하기 어렵다는 걸 알고 있다. 디자이너는 낙관적인 경향이 있다. 작업 시간이 5분이든 5개월이든, 자신이 만든 것이 충분한 고민을 거친, 완성도 있는 해결책이라고 종종 믿는다. 실험 결과가 가설과 일치하지 않는다면 여러분은 틀린 것이다.

애자일하게 일하라

빠르게 학습 데이터가 들어올 것이다. 업데이트하기 쉬운 매체나 도구를 사용하도록 하라.

이미 있는 것을 다시 만드는 데 시간을 낭비하지 마라

아이디어를 테스트하는 데 필요한 대부분의 도구, 시스템, 장치는 이미 시중에서 쉽게 찾을 수 있다. 어떻게 하면 이메일, 문자, 메시지 전달 앱, 페이스북 그룹, 네이버 스마트스토어, 노코드 도구(no-code tools), 온라인 게시판을 비롯한 여러 도구를 활용해 필요한 부분을 학습할 수 있을지 고민해 보라.

구현을 이해하기 위한 MVP 만들기

고객에게 곧 출시하려는 제품의 구현 방법을 이해시키려 할 때 따라야 할 몇 가지 지침을 소개한다.

기능적이어야 한다

현실적인 사용 시나리오를 만들어내려면 애플리케이션의 나머지 부분과 어느 정도 연결되어야 한다. 사용자가 기존 기능을 사용하던 맥락에서 새로운 워크 플로를 추가하는 것이 중요하다.

기존 데이터 분석 도구와 통합하라

MVP의 성과 측정은 기존 제품 워크 플로의 맥락에서 수행해야 한다. 이렇게 해야 새로운 데이터 수치를 이해하기 쉽다.

애플리케이션의 나머지 부분과 일관성을 유지하라

새로운 기능에 대한 편견을 최소화하려면 현재 모양, 분위기, 브랜드에 맞게 MVP를 디자인하라.

MVP를 만들기 위한 마지막 지침

MVP는 단순해 보이지만 실제로 해보면 어려운 점이 많을 수 있다. 대부분의 기술처럼, 많이 연습할수록 실력이 향상된다. 가치 있는 MVP를 만드는 데 필요한 마지막 몇 가지 지침을 소개한다.

순수한 실험을 설계하기란 쉽지 않다

한 번에 하나만 테스트하기가 항상 가능하지 않음을 알게 될 것이다. 즉, 아이디어가 가치가 있는지 파악하는 동시에 세부적 구현 방식을 결정하려고 하는 경우가 많다. 물론 두 과정을 분리하는 게 낫지만, MVP 실험을 계획할 때 이 지침을 명심하면 어디서 절충하고 타협할지 결정하는 데 도움이 될 것이다.

학습 목표를 명확히 하라

무엇을 배우려 하는지 알고, 어떤 데이터를 수집해야 학습할 수 있는지 명확히 해야 한다. 실험을 시작한 상황에서 데이터를 제대로 측정하지 못했고 중요 데이터를 놓쳤음을 알게 되면 기분이 좋지 않을 것이다.

작게 시작하라

원하는 결과에 상관없이 가능한 한 최소한의 MVP를 만들라. MVP는 학습을 위한 도구라는 것을 기억하라. MVP를 반복하고 수정하게 될 것이다. 아이디어를 완전히 포기하게 될 때도 있다. MVP를 만드는 데 많은 시간을 들일수록 아이디어를 버리는 게 힘들어진다.

코드가 필수는 아니다

대부분의 경우 MVP에는 코드가 전혀 필요 없다. 대신 스케치, 프로토타이핑, 카피라이팅, 시각 디자인 등 UX 디자이너가 기존에 쓰던 도구로도 충분하다.

진실의 곡선

MVP에 쏟는 노력은 아이디어가 좋다는 증거의 양에 비례해야 한다. 이것이 기프 콘스터블(Giff Constable)이 작성한 도표(그림 12.2)의 핵심이다.[3] X축은 MVP에 투자해야 하는 정도를 나타낸다. Y축은 아이디어에 대한 시장 기반의 증거의 양을 보여준다. 증거가 많을수록 MVP의 완성도와 복잡성이 높아질 수 있다(배워야 하는 내용이 복잡해지므로 노력이 추가로 필요할 것이다). 증거가 적을수록 MVP에 노력을 적게 들여야 한다. 두 번째 핵심 질문을 기억하라. 중요한 것을 배우기 위한 최소한의 일은 무엇인가? 이에 대한 답보다 많이 만든다면 낭비이다.

---

3 기프 콘스터블(Giff Constable), "진실의 곡선(The Truth Curve)", *https://oreil.ly/vAXJ5*.

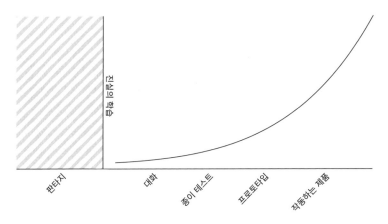

세로축: 진실의 학습

가로축: 판타지 · 대화 · 종이 테스트 · 프로토타입 · 작동하는 제품

그림 12.2 여기서 제시하는 진실의 곡선은 학습이 지속적이고 증거가 확실할 때만 투자를 늘릴 수 있다는 것을 보여준다.

MVP 사례

MVP 중 자주 사용되는 몇 가지 유형을 살펴보자.

랜딩 페이지 테스트

이러한 유형의 MVP는 팀에서 제품 수요를 예측하는 데 도움이 된다. 여기에는 명확한 가치 제안, 콜 투 액션, 전환율을 측정할 방법이 포함된 마케팅 페이지가 필요하다. 유의미한 결과를 얻으려면 표본 수가 충분해야 하므로, 팀에서는 해당 랜딩 페이지로 충분한 트래픽이 도달할 수 있게 해야 한다. 기존 워크 플로에 있던 트래픽을 돌리거나 온라인 광고를 활용할 수 있다.

랜딩 페이지 실험을 해보면 긍정적인 결과는 해석이 명확하나, 부정적인 결과는 해석하기 어려울 수 있다. 아무도 전환하지 않았다고 해서 아이디어가 가치 없는 것은 아니기 때문이다. 단지 설득력 있게 이야기를 풀어내지 못했다는 뜻일 수도 있다. 좋은 소식은 랜딩 페이지 실험은 비용이 낮고 빠르게 반복할 수 있다는 점이다. 가령, 킥스타터(를 포함한 크라우드펀딩 사이트)는 그림 12.3에서도 알 수 있듯 랜딩 페이지 MVP로 가득 차 있다. 여기

제품을 올리는 사람들은 (펀딩의 형태로) 자기 아이디어를 구현하는 데 투자해야 할지 여부를 검증하려는 것이다. 랜딩 페이지 실험이라 해서 반드시 페이지 형태일 필요는 없다. 위에 나열된 구성 요소를 포함하는 광고, 또는 다른 온라인 메시지가 될 수도 있다.

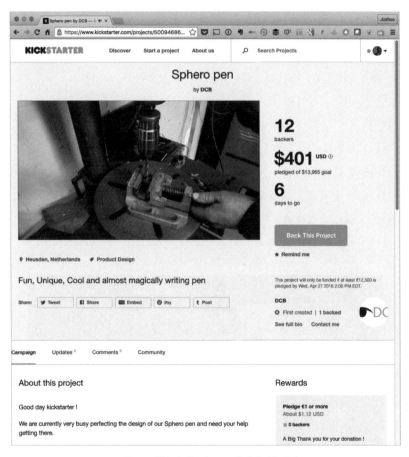

그림 12.3 킥스타터(Kickstarter) 페이지의 예시

가짜 기능(일명, 어디로도 가지 않는 버튼)

기능을 구현하는 비용이 매우 높은 경우도 있다. 이런 경우, 실제로 기능은 없지만 기능처럼 보이는 형태를 만드는 게 저렴하고 빠르다. HTML 버튼, 콜 투 액션, 다른 메시지나 링크로 기능이 있는 것처럼 보이게 만들 수 있다. 사용자가 링크를 클릭하거나 누르면 해당 기능은 출시 예정이라는 문구가 표시되고, 실제로 기능이 출시되었을 때 해당 사용자에게 알림을 보낼 수 있다. 가짜 기능은 고객의 관심을 측정하기 위해 존재한다는 점에서 작은 랜딩 페이지와 같다. 아주 가끔씩만 써야 하고 성공이라고 판단하는 임계치에 도달하는 즉시 실험을 제거해야 한다. 이 실험이 고객과의 관계에 부정적 영향을 미칠 수 있다고 판단되면 가짜 기능을 발견한 사람들에게 기프트 카드나 다른 종류의 보상을 제공하는 것이 좋다.

그림 12.4는 플리커(Flickr)가 사용한 가짜 기능을 보여준다. 이 경우, 플리커는 '화면 보호기로 사용하기(Use as Screensaver)'라는 문구가 적힌 버튼을 제공했다. 버튼은 표면적으로 '사진 앨범을 디바이스 화면 보호기로 지정하기'라는 의미로 보인다.

그림 12.4 플리커(Flickr) 애플 TV 앱에서 발견한 가짜 기능 사례

그러나 사용자가 버튼을 클릭하면 그림 12.5에 표시된 화면이 나타난다. 플리커는 고객이 이 기능을 선호할 것이라는 증거를 수집하기 위해 이를 사용했다. 클릭률을 측정함으로써 기능을 구축하기 전에 수요를 판단한 것이다.

그림 12.5 가짜 기능 버튼을 클릭하면 나타나는 화면

그림 12.6은 또 다른 가짜 기능을 보여준다. 맵 마이 런(MapMyRun)은 2개의 모달 오버레이(modal overlay)[4]를 사용하여 조깅하는 동안 사진을 찍고 업로드할 기회를 제공했다. ①사람들이 이 기능을 원하고 ②이 기능에 돈을 지불할 의사가 얼마나 있는지 확인하기 전까지 실제로 기능을 만들지 않았다.

**그림 12.6 가짜 기능의 또 다른 예.
맵 마이 런(MapMyRun) 웹 사이트에 있는 것이다.**

4 (옮긴이) '모달 오버레이(modal overlay)'는 일종의 팝업 또는 다이얼로그다. 팝업이 뜨는 동시에 백그라운드 화면이 어두워지거나 밝아지고, 어둡게 처리된 배경 부분은 컨트롤할 수 없으며 사용자가 대화 상자에 집중해야 한다는 시각적인 알림을 제공한다.

오즈의 마법사

아이디어에 대한 수요를 확인한 뒤, 오즈의 마법사 MVP는 제품을 어떻게 돌아가게 할지 알아내는 데 도움을 줄 수 있다. 사용자에게 이러한 유형의 MVP는 완전히 작동하는 디지털 서비스처럼 보인다. 그러나 사실 초기 사용자들의 데이터, 사용자와의 소통은 뒷단에서 직원이 수동으로 처리한다. 예를 들어, 에코(Echo) 뒤에 있는 아마존 팀은 사람들이 어떤 유형의 질문을 하고 얼마나 빠른 응답을 기대하는지 이해하기 위한 초기 테스트의 일환으로 오즈의 마법사 MVP를 실행했다. 한 방에서는 사용자가 알렉사[5]에게 질문을 던진다. 동시에 다른 방에서는 팀원이 구글링으로 질문에 대한 답을 얻고 사용자에게 답했다. 실험 참가자는 본인이 사람과 이야기하고 있었다는 걸 알지 못했다. 나머지 팀원들은 상당한 개발 노력을 투입하기 전에 사용자를 관찰하고 사용자가 신제품을 어떻게 활용하는지 이해할 수 있었다.

사례: 탭루트 플러스의 오즈의 마법사 MVP

2014년에 우리 회사는 탭루트 재단(Taproot Foundation)이라는 단체와 협력하여 재능 기부자(Pro bono)를 위한 온라인 마켓플레이스를 만들었다(pro bono는 전문가가 공익을 위해 자신의 기술을 기부하는 것을 뜻한다. 주말에 누구나 참여할 수 있는 일반 봉사 활동과 달리, pro bono 활동은 전문적 재능을 자원봉사하는 맥락에서 사용하는 것을 말한다).

탭루트 재단은 수년간 재능 기부자들과 비영리 단체들의 매칭을 주선해 왔지만, 언제나 전화, 이메일, 대면 회의를 통해 사람이 직접 매칭 서비스를 제공했다. 이제 재단에서는 매칭 과정을 디지털화하기를 원했다. 재능 기부자들과 그들의 도움을 받을 수 있는 단체들을 위한, 양방향 마켓플레이스 역할을 하는 웹 사이트를 만들고자 한 것이다.

프로젝트를 시작하면서 우리는 큰 질문에 직면했다. 매칭 과정은 어떻게 작동해야 하는가? 재능 기부자들이 자신이 제공할 수 있는 서비스를 광고해

5　(옮긴이)알렉사(Alexa)는 아마존에서 개발한 인공지능 플랫폼으로, 애플이 인공지능을 '시리'로 부르고 삼성이 '빅스비'로 부르듯 아마존에서는 '알렉사'로 인공지능을 호출한다.

야 하는가? 기관 측에서 프로젝트를 광고해야 하는가? 뭐가 더 나은가? 당사자들이 웹 사이트에서 서로를 발견하면 어떻게 프로젝트를 시작해야 할까? 단체에서는 요구 사항을 어떻게 전달해야 할까? 재능 기부자들은 작업 범위를 어떻게 정해야 하는가? 사소한 세부 사항들 하나 하나가 큰 질문이었다. 당사자들은 첫 통화 일정을 어떻게 잡아야 하는가?

우리는 이때가 오즈의 마법사 MVP를 만들기에 완벽한 시기라고 판단했다. 간단한 웹 사이트를 만들었고 사업을 시작한 것처럼 보이는 데 필요한 몇 개의 정적 페이지만 직접 코딩했다. 처음에는 총 12페이지로 시작했다. 목차 페이지 하나, 그리고 우리가 선정한 12개의 파일럿 프로젝트 각각 한 페이지씩이었다. 커뮤니티 매니저는 보이지 않는 곳에서 잠재적 재능 기부자 목록을 작성하고, 그들에게 이메일로 콜 투 액션과 새로운 웹 사이트로 가는 링크를 보냈다. 시스템이 작동하고 있다는 환상을 깨지 않도록, 커뮤니티 매니저가 아니라 새로운 시스템에서 이메일이 온 것처럼 보이게 했다.

지원자들이 이메일에 있는 링크를 클릭하면 우리가 만든 오즈의 마법사 사이트를 보게 된다(그림 12.7). 그들이 자원봉사를 신청하기 위해 웹 사이트를 이용할 때 시스템과 상호작용하는 것 같았겠지만 실제로는 커뮤니티 관리자와 팀에 이메일을 보냈을 뿐이다. 데이터베이스 역할을 하는 간단한 트렐로(Trello) 보드(그림 12.8)에서 자원봉사자의 모든 상호작용을 확인했다.

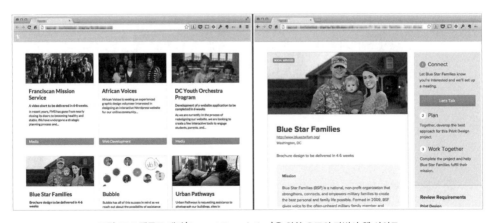

그림 12.7 탭루트 재단(Taproot Foundation)을 위한 오즈의 마법사 웹 사이트

그림 12.8 우리의 데이터베이스는 그냥 트렐로 보드였다.

우리는 몇 달간 이러한 방식으로 시스템을 운영하면서 사용자와의 상호작용을 통해 점차 배우고, 비즈니스 프로세스를 발전시키고, 학습을 토대로 웹 사이트에 자동화 기능과 다른 부분을 업데이트했다. 결국 우리는 백엔드[6] 기능을 추가하여 웹 사이트에서 사람이 직접 작업하던 부분을 상당수 제거했다. 어떻게 우리 브랜드로 소통할지 충분히 이해한 후, 숙고를 거친 그래픽 디자인 기교를 적용하여 그래픽 스타일을 덧붙였다(그림 12.9).

　오즈의 마법사 접근 방식을 사용하여 디자인에서 리스크가 높은 부분(비즈니스 프로세스 디자인)을 시범적으로 학습할 수 있었고, 잘못된 것을 디자인하고 개발하는 데 많은 시간과 비용을 들이는 위험을 없앨 수 있었다.

6 (옮긴이) 백엔드는 웹 사이트나 웹 애플리케이션 또는 모바일 솔루션의 프로세스와 관련된 서버 측과 데이터베이스를 관리해 주는 기술이다. 프런트엔드가 눈에 직접 보이는 영역이라면, 백엔드는 눈에 보이지 않는 서버에서 작용하는 기술을 다룬다.

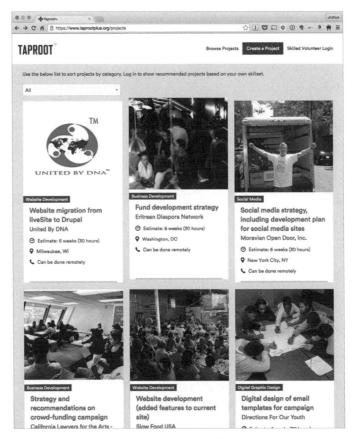

그림 12.9 더욱 세련된 그래픽 디자인의 탭루트 플러스 웹 사이트

프로토타이핑

MVP를 만드는 가장 효과적인 방법 중 하나는 프로토타입을 만드는 것이다. 프로토타입은 해당 제품이나 서비스를 사용하는 게 어떤 경험일지 비슷하게 체험하도록 해준다. 다양한 타깃 디바이스에서 사용할 수 있어야 하는 동시에 프로토타입을 만드는 데 최소한의 노력을 들이는 것도 목표로 삼아야 한다. 따라서 어떤 프로토타입 기술을 택하는지가 중요해진다.

프로토타입에 사용할 기술 선택은 몇 가지 요인에 따라 달라진다.

- 누가 프로토타입과 상호작용할 것인가?
- 무엇을 배우고 싶은가?
- 이미 알고 있는 사실은 무엇인가?
- 얼마나 시간이 있는가?

어떤 청중을 대상으로 할지 정의하는 것이 중요하다. 이렇게 해야 해당 청중으로부터 의미 있는 피드백을 이끌어내는 최소한의 프로토타입을 만들수 있다. 예를 들어, 프로토타입의 주된 용도가 팀의 개발자에게 아이디어를 시연하기 위한 것이라면 새로운 경험에 영향을 받지 않는 제품 주요 부분(예: 글로벌 내비게이션)은 대부분 생략해도 된다. 개발자는 해당 요소가 이미 존재하고 바뀌지 않는다는 것을 알고 있기 때문에 굳이 이런 요소를 보여줄 필요가 없다.

반면에, 이해관계자들은 (자신들은 인정하지 않겠지만) 제품에 익숙하지 않은 경우가 많다. 따라서 콘셉트를 제대로 이해시키려면 프로토타입 완성도를 높여야 한다. 상이한 청중의 다양한 요구를 충족시키기 위해 프로토타이핑 툴킷은 상당히 광범위해야 한다. 몇 가지 프로토타이핑 기술을 살펴보고 어떤 상황에 각 기술을 써야 할지 알아보자.

종이 프로토타입

종이, 펜, 테이프와 같이 쉽게 접할 수 있는 구성 요소로 만드는 종이 프로토타입은 빠르고 재치 있고 재미있게 경험을 모사할 수 있도록 한다. 이 방식은 디지털 투자가 필요 없다. 종이를 넘겨서 다른 상태를 표시하거나 상태를 숨기거나, 심지어 움직여 볼 수 있는 슬라이드 쇼 이미지를 넣을 '창'을 만들 수도 있다. 이런 방식으로 제품이 어떻게 작동하게 될지 팀에 알려줄 수 있다. 직접 경험하면서 무엇이 가능한지, 또 무엇을 놓쳤는지 즉시 파악할 수 있다. 종이 프로토타입을 사용하면 인터페이스 요소들을 모아서 합쳤을 때 워크 플로가 어떻게 구성되는지 파악할 수 있다. 이 방법은 사용자가 화면의 요소를 조작해야 하는 터치 인터페이스에 특히 유용하다.

장점

- 1시간 내에 만들 수 있다.
- 쉽게 만들고 재배치할 수 있다.
- 비용이 적고 실패해도 쉽게 버릴 수 있다.
- 이미 사무실에 구비된 재료로 만들 수 있다.
- 많은 사람들이 즐기는 재미난 활동이다.

단점

- 프로토타입을 여러 번 반복하고 복제하는 데 시간이 오래 걸리고 지루할 수 있다.
- 실제 입력 방식(마우스, 트랙패드, 키보드, 터치 스크린 등)이 아니기 때문에 인위적으로 경험을 모사하게 된다.
- 제품 상위 수준의 구조, 정보 설계, 흐름에 한정해서 피드백을 받을 수 있다.
- 일부 청중에게만 유용하다.

완성도가 낮은 화면 목업[7]

낮은 완성도로 클릭할 수 있는 화면 경험(예: 클릭할 수 있는 와이어프레임)을 만들면 프로토타입 완성도를 한 단계 높일 수 있다. 어설픈 화면이라도 만들면 워크 플로에 보다 실제적인 느낌을 준다. 실험 참가자들과 팀원들은 디지털 입력 방식을 사용하여 프로토타입과 상호작용할 수 있다. 클릭, 탭, 제스처 같은 수준에서 사람들이 제품과 상호작용하는 방식에 대한 통찰과 피드백을 얻게 해줄 것이다.

장점

- 워크 플로의 길이를 정확하게 파악할 수 있다.
- 주요 태스크를 완료하는 데 어떤 것이 방해 요인인지 알아낼 수 있다.

---

7 (옮긴이) 목업(Mock-Ups)이란 실제품을 만들어 보기 전, 디자인의 검토를 위해 실물과 비슷하게 시제품을 제작하는 작업의 프로세스, 산출물을 통칭한다.

- 핵심 요소를 발견하기 쉬운지 평가할 수 있다.
- 새로운 것을 만드는 대신 가지고 있는 디자인 자산에서 '클릭할 수 있는 것들'끼리 신속하게 연결하여 팀에서 학습하도록 할 수 있다.

단점

- 제품이 미완성이라는 걸 인지할 만큼 숙련도가 높은 사람들을 대상으로 해야 한다.
- 라벨과 문구에 평소보다 많은 관심이 집중된다.

완성도가 높은 화면 프로토타입

중간 또는 높은 완성도를 가진 프로토타입은 와이어프레임 기반 프로토타입보다 훨씬 상세하다. 이를 통해 최종 제품 경험과 유사하거나 동일한 수준의 인터랙션, 시각 디자인, 콘텐츠로 디자인을 구체화시켜 보여주고 테스트할 수 있다. 만들어낼 수 있는 인터랙션 수준은 도구마다 다르지만, 이 카테고리에 속한 대부분의 도구에서는 픽셀 단위로 최종 제품과 동일한 경험을 구현할 수 있다. 입력 양식과 드롭다운 메뉴, 제출하기 버튼과 같은 인터페이스 요소를 만들 수 있다. 일부 도구는 논리적 분기와 기본적 데이터 처리를 해준다. 대다수 툴에서는 일부 애니메이션, 전환, 상태 변화를 구현할 수 있다.

장점

- 품질이 높고 실제와 비슷한 프로토타입을 만들 수 있다.
- 시각 디자인과 브랜드 요소도 평가할 수 있다.
- 워크 플로와 UI 인터랙션도 평가할 수 있다.

단점

- 인터랙션은 여전히 네이티브 프로토타입보다 제한적이다.
- 보통 실제 데이터와 상호작용할 수 없으므로 구현할 수 있는 제품 인터랙션 유형에 제한이 있다.

- 도구에 따라 프로토타입을 만들고 관리하는 데 시간이 오래 걸릴 수 있다. 종종 높은 완성도의 프로토타입을 유지하는 것과 그것을 실제 제품과 동기화하는 데 노력이 이중으로 들어간다.

노코드 MVP

여러분이 염두에 두고 있는 최종 제품과 시각적으로는 전혀 유사하지 않지만, 생각하는 제품이나 서비스의 기능을 구현하는 프로토타입을 만드는 것도 가능하다. 이를 노코드 MVP라고 부른다. 노코드 MVP는 에어테이블(Airtable), 재피어(Zapier), 웹플로우(Webflow)처럼 소프트웨어 개발이 필요 없는 일련의 툴로 만들 수 있다. 서비스를 연결하여 기능을 전달할 수 있고, 바라건대 고객과 최종 사용자에게도 가치를 일부 제공해 줄 수 있다.

장점
- 직접 코드로 작성하기 전에 기능을 빠르게 테스트해볼 수 있다.
- 많은 인프라를 구축하는 데 시간을 낭비하지 않고 서비스의 차별화 포인트에 집중하는 데 도움이 된다.
- 소프트웨어 개발 기술이 거의, 또는 전혀 필요하지 않다.

단점
- 브랜드, 시각 디자인, 그 외 미세한 부분을 표현하기 어렵다.
- 시간이 지나면서 유지 관리하기 어렵다.
- 시작 비용은 저렴하지만 확장에는 비용이 많이 든다.

코드와 실시간 데이터로 작동하는 프로토타입

직접 코딩한 프로토타입은 최상 수준의 시뮬레이션 경험을 제공한다. 어떤 취지나 목적이든, 이런 종류의 프로토타입과 상호작용하는 사람은 제공 범위를 벗어나지 않는 한(예: 아직 만들지 않은 페이지로 가는 링크를 눌렀을 때) 실제 제품과 차이를 느끼지 못할 것이다. 코딩된 프로토타입은 대체로

네이티브 환경(브라우저, OS, 디바이스 등)에서 작동하고 예상 가능한 모든 인터랙티브 요소를 활용한다. 버튼, 드롭다운 메뉴, 입력 양식 등 모든 기능이 사용자가 예상하는 대로 작동한다. 마우스, 키보드, 화면 터치로 입력이 가능하다. 프로토타입을 평가하는 사람을 위해 가능한 한 자연스러운 인터랙션 패턴을 따른다.

데이터를 사용하는 프로토타입 관점에서 완성도에는 하드 코딩(또는 정적 데이터)과 실시간 데이터라는 두 가지 수준이 있다. 하드 코딩된 프로토타입은 최종 제품과 비슷하게 보이고 작동하지만 실제 데이터 입력, 처리, 출력을 하지는 않는다. 여전히 시뮬레이션일 뿐이며 몇 가지 정의된 시나리오만을 보여준다. 실시간 데이터 프로토타입은 실제 데이터와 연결되고 사용자의 입력값을 처리하여 적절한 데이터 출력값을 보여준다. 이러한 기능은 실제 고객에게도 종종 배포되어, 고객에게 실제적인 경험을 제공한다. 이를 통해 하드 코딩된 프로토타입에서는 얻을 수 없는 프로토타입 사용 행태에 대한 통찰을 얻을 수 있다. 또한 A/B 테스트(기능의 두 버전을 비교하여 더 나은 버전을 확인하는 실험)를 하거나 현재 워크 플로의 특정 기능을 변경할 때도 사용할 수 있다.

장점

- 프로덕션[8]에서 코드를 재사용할 가능성이 있다.
- 가장 현실적인 시뮬레이션을 만들 수 있다.
- 기존 코드를 활용해서 만들 수 있다.

단점

- 팀에서 프로토타입의 미세한 부분에 대해 논쟁하면서 수렁에 빠질 수 있다.
- 원하는 경험을 전달하는 코드를 쓰고, 작동하도록 하는 데 시간이 오래

---

8 (옮긴이) 프로덕션이란 실제 서비스를 운영하는 환경을 말한다. 프로덕션으로 가기에 앞서 개발자들이 각자 만든 코드를 합쳐서 테스트하는 dev 서버, QA 엔지니어가 테스트에 사용하는 GA 테스팅 환경, 운영 환경과 거의 동일한 환경에서 보안, 성능, 장애를 점검하는 staging 환경을 거친다.

걸린다.
- 고객에게 릴리스하기 전에 코드를 완벽하게 다듬고 싶은 유혹에 빠진다.
- 업데이트하고 반복하는 데 많은 시간이 걸릴 수 있다.

프로토타입에 들어갈 내용

MVP를 만드는 데 어떤 도구를 쓸지 결정했고 시작할 준비가 되었다. 전체 제품 경험을 프로토타입할 필요는 전혀 없다. 가설에서 가장 큰 리스크를 테스트할 수 있도록 해주는 핵심 워크 플로에 집중하라.

MVP를 만들 때 핵심 워크 플로에 집중하면 팀은 일시적으로 좁은 시야 (좋은 의미에서!)를 갖게 된다. 경험의 특정 부분에 집중하여 타당성과 효능을 평가하게 되는 것이다.

데모와 미리 보기

한 종류의 사용자 또는 고객 기반 중 한 부분에 초점을 맞춰 MVP를 개발했을 수도 있지만, 동료들과 작업을 공유함으로써 많은 것을 배울 수 있다. 팀 동료, 이해관계자 및 다른 팀의 구성원과 함께 프로토타입 MVP를 테스트 해보자. 제품을 점심 식사 자리로 가져가서 다른 프로젝트를 하는 동료들과 공유하자. 내부 사람들을 통해 이 제품이 얼마나 잘 작동하는지, 어떻게 사용할지, 그리고 더 투자할 가치가 있는지 여부에 대한 통찰력을 얻을 수 있는지 확인한다. 이해 관계자가 클릭해보고 통찰력과 생각을 제공하도록 한다.

데모 데이가 있는 경우(없다면 만들어야 한다), 프로젝트 진행 상황을 보여주기 위해 프로토타입을 가져와야 한다. MVP를 더 많은 사람들에게 보여줄수록, 가설이 타당한지 더 많은 통찰을 얻을 수 있을 것이다. 다음으로 프로토타입을 고객과 잠재 고객에게 보여주도록 하라. 그들이 클릭하고 프로토타입을 경험하게 하면서 피드백을 수집하라.

사례: 프로토타입 MVP 사용하기

우리가 최근에 함께 일한 팀이 어떻게 프로토타입 MVP를 사용했는지 살펴보자. 이 사례 연구에서 팀은 제품에 상당한 변화를 줄지 고민하는 상황이었다. 우리는 리서치와 의사 결정 과정을 지원하기 위해 프로토타입 MVP를 사용했다.

해당 팀은 어느 정도 자리잡은 스타트업이었으며, 현재 제품(그룹 협업을 위한 구독 기반의 폐쇄적 커뮤니티) 때문에 어려움을 겪고 있었다. 시장에 출시된 지 수년이 지났고 초기에 시장에서 어느 정도 호응이 있었지만 정체기에 이르렀다. 새로운 사용자가 가입하지 않았기 때문이다. 게다가 경쟁은 점점 심해지고 있었다. 팀에서는 급진적 변화가 필요하다는 걸 깨달았다. 그들은 비즈니스 모델을 뜯어 고치고, 제품을 더 넓은 시장 세그먼트(market segment)[9]에 열어보고자 했다. 우려 사항은 두 가지였다.

1. 현재 사용자들은 커뮤니티의 폐쇄적 성격이 바뀔 수 있다는 변화를 어떻게 받아들일 것인가?
2. 새로운 시장 세그먼트에서 이런 종류의 제품에 관심을 가질까?

팀에서는 두 배의 타격을 입지 않을까 걱정했다. 기존 사용자들이 해당 제품을 버리고 신규 가입자 수가 감소분을 메울 만큼 늘지 않는 것을 우려한 것이다.

우리는 계획을 가설로 정의하기 위해 팀과 함께 일했다. 새로운 시장 세그먼트를 제시하고, 새로운 사용자군에 제안하려 하는 핵심 신규 기능들을 정리했다. 이는 최종 목표의 일부였지만 5개의 와이어프레임으로 보여줄 수 있었다.

개발자, 마케터, 임원들이 모두 새로운 방향을 바라볼 수 있도록 우리는

---

9 (옮긴이) 시장 세그먼트(market segment)란 시장에 존재하는 소비자들을 유사한 필요와 욕구를 지닌 집단으로 나눈 것을 의미한다. 주로 연령, 성별, 거주 지역, 디바이스와 같은 기준으로 분류한다.

일주일간 와이어프레임[10]을 만들었다. 와이어프레임을 현재 고객에게 보여주고, 5일간 두 차례에 걸쳐 고객 피드백을 받아서 클릭할 수 있는 프로토타입인 MVP까지 이르게 되었다.

실험하는 타이밍에 운이 따랐다. 텍사스에서 수많은 잠재 고객이 참석할 컨퍼런스가 다음주에 예정되어 있었다. 팀은 아이패드에 프로토타입을 넣고 컨퍼런스에 가서 복도를 열심히 오갔다.

목업은 아이패드에서 훌륭하게 작동했다. 고객들은 목업을 누르고 스와이프하면서 새로운 기능에 대해 이야기를 나눴다. 3일 뒤 우리는 뉴욕으로 돌아왔다. 고객이 직접 적은 포스트잇과 종이 조각들, 눈에 보이는 고객 피드백과 함께 말이다.

돌아와서 노트를 비슷한 그룹끼리 분류했고, 몇 가지 명확한 흐름이 보였다. 고객 피드백을 통해 이렇게 결론 내릴 수 있었다. 새로운 비즈니스 계획에는 비록 장점이 있지만, 성공하려면 시장에 있는 타 제품들과 차별화가 필요하다.

가설을 발전시키고, MVP를 만들고, 시장 피드백을 받는 데 전부 합쳐서 영업일 기준으로 8일이 걸렸다. 태세를 전환하고, 목표로 하는 시장 세그먼트에 더 적합한 제품으로 정비하는 데 유리한 위치에 서게 된 것이다.

---

10 (옮긴이) 와이어프레임이란 디지털 제품을 구성하는 여러 레이아웃을 정적인 페이지로 재현한 것이다. 이름에서도 알 수 있듯 선(Wire)으로 틀(Frame)을 잡는다는 뜻으로, 간단한 모양만을 사용하여 인터페이스를 시각적으로 묘사한 것이다.

13장

하나로 통합하기

2부에서 린 UX의 주요 기술에 대해 설명했다. 작업을 비즈니스 문제정의서 형태로 구조화하는 것부터 비즈니스 및 사용자 결과 관점에서 성공을 정의하는 것까지 말이다. 사용자에 관한 정보에서 본질만 뽑아내는 데 활용할 수 있는 프로토퍼소나 기법도 소개했다. 해결책을 구체화하는 방법에 대해서도 설명했다. 또한 가설을 세우고 검증하는 방법도 공유했다. 린 UX 캔버스를 사용하면 실제 업무 환경에서 위의 기술들을 한 장으로 간결하게 정리하며 작업할 수 있다.

그렇긴 하지만, 현실은 복잡하고 여러분이 작업하는 각 프로젝트에도 나름의 복잡한 사정이 얽혀 있을 것이다(그것이 애초에 캔버스를 사용해야 하는 이유 중 하나이다!). 이 섹션을 마무리하기 위해, 우리는 복잡한 현실 세계에서 린 UX를 사용한 팀들의 몇 가지 사례를 공유하려 한다. 린 UX가 얼마나 효과적인지, 현실의 복잡한 문제를 해결하는 데 이 방법론이 얼마나 적합한지 알 수 있을 것이다.

소개할 사례 중 일부는 린 UX 캔버스를 활용한 사례고, 나머지는 린 UX 캔버스에 속한 기술에서 일부만 활용한 사례다. 그들은 작업을 정리하는 데 캔버스 자체를 활용하지 않았다. 초반에도 언급했듯, 그렇게 해도 괜찮다. 소개하는 도구와 기술들을 여러분의 것으로 만들기 바란다. 다음의 사례들에서 여러분이 아이디어와 영감을 얻길 바란다.

기업 환경에서 린 UX 캔버스 활용하기

최근 우리는 실리콘 밸리에 있는 대규모 기업용 소프트웨어 회사의 제품 리더와 디자인 리더에게 연락을 받았다. 클라우드 컴퓨팅 플랫폼을 개발하여 기업 운영에 필요한 디지털 워크 플로를 관리하도록 돕는 회사였다. 그동안 회사에서 신규 프로젝트를 시작할 때 린 UX 캔버스를 어떻게 활용했는지 알려주고 싶어 우리에게 연락한 것이다. 훌륭한 이야기라서 사례를 공유하려 한다.

이 회사의 한 팀은 고객들로부터 좋은 반응을 얻은 제품의 두 번째 버전 출시를 준비하고 있었다. 해당 제품은 데이터를 새롭고 참신하게 표시했다. 아름답고 테스트도 잘 되었으며, 고객들로부터 매우 긍정적인 피드백을 받았다. 해당 제품은 특이한 UI 요소를 사용했다. 바로 고객이 직접 만들 수 있는 지도인데, 사용자는 지도를 통해 자신의 작업 프로세스를 시각화하고 프로세스를 개선할 기회를 포착할 수 있다.

해당 UI는 고객들로부터 긍정적인 피드백을 받았을 뿐만 아니라 회사 내부에서도 아주 잘 작동했다. 이해관계자들은 해당 UI를 좋아했고 이를 강화하자는 아이디어를 지지했다. 그래서 이 기능의 성공을 기반으로 다음 버전을 기획하는 게 자연스러운 선택처럼 보였고, 사실 팀의 계획도 그러했다. 두 번째 출시에서는 이 기능에 집중할 예정이었다.

그 와중에 팀원들은 린 UX 캔버스라는 도구를 알게 되었다. 할 일을 체계적으로 생각하도록 도와준다는 점이 장점으로 다가왔다. 그들은 다음 버전을 작업할 때 린 UX 캔버스를 활용해 보기로 결정했다. 그렇게 하자 팀에 흥미로운 일이 일어났다. 8장까지 진행하고서 돌파구를 찾게 된 것이다.

4번째 상자를 완성하기 위해 팀은 기존에 고객들로부터 수집한 피드백 데이터를 다시 살펴봐야 했다. 린 UX 캔버스로 작업할 때 자주 발생하는 일이다. 섹션을 완료하려면 필요한 정보를 찾아야 한다. 추가로 리서치를 해야 할 때도 있고, 단순히 기존에 진행한 리서치를 검토할 때도 있다.

이번 경우에, 팀에서는 사용자 피드백을 검토하다가 기존에는 간과한 중요한 패턴을 발견했다. 즉, 고객은 지도가 마음에 들지만 단순히 데이터를 보여주는 것 이상을 원한다는 것이다. 그들은 제품이 좀 더 능동적으로 동작하기를 원했다. 기본적으로 그들은 다음과 같이 이야기하고 있었다. "화면은 정말 아름답지만, 우리가 주목해야 할 부분을 강조해 줬으면 한다."

린 UX 캔버스를 완성하려면, 잠깐 멈춰 서서 그동안 수집한 데이터를 체계적으로 검토해야만 한다. 한 팀원이 나에게 말했다. "우리는 실제로 피드백을 받았습니다.. 다만, 귀 기울이고 있지 않았을 뿐입니다!" 그는 이어 "캔버스를 사용하면서 데이터를 검토해보니, 우리가 그동안 고객에게 중요한 것이 무엇인지를 보여주는 데이터를 무시하고 있었다는 것을 깨달았다!"라고 말했다.

그래서 팀은 고객 피드백을 해석하는 데 시간을 보냈다. 그들은 피드백의 의미가 무엇인지, 고객이 원하는 결과가 무엇인지 깊이 파고들어 의미를 파악했다. 고객에게 돌아가서 아이디어를 검증하자, 고객들은 긍정적인 반응을 보였다.

그 후, 팀은 쉽게 결정을 내렸다. 우선순위를 바꿀 필요가 있었다. 한 팀원은 우리에게, 팀원들과 나눈 논의에서 결론이 명확했다고 말한다. "우리는 '지도를 더 잘 만드는 것'이 아니라 '고객이 진정으로 가치 있다고 생각하는 것'을 하자는 데 전부 동의했습니다."

팀은 두 번째 배포 전에 진행한 파일럿 테스트에서 고객들로부터 높은 점수를 받았다. 높은 평가로 인해 팀은 광범위한 기능 배포를 빠르게 진행할 수 있었다. "우리는 이번 피드백 덕분에 6개월 더 빨리 목표에 도달할 수 있었습니다."

Validately: 고객 인터뷰와 이틀 동안 만든 프로토타입으로 제품 검증하기

연쇄 창업가 스티븐 콘(Steven Cohn)은 자신의 회사 일로 사용자 조사를 수행하면서 직면했던 어려움에서 Validately 출시에 대한 아이디어를 얻었다. 그는 시장 조사를 하면서 다른 유저 리서처들도 비슷한 어려움을 겪고 있다는 것을 발견했다. 유저 리서처들은 연구를 수행하기 위해 일반적으로 스카이프나 구글 독스 같은 무료 도구를 사용하고 있었다. 그는 이 도구들이 사용자 조사를 위해 설계된 것이 아니라 프로세스를 비효율적으로 만든다는 것을 알고 있었다. 일부 팀은 업계에서 가장 잘 알려진 서비스인 유저 테스팅(usertesting.com)을 통해 도구의 부족한 점을 보완했다. 스티븐은 여기에 기회가 있다는 걸 확신했다.

스티븐과 팀원들은 고객 인터뷰를 통해 사용자의 요구와 목표를 발견했다(린 UX 캔버스의 4번째 상자). 인터뷰에서 고객에게 연구 결과로 무엇을 하느냐고 물었을 때, 어디에 초점을 맞추어야 하는지 발견했다. 연구원들은 "대부분의 작업이 그때 이루어집니다."라고 말했다. 스티븐은 실제로 필드 리서치가 끝나고 나서야 비로소 연구원들의 업무 대부분이 시작된다는 걸 알게 되었다.

Validately 팀은 리서처들이 고객 인터뷰나 사용성 평가를 거친 후, 구글 독스로 돌아가서 길고 정돈되지 않은 노트를 다시 보면서 해당 노트를 리서치 비디오의 타임스탬프에 연결해야 한다는 사실을 알게 되었다. 이러한 타임스탬프(및 비디오 편집 도구)를 사용하여 비디오 클립을 만들고, 이 클립을 짧은 하이라이트 영상으로 조합한 다음 마지막으로 팀, 클라이언트 및 이해관계자와 이 영상을 공유한다. 이 모든 것은 단지 그들이 리서치하며 배운 점을 공유하기 위해서이다.

Validately 팀은 이 문제를 검증하기 위해 수십 건의 인터뷰를 진행했다. 그들은 보고서와 비디오 하이라이트를 만드는 이 작업이 연구에 쏟은 총 노력의 50% 이상을 차지한다는 것을 알게 되었다. 스티븐은 자신이 해결할 가치가 있는 문제를 발견했다고 확신했다.

다음 단계는 솔루션 작업이었다(린 UX 캔버스의 5번째 상자). 스티븐과 팀은 인비전(Invisionapp.com)에서 필기, 시간 추적, 보고서, 하이라이트 영상 작업을 결합한 능률적인 도구의 모습을 본뜬 프로토타입을 만들었다. 프로토타입을 만드는 데 고작 이틀밖에 걸리지 않았다.

"유저테스팅(usertesting.com)보다 나은 점이 뭐죠?"라는 질문에 답한 것은 그 프로토타입이 거의 유일했다. 잠재 고객은 능률적인 도구의 가치를 확인하고 즉시 관심을 보였다. 이 시점에서 스티븐과 팀은 한 가지 다른 종류의 피드백을 요청했다. 제품이 준비되지 않았음에도 불구하고, 미래에 구매하는 게 아니라 당장 구매하겠다는 약속을 즉석에서 해달라고 사람들에게 요청한 것이다. 계약서에는 제품이 출시되지 않으면 구매를 취소한다는 조항을 제시했다. 스티븐은 프로토타입을 아직 존재하지 않는 서비스의 판매 도구로 사용했다. 이러한 전략은 효과를 발휘하여, Validately는 자사의 솔루션이 올바른 것인지 검증할 수 있었다. 구글 독스, 스카이프와 같은 무료 도구 속에서 틈새 시장을 구축하는 데 필요한 만큼의 고객을 구매로 전환시켰다. Validately는 큰 성공을 거두어, 2019년에 유저줌(UserZoom)에 인수되었다.

스티븐과 팀은 여기에서 고객 인터뷰와 이틀간 만든 프로토타입이라는 MVP를 통해 3가지 수준에서 검증을 받았다.

시간

사람들은 기꺼이 30분을 할애해 이 문제에 대해서 같이 논의할 것인가? 그렇지 않다면, 우리가 해결하고자 문제는 그들에게 충분히 중요하지 않고 해결할 가치가 없는 문제다.

입소문

우리와 대화한 사람들은 자신의 상사, 팀원, 정보 보안팀, 구매팀을 비롯한 다른 회사 사람들에게 이것을 추천할 것인가? 이것에 관해 이야기를 나누고 내부적으로 지지할 것인가? 이를 이해하기 위해 팀에서는 항상

"이 도구에 관심이 있을 만한 조직 내 다른 사람들에게 저를 소개해 주시 겠습니까?"라고 물었다. 만약 소개하지 않는다면, 그런 현상 또한 하나의 신호이다.

돈

자기 시간을 내주고 남들에게 알리는 잠재 고객에게는 구매를 요청했다. 이는 실제 판매로 이어지기 때문에 궁극적인 검증이라 볼 수 있다.

카플란: 린 UX를 사용하여 새로운 사업을 시작하다

카플란(Kaplan Test Prep)은 1938년부터 단과 대학 및 의과 대학 입학시험 같은 표준화 시험을 준비하는 미국 학생들을 돕고 있다. 거의 매년 교육 과정이 변화하기 때문에 카플란은 고객에게 가치를 제공하는 방법을 지속적으로 혁신해야 한다. 현재 회사의 수석 부사장인 리 와이즈(Lee Weiss)는 20년 이상 카플란의 지속적 혁신에 기여해 왔다. 2018년 가을에, 리는 카플란의 대학 파트너십 사업을 쇄신하기 위한 새로운 아이디어를 구상하기 시작했다. 대학들은 고등학생을 대상으로 대학과 진로 준비에 관해 온라인 강좌를 만들고 싶어했고, 리는 이를 구현하고 싶었다.

이들의 아이디어는 고등학생이 다양한 진로에 대해 배우는 동시에 여러 대학에 도전해 보는 안전한 방법을 만드는 것이었다. 리와 동료들은 몇 주 동안 작동 방식에 대한 아이디어를 스케치하고 생각을 정리해 파워포인트에 담았다. 이 파워포인트는 첫 번째 가설을 시험하는 데 도움을 주는 첫 번째 실험, MVP가 되었다.

2019년 초, 그들은 아이디어를 테스트하기 위해 리더십 팀을 만났다. 카플란의 리더들은 새로운 아이디어에 들떴고, 리와 그의 동료 리즈 라우브(Liz Laub)에게 새로운 아이디어에만 집중할 수 있도록 허가해 주었다. 카플란의 리더십 팀은 리와 리즈에게 "앞으로 90일 동안 시간을 내서 이 콘셉트를 실행에 옮길 수 있는지 확인해 보라"고 했다.

리와 리즈는 린 UX의 첫 번째 핵심 질문을 던지며 시작했다. 우리가 먼저 배워야 할 가장 중요한 것은 무엇인가(린 UX 캔버스의 7번째 상자)?

그들은 관심을 갖는 대학이 없다면 사업을 아예 할 수 없다는 걸 깨달았다. 가장 큰 리스크를 파악하고 나서 두 번째 핵심 린 UX 질문으로 넘어갈 수 있었다. 그것을 배우기 위해 해야 하는 최소한의 작업은 무엇인가(린 UX 캔버스의 8번째 상자)?

그들은 아직 이니셔티브 자체가 존재하지 않음에도 불구하고 이 계획에 대해 그들과 협력하는 데 관심이 있는지 알아보기 위해 대학과 대화를 시작했다. 90일동안 팀은 20개 대학과 이야기를 나누었고, 미국에서 가장 큰 대학 중 두 곳이 아이디어에 관심을 가졌다. 모두 단순하게, 때로는 우연히 시작된 대화였다. 이는 리와 리즈가 리더십에 세부적인 요청을 하기 위해 필요한 정보를 제공했기 때문에 아주 좋은 소식이었다. 즉, 시장에 제품을 출시하는 데 들어가는 예산 요청에 필요한 정보였기 때문이다.

하지만, 그렇게 하기 전에 그들이 대답해야 할 다른 질문들이 있었다. 학생과 학부모는 무엇을 원할까? 그들이 원하는 해결책은 어떤 것일까? (캔버스의 7번째 상자에서 다루는 질문이 이런 종류의 것이다.)

여기서 장애물이 나타나기 시작했다. 제공하려는 제품(9장)에 대한 그들의 가정이 현실에 부딪히기 시작했다. 처음에 그들은 선생님과 학생들이 실시간으로 함께 상호작용할 수 있는 제품을 만들기를 희망했다. 불행하게도, 시간대가 방해물이라는 점을 학생들과의 지속적인 대화를 통해 초기에 알게 되었다. 그래서 그들은 실시간이 아닌 강의로 방향을 틀었고 빠르게 새로운 도전에 직면했다. 매력적이고 가치 있는 강의를 구축하는 방법 말이다.

그들은 가장 좋은 방법이 코호트 기반 공동체(Cohort-based communities)[1]를 구축하는 것이라고 가정을 세웠다. 제품의 초기 버전을 만들기 시작하면서 가

---

1 (옮긴이) 코호트 기반 공동체는 새로운 지식이나 스킬을 습득하고 공유하기 위해 형성되는 온라인 그룹으로, 일반적으로 비슷한 목표를 가진 회원들이 함께하는 구조를 의미한다. 이는 코호트 라고 불리는 작은 그룹들의 형성을 기반으로 하며, 이들 코호트는 일정 기간 동안 특정 주제나 과정을 함께 학습하고 서로를 지원하며 경험을 공유한다.

정을 시험했다. 실험에 참여한 학생들에게서 강한 긍정적 피드백을 받았지만, 여전히 부모와 학생 둘 다 실시간 멘토링과 지원을 요구했다. 그들은 해당 대학의 졸업생들을 멘토로 고용함으로써 이 문제를 해결했다. 이런 조각이 모여, 실시간 및 비실시간 요구를 모두 충족하는 제품의 토대가 되었다.

하지만, 90일 동안 탐구해 온 퍼즐의 마지막 조각이 남아 있었다. 이 사업을 구축하고 지원하는 데 필요한 조직이 어떤 종류인지에 대한 가설 말이다. 실행 가능하고 지속 가능한 사업을 만들어낼 수 없다면, 매력적인 제품으로 시장의 이런 니즈를 해결해도 그들에게 아무런 도움이 되지 않을 것이다. (이러한 서비스 디자인적 고려 사항은 5번째 상자에서 해결책 정의의 일부가 되어야 한다.)

여기서 팀은 고용해야 할 사람, 제품의 가격, 제품 운영 비용, 제품의 형태에 대해 몇 가지 가정을 세웠다. 지나고 나서 보니 이러한 가정이 거의 잘못된 것이었지만, 리더십에 좀더 세부적인 요청, 즉 제품을 만들고 출시하기 위한 예산(정확히 70만 달러)을 요청하기에 필요한 정보였다고 언급했다. 요청은 한 가지 주의 사항과 함께 승인되었다. 1년 안에 손익분기점에 도달해야 한다는 것이다.

팀은 작업에 착수했다. 학생, 선생님, 관리자, 계약한 두 군데의 고객과의 대화를 통해 팀에서는 3가지 강의의 커리큘럼 초안을 만들었다. 목표는 가능한 한 빨리 최고 품질의 강좌를 만드는 것이었다.

커리큘럼을 갖추자 팀은 작업을 지원하기 위한 운영 시스템(CRM, 학습 관리 시스템, 콘텐츠 관리 시스템 등)이 필요했다. 그들은 무엇이든지 가장 빨리 실행해 볼 수 있는 시스템을 찾았다. 팀에서는 카플란 기술 생태계 밖에 있는 SaaS 제품을 사용해 가벼운 경험을 쌓았고, 덕분에 빠르게 테스트를 실행할 수 있었다(노코드 MVP 기술의 훌륭한 활용 사례다).

처음 2주간의 강의에는 8명의 학생이 참여하여 모두 그 과정을 무료로 수강했다. 8명 모두 강의를 마쳤고 강의 품질과 전반적인 경험에 대해 강한 긍정적 피드백을 주었다. 이제 첫 번째 유료 고객을 획득할 때였다. 처음에는 관심을 많이 받지 못했다. 리와 리즈를 비롯한 팀은 걱정하기 시작했다. 신청서는 길었고, 비용은 비쌌으며, 그들이 다른 곳을 참조해 그대로 적용한 50달러의 신청 수수료가 모두 장애물처럼 보였다.

다음 실험이 무엇이어야 할지 분명했다. 신청 수수료를 없애고, 신청 절차를 간소화하고, 가격을 낮췄다. 그들은 두 가지 이유에서 이를 실행할 수 있었다. 첫째, 그들은 내부 혁신 팀이었기 때문에 가격을 조정할 의사 결정 권한을 가지고 있었다. 그래서 그들은 가격을 반으로 깎았다. 그들이 이렇게 실험할 수 있었던 두 번째 이유는? 그들은 일주일 단위의 스프린트로 일하고 있었다. 그래서 최악의 결정을 내리더라도 그들이 감수해야 하는 가장 긴 시간은 일주일이었다.

하지만 팀은 오래 기다릴 필요가 없었다. 그들이 변화를 준 날, 이전 2주를 합친 것보다 더 많은 지원서를 받았다. 판매 수익이 5배 증가했다. 제품이 더 관심을 끌기 시작하면서, 팀은 확장에 따른 제품 품질 유지에 대해 걱정하기 시작했다. 그들은 결과 기반 지표를 정의하여 이를 기준으로 의사 결정을 내리고, 품질을 높게 유지했다. 코스 시작 후 모든 학생의 48시간 내 로그인, 80% 이상의 강의 이수율 달성, 순고객 추천지수(NPS) 50 유지를 목표로 했다.

결과 지표를 북극성으로 삼고 근거 기반 의사 결정을 엔진으로, 그리고 짧은 작업 주기를 사용하여 팀은 현재 30명 이상의 직원을 고용하는 사업부를 구축할 수 있었다. 데이터와 직감에 따르고 결정 사항을 천천히 확장하면 그 과정에서 올바른 길로 수정하며 나아갈 수 있다는 걸 보여주었다. 데이터, 자율적인 팀, 명확한 결과 기반 권한이 결합하면 좋은 결과를 얻는다.

Lean UX Third Edition

제3부

협업
COLLABORATION

화요일이다. 릭, 마크, 올가, 아티가 화이트보드 앞에 서서 자기들이 그린 와이어프레임을 보고 있다. 디자이너인 아티는 손에 보드 마커를 들고 있지만, 그림을 그리고 있지는 않다. "릭, 무슨 말인지 이해가 안 되네요. 어떤 문제인지 설명해줄 수 있나요?"라고 아티가 묻는다.

릭은 보드 마커를 가져다가 화이트보드를 닦고 다시 규정을 설명한다. 팀에서는 주식 거래자를 위한 앱을 디자인하고 있으며, 주식 앱은 엄격한 규정을 따라야 한다. 비즈니스 분석가인 릭은 팀에서 제시하는 디자인이 규정을 따르는지 확인할 책임이 있다.

잠시 후, 팀은 고개를 끄덕이고 아티는 다시 보드 마커를 가져간다. 그녀는 화이트보드에 그려진 와이어프레임 디자인의 변경을 제안하고, 팀원들은 고개를 끄덕인다. 그들은 모두 아이폰을 꺼내 화이트보드 사진을 찍고 다음날 다시 모이기로 한다. 그들은 목요일에 있을 사용자 테스트 전까지 오늘 합의한 와이어프레임을 준비할 수 있다고 확신한다.

아티는 책상으로 돌아가 함께 스케치한 디자인의 세부 사항을 살리기 시작한다. 프론트엔드 개발자인 마크는 페이지를 만들기 시작한다. 팀이 구축한 디자인 시스템의 구성 요소를 활용해서 기본 작업을 하기 때문에 아티가 디자인을 완료할 때까지 기다릴 필요가 없다. 릭은 프로젝트 위키 페이지를 열고 앱의 동작에 대해 팀원들과 내린 결정을 문서화하기 시작한다. 그는 나중에 프로덕트 오너와 이번 결정 사항을 검토할 것이다.

QA 테스터인 올가는 앱의 새로운 부분에 대한 테스트 프로세스 작성을 시작한다.

이는 린 UX의 일상적인 리듬이다. 다양한 분야의 전문가가 협업하며, 주기를 반복하고, 병렬로 일하는 것이다. 핸드오프는 거의 없고, 산출물은 최소화하며, 작동하는 소프트웨어와 시장 피드백에 중점을 두고 작업한다. 3부에서 작업이 어떻게 진행되는지 소개할 예정이다.

3부에 관하여

앞부분에서는 린 UX의 이면에 있는 개념, 즉 작업의 원동력이 되는 원칙을 살펴보았다. 이번 섹션에서는 실용적인 관점에서 린 UX를 수행하는 프로세스에 대해 자세히 설명할 것이다.

린 UX 프로세스

14장 "협업 디자인"은 린 UX의 주요 요소 중 하나인 직무 간 협업을 원활하게 하는 방법에 대해 설명한다. 디자이너들이 디자이너가 아닌 동료들과 함께 최고의 제품을 만들도록 하는 내용이다. 14장에서는 그렇게 하기 위해 가장 중요한 방법 몇 가지를 살펴볼 예정이다.

15장 "피드백과 리서치"는 린 UX에서 지속적 리서치와 협업 리서치를 옹호하는 방식에 관한 내용이다. 이는 많은 팀에게 큰 변화로 느껴질 수 있으므로 여기서 알아야 할 몇 가지 주요 사항에 대해 논의할 것이다.

16장 "린 UX와 애자일 통합하기"는 린 UX와 애자일 방법이 함께 작동하는 방식에 관한 것이다. 애자일은 린 UX의 기본 토대 중 하나이다. 애자일 소프트웨어 개발 팀과 협력해야 하기 때문에 린 UX가 탄생했다. 이는 많은 디자이너가 일상에서 직면하는 문제다. 이 장은 그러한 어려움을 헤쳐나가는데 도움이 될 것이다.

14장

협업 디자인

협업에 열려 있어야 한다.
다른 사람의 생각이 여러분의 생각보다 나을 때가 많다.
여러분에게 의문을 제기하고 영감을 주는 사람을 찾고,
그들과 많은 시간을 보내면 여러분의 삶이 바뀔 것이다.
— 에이미 폴러(Amy Poehler)

'사용자 경험'이란 무엇인가? 사용자가 제품이나 서비스와 하는 모든 상호
작용의 합계이다. 이는 여러분과 팀원들이 제품이나 서비스에 내리는 모든
의사 결정(가격 책정 방식, 패키징 및 판매 방식, 사용자 온보딩, 지원, 유지
보수, 업그레이드 방식 등)을 통해 만들어진다. 다시 말해, 사용자 경험은 디
자이너 개인이 아니라 팀이 만드는 것이다. 이러한 이유로, 린 UX는 사용자
경험 디자인은 협업 프로세스여야 한다는 생각에서 출발한다.

   린 UX는 디자이너와 디자이너가 아닌 사람 모두를 공동 가치 창출
(cocreation)[1]에 참여시킨다. 이는 각자가 만들어내는 아이디어의 총합보다 더
크고 더 나은 아이디어를 만들어낸다. 이 말이 나쁜 타협과 비합리적인 의

---

1 (옮긴이) 공동 가치 창출(cocreation)이란 모든 이해관계자가 디자인 프로세스에 능동적으로 참
여해 문제를 해결하고 가치를 창출하는 협업 방식이다.

사 결정으로 가득 찬 과정을 암시하는 '위원회가 하는 디자인'을 옹호하는 것은 아니라는 점을 분명히 하고 싶다. 대신, 린 UX 프로세스는 디자이너가 조율하고 퍼실리테이팅하며 공통의 플레이북을 따르는 각 분야의 전문가가 실행한다. 린 UX는 프로세스를 통해 각자의 관점을 미리 지속적으로 공유할 기회를 제공하여 작업에 대한 팀의 주인의식을 높인다. 궁극적으로, 팀의 다양한 전문 지식을 활용하여 적합한 디자인을 만드는 것이다.

이번 장에서 이러한 직무를 넘나드는 긴밀한 협업으로 얻을 수 있는 여러 이점에 대해 살펴보겠다.

시작해 보자.

협업 디자인

10장에서 가설에 대해 배웠다. 12장에서 설명한 바와 같이, 때로는 가설을 검증하기 위해 간단히 리서치를 하기도 한다. 하지만 이러한 가설을 검증하는 데 도움이 되는 무언가를 디자인하고 만들어야 할 때도 있다. 예를 들어 프로젝트 초기 단계인 경우, 랜딩 페이지를 만들어 얼마나 많은 고객이 서비스에 등록할지 수요를 검증할 수 있다. 또는 제품 생애 주기에서 성숙 단계인 경우 기능 단위에서 작업할 수도 있다. 예를 들어, 사용자의 생산성을 높이는 새로운 기능을 추가할 수 있다. 가능한 여러 디자인 옵션 중에서 적절한 옵션을 찾아가는 것은 팀에게 어려운 일일 수 있다. 디자인 선택 과정에서 팀이 갈등을 빚은 경우가 얼마나 많은가?

디자인 방향성에 관해 팀을 하나로 모으는 가장 효과적인 방법은 협업이다. 장기적으로 협업은 슈퍼 히어로처럼 치고 빠지는 디자인(디자이너나 디자인 팀에게 도움을 요청해 멋진 결과물을 만들어내고, 디자인 팀은 다음 프로젝트를 살리기 위해 떠나는 관행)보다 더 나은 결과를 낳는다. 팀이 슈퍼 디자이너들과 함께 일하면서 배우거나 나아지는 경우는 거의 없다. 대신, 함께 가설을 만들며 팀의 제품 IQ를 높이듯이 함께 디자인하면서 팀의 디자인 IQ를 높인다. 그렇게 하면 모든 팀원이 각자의 생각을 분명하게 표현할 수 있다. 디자이너는 디자인을 다듬을 때 각 팀원들의 다양한 아이디어를 이용할 수 있다. 이는 결과적으로 팀 전체의 주인 의식을 높인다. 마지막으로, 협업 디자인은 팀 전체의 공유된 이해를 구축한다. 공유된 이해는 린 UX 에서 사용하는 화폐(currency)다. 팀의 공유된 이해가 높아질수록 다음 단계로 나아갈 때 문서화할 필요가 줄어든다.

협업 디자인은 팀이 함께 디자인할 수 있도록 하는 접근법이다. 이는 팀에서 디자인 문제와 해결책에 대한 공유된 이해를 구축하는 데 도움을 준다. 팀에서 만들고자 하는 기능을 가장 잘 구현하는 인터페이스와 기능 요소가 무엇인지 함께 결정하도록 하는 수단이 된다.

협업 디자인은 여전히 디자이너가 주도하는 활동이다. 디자이너는 협업 디자인 회의를 잡는 것뿐만 아니라 퍼실리테이팅도 해야 한다. 비공식 대화와 스케치 세션도 있을 것이다. 화이트보드에서 개발자와 체계적인 일대일 세션을 가질 때도 있을 것이다. 디자인 스튜디오나 디자인 스프린트를 위해 전체 팀을 모아야 할 때도 있다. 핵심은 다양한 팀 구성원들과 협업하는 것이다.

일반적인 협업 디자인 세션에서 팀원들은 함께 스케치를 하고, 스케치를 마치면 곧바로 평가하고, 궁극적으로 성공 가능성이 가장 높다고 생각하는 해결책으로 의견을 수렴한다. 디자이너는 디자인 작업도 하면서 퍼실리테이터라는 추가적인 역할을 맡아 일련의 활동을 통해 팀을 이끌어 나간다.

이러한 세션의 생산물은 보통 완성도 낮은 스케치와 와이어프레임으로 구성된다. 낮은 완성도가 핵심인데, 이유는 다음과 같다. 첫째, 그리는 데 자신이 없는 팀원들도 누구나 참여할 수 있도록 하기 위해서다. 둘째, 작업을 유연하게 유지하기 위해서다. 이를 통해 팀은 일단 테스트해보고, 접근 방식이 효과적이지 않다고 판명될 경우 신속하게 방향을 바꿀 수 있다. 접근 방식을 스케치하고, 문서화하고, 자세하게 묘사하는 데 시간을 많이 쓰지 않는다면 해당 접근 방식이 효과적이지 않다고 판명되었을 때 훨씬 쉽게 방향을 바꿀 수 있다.

협업 디자인: 비공식적 접근

몇 년 전, 제프는 더 래더스(The Ladders)의 채용 담당자와 고용주를 위해 웹 앱의 대시보드를 디자인하고 있었다. 한 화면에 다 넣기에는 정보가 많았지만 그는 모든 것이 잘 보이도록 만들기 위해 고군분투하고 있었다. 그는 픽셀과 씨름하며 책상에서 많은 시간을 보내는 대신, 리드 개발자인 그렉에게 화이트보드를 붙잡고 함께 논의하자고 부탁했다. 제프는 자신의 원래 아이디어를 스케치했다. 대시보드에 콘텐츠와 기능을 모두 다 보이게 하는 레이아웃이었다(그림 14.1 참고). 두 사람은 그 아이디어에 대해 논의했고, 제프는

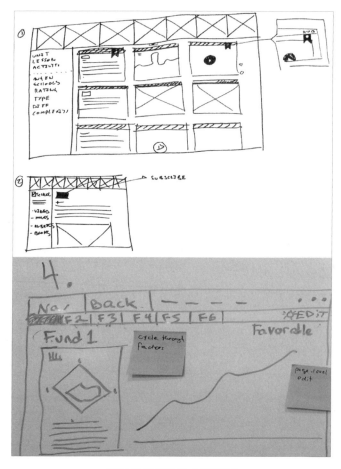

그림 14.1 화이트보드 스케치 예제

결국 그렉에게 보드 마커를 건네주었다. 그렉은 화이트보드에 자신의 아이디어를 스케치했다. 그들은 의견을 주고받으며, 현재 2주짜리 스프린트 안에 해결책을 내야 한다는 점을 감안해서 사용하기 쉬우면서도 실현 가능하다고 생각하는 레이아웃과 플로로 의견을 수렴했다. 2시간짜리 회의가 끝나자, 그들은 책상으로 돌아와 일하기 시작했다. 제프는 스케치를 더 다듬어진 와이어프레임과 워크 플로로 만들었고, 그렉은 대시보드에서 보여줄 데이터를 가져오는 데 필요한 인프라 코드를 작성하기 시작했다.

그들은 협업 디자인 세션을 통해 공유된 이해를 구축했다. 둘 다 앞으로 무엇을 만들지, 만들고자 하는 기능이 어떤 역할을 해야 하는지 알고 있었다. 그러한 내용을 문서화하기 위해 기다릴 필요가 없었다. 덕분에 그들은 2주도 걸리지 않아 아이디어의 첫 번째 버전을 만들 수 있었다.

☑ 대화: 가장 강력한 도구

린 UX는 팀원들끼리 의사소통하는 가장 중요한 수단으로 대화를 권장한다. 이런 방식은 애자일 선언문[2]과 아주 유사한데, 거기서도 도구나 절차에 의존하기보다 개인과의 상호 작용을 권장한다. 대화는 공동의 비전을 중심으로 팀을 하나로 만든다. 또한 전통적인 디자인 프로세스를 따를 때보다 더 일찍, 다양한 분야의 전문가로부터 프로젝트에 필요한 통찰을 얻게 된다. 새로운 아이디어가 생기거나 디자인이 변경될 때, 디자이너 혼자서는 인지하지 못했을 부분도 팀원들의 통찰력으로 빠르게 의문을 제기할 수 있다.

이러한 대화를 일찍, 자주 하게 되면 팀에서는 모두의 아이디어를 인지하고 자신이 해야 할 작업을 더 일찍 시작할 수 있다. 예를 들어 제안하는 해결책이 특정 백엔드 인프라를 필요로 한다는 사실을 알고 있으면, 팀의 개발자는 디자인을 다듬고 마무리하는 동안 해당 작업을 미리 시작할 수 있다. 소프트웨어 개발과 디자인을 병렬로 진행하는 게 실제 경험을 구현하는 가장 빠른 방법이다.

이러한 대화가 처음에는 어색할 수 있다. 결국 직무 간의 오랜 벽을 허물고 있기 때

---

2 (옮긴이) 애자일 선언문은 197쪽을 참고하자.

문이다. 하지만 대화가 발전하면서 디자이너는 특정 기능의 구현에 대해 개발자에게 의견을 제시하고, 자신의 비전이 적절히 반영되도록 할 수 있다. 서로 대화를 통해 프로세스와 진행 상황을 투명하게 공유할 수 있다. 이런 과정에서 팀 구성원들 간에 공용어가 생기고 깊은 유대감이 형성된다. 팀원 간에 신뢰도가 높아지면 더 완성도 높은 결과를 만드는 데에 동기 부여가 된다.

팀원들과 업무와 관련된 대화든 아니면 친목용 대화든 간에 더 많이 대화할 방법을 찾아보자. 팀원들과 사회적 유대 관계를 만드는 데 들이는 시간(예를 들어, 함께 식사를 하는 시간)은 업무와 관련된 대화를 쉽고 솔직하며 생산적으로 만들 수 있다.

린 UX와 디자인 스프린트

9장에서 우리는 '디자인 스튜디오'라고 부르는 활동에 대해 소개했다. 이것은 구조화된 디자인 세션을 위해 팀을 모으는 좋은 방법이다. 최근 몇 년 동안 '디자인 스프린트'라고 불리는 유사한 접근법이 인기를 끌었다. 제이크 냅(Jake Knapp), 존 제라츠키(John Zeratsky), 브레이든 코위츠(Braden Kowitz)가 쓴 《스프린트》(김영사, 2016)를 보면 디자인 스프린트는 팀을 모으고, 질문을 정의하고, 아이디어를 개발하고, 프로토타입을 만들고, 테스트하는 5일간의 과정이라고 설명한다. 디자인 스프린트는 스테로이드를 맞은 디자인 스튜디오와 같다. 아니면 린 UX 작업의 작은 사이클과 같다. 직접 몇 개의 스프린트를 퍼실리테이팅해 본 결과, 이 프로세스가 매우 강력하다는 것을 알게 되었다. 팀이나 프로젝트, 이니셔티브를 시작하려는 경우 디자인 스프린트 사용을 권장한다.[3]

여기서 스프린트 방법론과 린 UX 사이에 모순된 부분이 있다고 느껴질 것이다. 예를 들어 린 UX에는 문제를 구조화하는 특별한 방법이 있다. 디자인 스프린트는 이와 달리 첫날에 문제를 구조화한다. 린 UX는 아이디어를

---

3 여기서 '스프린트'라는 단어가 혼란스러울 수 있다. 여기서는 스크럼에서 '이터레이션(iteration)'을 가리키는 용어인 애자일 스타일 스프린트를 지칭하는 것이 아니다. 우리가 '디자인 스프린트'라는 문구를 사용할 때, 우리는 《스프린트》라는 책에서 설명하는 구체적인 프로세스에 대해 이야기하는 것이다.

검증하기 위해 가설, 실험, MVP를 제안한다. 디자인 스프린트에서는 스프린트의 후반부에 프로토타입 제작과 검증을 거치고, 가설이나 MVP라는 용어는 사용하지 않는다. 그래서 일부 방법들이 서로 충돌하는 것처럼 느껴질 수 있다.

우리는 린 UX와 디자인 스프린트가 실행 방법까지 정확히 일치하지는 않지만 추구하는 가치는 깊은 수준에서는 서로 통한다고 본다. 방법론이 추구하는 가치를 받아들인다면, 디자인 스프린트는 린 UX 접근 방식에 아주 적합하다.

그렇긴 하지만, 조금 더 배우고 싶어서 제이크 냅에게 몇 가지 질문을 던지고 이야기를 나누고자 연락했다.

☑️ 린 UX와 디자인 스프린트: 제프, 조시, 제이크 냅과의 대화

Q: 많은 사람들이 린 UX와 디자인 스프린트가 어떻게 양립할 수 있는지 궁금해 한다. 이에 대한 의견이 있는가?

제이크 냅(이하 JK): 린 UX는 전체 제품 주기와 조직 전체에 걸쳐 사용할 수 있는 요리책과 같다. 디자인 스프린트는 팀의 특정 부분, 특정 순간을 위한 아주 구체적인 하나의 레시피이다. 각자의 철학은 완전히 양립할 수 있다. 린 UX에 익숙한 사람이라면 누구나 디자인 스프린트를 확인해야 하고, 반대의 경우도 마찬가지이다.

Q: 디자인 스프린트라는 레시피의 유연성은 어느 정도인가? 레시피를 조정할 수 있을까?

JK: 그렇다. 하지만 오리지널 방식을 시도해 보기 전에 레시피를 조정하지 말라. 정해진 단계에는 이유가 있고, 효과가 있다. 하지만 여러분이 원래 방식에 따라 디자인 스프린트를 몇 번 실행했고 상황에 맞게 조정이 필요하다고 생각한다면, 시도해 보라.

Q: 반가운 소식이다. 린 UX에 대해서도 그렇게 생각하는 것이 좋다. 우리도 독자들에게 배운 것을 바탕으로 무언가를 시도하고, 배우고, 상황에 맞게 적용하도록 권장하고 있다.

JK: 맞다. 무슨 일이 일어나는지 관찰하고 메모해야 한다. 마치 실험 속의 또 다른 실험
처럼 다루어야 한다. 그리고 개선할 점이 발견되면 나에게 알려 달라.

Q: 디자인 스프린트의 장점은 무엇인가? 디자인 스프린트가 잘 맞지 않는 상황은 무
엇인가?

JK: 디자인 스프린트는 뭔가 새로운 것을 만들거나 상황을 뒤흔들고 싶어 하는 팀들에
게 아주 좋다. 대형 프로젝트를 시작하고 제품/시장 궁합에 대해서 내린 예측을 개
선하는 데 적합하다. 팀 내에서 작업에 탄력을 붙이고 의견을 맞추는 데 잘 맞는다.
다시 말해, 디자인 스프린트는 모든 사람들이 진정한 목적 의식을 갖고 같은 방향
으로 노를 젓게 한다. 또한 팀 문화를 다시 만들고 최선의 도전을 내리고 의사 결정
을 장려하는 데에도 능하다. 디자인 스프린트는 사람들에게 고객을 더 잘 이해하고
고객에 집중하도록 할 수 있고, 동료들과 더 가깝게 만들 수 있다. 여러분의 일에
새로운 기쁨을 가져다 줄 수 있다. 왜냐하면 모든 허튼소리를 잘라버리고 가장 중
요한 일을 할 수 있도록 해주기 때문이다.

Q: 좋다. 그럼 반대 질문이다. 디자인 스프린트는 어디에 잘 맞지 않는가?

JK: 디자인 스프린트는 제품의 모든 세부 사항을 디자인하거나 전체 개발 일정을 계획
하기 위한 것이 아니다. 디자인 스프린트는 MVP를 대체할 수 없고, 아무 것도 없
는 상태에서 제품을 출시하기까지의 길을 안내해 주지 않는다. 특정한 순간에만 적
합하다. 사실, 새로운 프로젝트를 시작하는 가장 좋은 방법은 디자인 스프린트라고
자신 있게 말할 수 있다. 그 순간 전후로는 여러분이 지금 들고 있는 책의 나머지
부분을 참고하라. :)

Q: 두 방법 사이에 겹치는 부분이 많은 것 같다. 어떤 걸 택해야 할까?

JK: 둘 다 활용하라!

린 UX 프로세스에서 디자인 스프린트 사용하기

제이크와의 대화에서 알 수 있듯이, 우리 모두는 두 가지 방법이 서로 잘 어
우러진다고 믿는다. 그렇다면 성공적인 디자인 스프린트를 진행하기 위해

린 UX를 어떻게 사용하는 게 가장 좋은가? 그리고 디자인 스프린트를 실행한 뒤에 린 UX를 어떻게 활용할 수 있을까?

권장 사항은 다음과 같다.

- 린 UX는 여러분의 작업을 '만들어야 할 것'이 아니라 해결해야 할 문제로 여기도록 한다는 것을 기억하라. '우리가 무엇을 만들 수 있을까?'라고 생각하며 전력 질주하지 말라. 대신, '어떻게 하면 우리의 문제를 해결할 수 있을까?'에 대한 답을 알아내기 위해 노력하라.
- 린 UX는 문제, 대상 사용자, 잠재적 해결책, 성공이 어떤 것인지에 대한 가설을 명확히 표현하도록 권한다. 이를 통해 가설의 틀을 만들 수 있으며, 여기서부터 디자인 스프린트를 구성할 수 있다.
- 가설 또는 여러 가설들을 디자인 스프린트의 시작점으로 사용하라.
- 스프린트에서 기존 가설을 해체하고, 테스트하고, 더 나은 가설과 다음 단계에서 해야 할 일을 도출하라.
- 여기서 나온 일련의 가설을 린 UX 작업의 다음 사이클의 시작점으로 사용할 수 있다.

디자인 시스템

화이트보드 앞에 선 제프와 그렉 이야기가 분명히 보여주듯이, 협업 디자인은 팀원들과 보드 마커 같은 굵직한 펜으로 작업할 때 가장 효과적이다. 디자인 스프린트는 이러한 '보드 마커형' 작업 방식을 수용하는 또 다른 기술이다. 함께 스케치를 하면서 개념, 구조, 흐름, 기능에 대한 높은 수준의 의사 결정을 내리고 있다. 이것이 협업 디자인에 적합한 수준의 세부 사항이다. 협업 디자인은 절대로 팀원들이 작업대에 모여 앉아 픽셀 단위로 디자인을 수정하는 걸 의미하지 않는다. 사실, 대부분의 디자이너들은 픽셀 단위에서 맴도는 협업을 최악의 악몽이라고 여긴다. (분명히 말하는데 이렇게 하지 말라.)

그러나 스케치가 완성된다고 디자인이 완성되는 건 아니다. 화이트보드에서 디자인은 완료되지 않는다. 오히려, 화이트보드에서 디자인은 이제 막 시작하는 것이다. 그렇다면 어떻게 하면 픽셀 수준으로 디자인을 올릴 수 있을까? 어떻게 하면 시각 디자인을 완성할 수 있을까?

점점 더 많은 팀들이 디자인 시스템을 사용하고 있다. 디자인 시스템은 스테로이드를 맞은 스타일 가이드와 같다. 우리가 이 책의 초판을 썼을 때 디자인 시스템은 신개념이었다. 사실, 산업 내에서 아직 디자인 시스템을 뭐라고 부를지 결정하지도 못했을 때였다. 당시 우리는 디자인 시스템에 대한 기대가 컸다. 왜냐하면 디자인 시스템은 디자이너와 개발자 간의 협업을 돕고, 디자이너가 직면한 여러 반복적이고 기계적인 문제들을 해결하겠다고 약속했기 때문이다. 이는 디자이너가 더 어려운 문제로 나아가서, 보다 많은 가치를 기여하는 데 집중할 수 있다는 걸 의미했다.

4년 후, 우리가 이 책의 2번째 판을 썼을 때 디자인 시스템이 주류를 이뤘다. 미래를 내다본 대기업은 기업 규모에 맞는 디자인 시스템을 구축했거나 구축하고 있었다. 스타트업들은 하루만에 그것을 만들었다. 디자인 시스템을 전문으로 하는 컨설팅 조직이 생겨났다. 디자인 시스템 관련 컨퍼런스에 실무자들이 모여들었다. 책의 2번째 판에서 우리가 보여줄 수 있는 여러 사례를 들 수 있었고, 여러분이 참고할 수 있도록 3판에도 그대로 두었다.

시간을 빠르게 돌려 오늘날로 돌아와 보자. 디자인 시스템은 이제 우리 산업에서 디자인 작업을 하는 방식 중 하나로 잘 자리잡았다. 디자인 시스템은 초기 단계에 했던 약속을 잘 이행하고 있다. 제품 팀이 협력적이고 애자일한 방식으로 작업하도록 지원하겠다는 약속 말이다. 팀이 애자일하게 움직이는 데 디자인 시스템이 어떻게 도움이 되는지 살펴보기 전에, 디자인 시스템의 특성을 살펴보려 한다.

디자인 시스템: 중요한 건 본질이다

스타일 가이드. 패턴 라이브러리. 브랜드 가이드라인. 에셋 라이브러리. 디

그림 14.2 브랜드 표준 가이드라인의 사례. 이는 NASA의 가이드라인이다.[3]

자인 시스템. 디자인 세계의 이 부분에서 통용되는 용어가 많지 않기 때문에, 잠시 용어를 명확하게 정의하는 시간을 가져보자.

수년간, 대기업은 브랜드 가이드라인(그림 14.2)을 작성했다. 이 문서는 해당 기업의 브랜드 디자인과 브랜드 사용 규칙에 대한 포괄적인 문서이다. 디지털 시대 이전에는 가이드라인을 문서로 만들었고, 몇 페이지일 때도 있지만 두툼한 문서가 몇 권씩이나 되는 경우도 많았다. 전세계가 디지털화되면서, 이런 문서는 웹에 업로드된 PDF, 웹 페이지, 심지어 위키 페이지로 이동했다.

동시에, 출판계에서는 글쓰기와 내용을 표현하는 규칙을 다루는 스타일 가이드를 만들어 오고 있었다. 미국의 대학생들은 시카고 스타일 매뉴얼, MLA 스타일 매뉴얼, 학술 출판 가이드 등 신뢰할 만한 엄격함에 익숙할 것이다.

컴퓨팅 세계에서 대표적인 스타일 가이드를 꼽자면, 애플의 유명한 HIG(휴먼 인터페이스 가이드라인)가 있다. HIG는 애플 운영 체제의 모든 컴포넌트

---

4   나사, "나사 그래픽 표준 매뉴얼", *https://oreil.ly/nCc4H*

를 설명하고, 컴포넌트를 사용할 때 필요한 규칙을 제공하며 컴포넌트의 적절한 용례를 포함하는 포괄적인 문서이다.

마지막으로, 개발자는 에셋 라이브러리에 익숙하다. 이렇게 재사용할 수 있는 코드 요소 컬렉션은 개발자의 작업을 더 쉽게 해준다. 최신 코드 리포지터리에서 쉽게 다운로드할 수 있고 테스트가 완료된, 재사용할 수 있는 코드를 제공하기 때문이다.

디지털 세계의 여러 아이디어와 마찬가지로, 디지털 디자인 시스템(간결하게 디자인 시스템이라고 부르기로 하자)은 이러한 모든 아이디어의 일종의 융합체다. 좋은 디자인 시스템은 디자인 요소를 설명한 문서, 규칙, 디자인 요소를 제대로 사용하도록 돕는 사례, 그리고 결정적으로 실제 디자인을 구현하는 데 필요한 코드와 여타 자산(asset)을 포함한다.

실무에서 디자인 시스템은 제품의 표현 계층에서 단일 진실 공급원으로 기능한다. 팀은 화이트보드에서 스케치를 한 다음 디자인 시스템에 있는 요소를 빠르게 활용하여 프로토타입이나 프로덕션으로 갈 준비가 된 프론트엔드 요소를 만들어 낼 수 있다.

디자인 시스템의 가치

디자인 시스템은 린 UX의 강력한 원동력이다. 이를 통해 팀이 내리는 다른 의사 결정과 병렬로 세부적인 시각 디자인, 미시적 인터랙션을 개발하고 유지할 수 있다. 따라서 화면 구조, 프로세스 흐름, 정보 계층(화이트보드에서 해결할 수 있는 것)과 같은 결정은 적절한 그룹의 팀원들이 처리하고 색상, 글자, 간격과 같은 것들은 다른 그룹(위의 그룹과 중복될 가능성이 매우 높은) 사람들이 처리할 수 있다.

이는 팀에게 다음과 같은 몇 가지 큰 이점을 제공한다.

더 빠르게 디자인하기

팀에서 화면을 디자인할 때마다 이미 있는 부품을 다시 만들 필요가 없다.

더 빠르게 프로토타입 만들기

프론트엔드 개발자는 부품 키트를 사용하여 작업한다. 매번 솔루션에 있는 구성 요소를 다시 만들 필요가 없다. 디자인 시스템에서 적절한 부품을 가져오면 된다.

또한 조직에는 다음과 같은 몇 가지 큰 이점이 있다.

일관성 높이기

좋은 디자인 시스템은 개발자가 사용하기 쉽다. 따라서 디자인 시스템에서 발견한 부분을 사용할 가능성이 더 높고 '자신이 직접 만든 부품'을 사용할 가능성은 더 낮다. 이는 작업물이 브랜드 기준을 준수할 가능성이 더 크다는 것을 의미한다.

품질 높이기

사용자가 마주하는 요소를 디자인하고 만드는 과정을 중앙 집중화함으로써 고도로 훈련된 전문 디자이너와 UI 개발자의 작업을 활용할 수 있다. 조직에서 전문성이 덜한 다른 개발자들은 전문가들이 만든 높은 품질의 작업을 손쉽게 구현하여 최고의 결과를 낼 수 있다.

비용 절감하기

좋은 디자인 시스템은 무료가 아니다. 만들기 위해서는 투자가 필요하고, 유지할 인력이 필요하다. 하지만 시간이 지나면서 시스템을 사용하는 사람들(조직 내 다른 개발자)이 보다 효율적이고 생산적으로 일할 수 있도록 하는 도구와 프레임워크가 되어 주면서 투자 비용을 회수하게 된다. 예를 들어, 앱에서 사용되는 모든 프론트엔드 규칙을 문서화하기 때문에 새로운 디자이너가 더 속도를 낼 수 있다. 마찬가지로 새로운 개발자들도 작업의 기본 구성 요소를 사용하기 쉬운 프레임워크에서 꺼내 쓸 수 있기 때문에 더욱 속도를 낼 수 있다.

디자인 시스템 팀은 제품 팀이다

오해하지 말자. 디자인 시스템 팀은 제품 팀이다. 대부분의 경우 이 팀은 내부 사용자가 사용할 제품을 개발하고 있지만, 그렇다고 해도 여전히 제품 팀이다. 디자인 시스템 팀도 모든 제품 팀이 하는 걱정과 동일한 고민을 한다. 무엇보다 사용자들이 가치 있다고 생각하는 제품을 만들어야 한다는 점이다. 다른 내부 제품과 마찬가지로 성공의 척도는 판매가 아니라 채택이다. 따라서 사용자의 요구를 이해하고 거기에 맞는 제품을 제공하는 것이 신속하게 채택되고 궁극적으로 성공을 거두는 데 핵심이다.

디자인 시스템 팀은 린 UX 방법을 사용하여 이 문제에 접근할 수 있다. 특정한 실험과 같은 일부 방법은 디자인 시스템 팀에게 어렵거나 불가능할 수 있다. 디자인 시스템은 플랫폼 제품이기 때문에 다양한 맥락을 가진 팀에서 사용할 것이고, 광범위한 환경에 적용되어야 한다. 따라서 호환성, 안정성 문제 때문에 실행할 수 있는 실험 종류가 제한적일 수 있다.

그렇긴 하지만, 디자인 시스템의 사용자는 내부 구성원이기 때문에 쉽게 접근할 수 있다. 즉, 디자인 시스템 팀은 협업 디자인 기술에 기대볼 수 있다. 워크샵, 스프린트, 공유 화이트보드 세션을 통해서 디자인 시스템 개발자와 사용자 간의 협업과 공유된 이해를 구축하는 것이다.

보드 마커를 건너뛰지 말자

디자인 시스템이 보편화되면서 생겨난 놀라우면서도 우려스러운 부분이 있다. 디자인 시스템이 좋고 사용하기 쉬워서 디자이너들이 '보드 마커' 단계를 건너뛰고 완성도가 높은 작업으로 가고 싶어한다는 것이다. 이렇게 되면 초기 단계의 사고(작업에서 개념을 잡는 단계)를 나타내는 산출물을 보고 때로 이해관계자, 동료, 심지어 디자이너 자신도 오해할 수 있다. 높은 완성도의 목업과 낮은 완성도의 목업에 다르게 반응하는 것이 인간의 본성이다. 특히 디자이너가 아닌 사람들에게 완성도가 높은 목업을 보여주면 세부 사항에 대한 피드백을 하는 경향이 있다. 글꼴, 색상, 내용에 관한 피드백이다.

하지만 종이와 연필로 그린 스케치를 보여줄 때는 언급할 만한 세부 사항이 없다. 그 대신 보는 사람은 스케치가 개념을 표현하는 것으로 이해한다. 그리고 그것에 대한 의견을 낸다.

그래서 디자이너들에게 중요한 것은 피그마(Figma)로 쉽게 디자인하고, 디자인 시스템의 컴포넌트를 뽑아서 완성도 높은 목업을 만들어 내고 싶은 유혹에 빠지지 않는 것이다. 그렇게 하면 안된다. 보드 마커 단계부터 시작하자.

그러나 디자인 시스템 팀의 경우, 사용자가 작업에 적합한 도구를 선택하도록 도와줄 수 있다. 우리가 이 책의 초판을 썼을 때, 디자이너들은 스케치 수준의 화면을 그리는 데 최적화된 디지털 와이어프레임 도구를 가지고 있었다. 우리는 이제 막 디자인 시스템 팀이 스케치 수준의 요소를 툴킷에 추가할지 고려하는 걸 관찰하기 시작했다. 이는 대단히 흥미로운 추세이고 어떻게 발전해 나갈지 지켜보려 한다.

이제 한 대규모 조직이 디자인 시스템을 어떻게 사용하는지 살펴보자.

케이스 스터디: GE 디자인 시스템

2012년 GE는 캘리포니아 주의 샌 라몬(San Ramon)에서 GE 소프트웨어를 시작했다. 이 새로운 '전문가 조직'(Center of Excellence, CoE)[5]은 GE가 소프트웨어 시장에서 성장하는 것을 돕기 위해 설계되었다. 몇 년 전, 전략적 검토를 통해 소프트웨어가 어떻게 비즈니스에서 중심이 되었는지 확인할 수 있었다. 코드 단위로 측정하면 GE는 세계에서 17번째로 큰 소프트웨어 회사였다. 그럼에도 불구하고 그들은 소프트웨어 개발에 충분히 집중하지 못하고 있다고 느꼈다.

샌 라몬에는 GE의 새로운 팀인 GE 소프트웨어 사용자 경험 팀이 포함되어 있었다. 대기업의 중심에 있는 이 작은 팀은 그들의 영향력을 확장하기 위해 2013년에 첫 번째 디자인 시스템을 만들었다. 실제로 50명도 안 되는

---

5 (옮긴이) 전문가 조직(Center of Excellence, CoE)이란 조직 내에서 새로운 역량을 만들고, 확산하기 위한 전문가들의 조합으로 구성한 조직을 말한다.

디자이너가 14,000명 이상의 개발자가 협업해야 하는 상황에서(조직의 전체 크기는 30만명 이상이다) 이 스타트업과도 같은 디자인 팀이 GE에서 의미 있는 효과를 거둘 만큼 빠르게 성장할 수 있는 방법은 없었다.

IIDS(Industrial Internet Design System)라고 불리는 첫 디자인 시스템은 GE 내부의 디자인 그룹에서, 세계 최고의 디자인 회사 중 하나인 프로그 디자인(Frog Design)의 작은 팀으로부터 도움을 받아 만들었다. 트위터가 만든 HTML/CSS 프레임워크인 부트스트랩 위에 디자인 시스템을 구축했다. 결과는 믿을 수 없을 정도로 성공적이었다. 몇 년 만에 내부 개발자들은 11,000번 이상 디자인 시스템을 다운로드했고 디자인 시스템은 수백 개의 애플리케이션을 만드는 데 사용되었다. 회사 전체의 소프트웨어 팀이 보기 좋고 일관된 애플리케이션을 만드는 데 일조했다. 그리고 아마도 샌 라몬에 있는 소프트웨어 팀과 UX 팀이 회사 내에서 눈에 띄도록 만들었다는 게 그에 못지 않은 중요한 성과라 할 것이다.

성공과 함께 몇 가지 문제가 생겼다. 단순히 좋은 UI 키트를 가지고 있다고 해서 팀에서 제품을 제대로 디자인할 수 있는 것은 아니다. 디자인 시스템이 모든 디자인 문제를 해결해 주지는 않는다. 그리고 부트스트랩은 플랫폼으로서 한계를 드러내고 있었다. 부트스트랩은 팀이 첫 번째 목표를 달성하는 데 도움을 줬다. 즉, 무언가를 신속하게 꺼내고, 폭넓은 UI 요소를 포괄하며, '직접 만드는' 솔루션보다 쉽게 사용할 수 있도록 함으로써 디자인 시스템이 광범위하게 채택될 수 있도록 했다. 그러나 부트스트랩은 유지보수가 어려웠고 대부분의 경우 필요한 수준보다 너무 컸다.

내부 서비스 부서로 큰 성공을 거둔 GE 소프트웨어는 2015년 자체 수익 창출 사업인 GE 디지털로 탈바꿈했다. 그들의 첫 번째 제품은 프레딕스(그림 14.3)라는 이름의, GE 안팎의 개발자들이 산업용 애플리케이션을 위한 소프트웨어를 만들 수 있는 플랫폼이다. 그리고 이러한 전략 변화를 통해 팀은 설계 시스템을 재고해야 한다는 것을 깨달았다. 이전 목표는 폭넓게 적용이 가능하고 많이 채택되는 것이었지만, 새로운 설계 시스템은 새로운

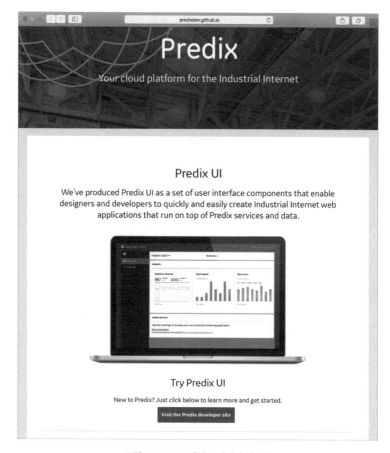

그림 14.3 GE 프레딕스 디자인 시스템

요구에 따라 바뀌게 될 것이다. 이전보다 범위를 좁혀서 프레딕스 애플리케이션을 만들 필요가 있었다. 가능한 모든 UI 위젯을 지원하는 대신 UI 선택의 수를 제한해야 했다. 채택이나 사용이 용이해야 했고, 현재는 GE 고객이 사용할 수 있도록 설계되었지만 이제는 유지보수도 용이해야 했다.

이 시기에 디자인 시스템 팀은 약 15명으로 성장했으며, 디자인 기술자(디자인과 코드 모두에 열정적인 프론트엔드 개발자), 인터랙션 디자이너, 그래픽 디자이너, 테크니컬 라이터, 프로덕트 오너로 구성되었다.

팀은 새로운 기술 플랫폼으로 디자인 시스템을 이동하기로 결정했다(그림 14.4). 이제 더 이상 부트스트랩을 기반으로 하지 않고, 폴리머(Polymer)로 만들어졌다. 폴리머는 팀에서 웹 컴포넌트를 구현할 수 있도록 하는 자바스크립트 프레임워크이다. 지난 몇 년 동안 웹 컴포넌트는 보다 성숙한 프론트엔드 개발 관행을 가능하게 하는 방법으로 나타났다.

새로운 디자인 시스템을 만들기 위해, 팀에서는 거의 6개월에 걸쳐 프로토타입을 만들었다. 놀랍게도, 그 팀은 고립되어 일하지 않았다. 대신 그들은 애플리케이션 팀들 중 하나와 짝을 이루어 사용자의 요구(이 경우, 애플리케이션 팀에서 일하는 디자이너와 개발자)를 충족시키기 위해 컴포넌트를 디자인했다. 이 점은 정말 중요하다. 협업 디자인은 여러 가지 형태를 취한다. 때로는 여러 직무의 팀원이 함께 디자인하는 것을 의미하기도 하고

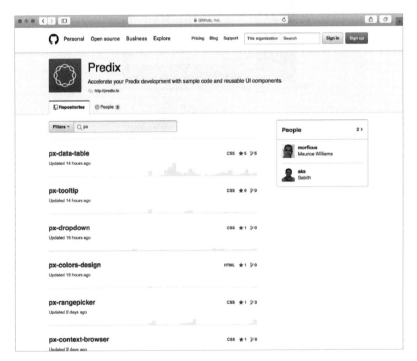

그림 14.4 깃허브(GitHub)에 올려놓은 GE Predix 디자인 시스템

때로는 최종 사용자와 함께 디자인하는 것을 의미한다. 이번 사례에서는, 둘 다였다. 실제 사용자인 디자이너와 개발자로 구성된 기능 횡단 팀과 함께 디자인한 것이다.

지리적으로 분산된 팀의 협업

물리적 거리는 강력한 협업을 달성하는 데 가장 힘든 장애물 중 하나이다. 이 책에서 소개한 방법 중 일부는 팀이 각자 다른 공간에 있으면 더 어려워진다. 그렇긴 하지만, 모두가 2020년 코로나 위기 덕분에 팀원들과 떨어져 있을 때에도 협력하는 방법을 찾아냈다. 줌(Zoom), 스카이프(Skype), 구글 미트(Google Meet), 슬랙(Slack)과 같은 도구는 팀원들이 실시간으로 협업할 수단을 제공한다. 구글 문서(Google Doc)와 비슷한 시스템을 사용해서 사람들이 동시에 문서 작업을 할 수 있다. 뮤럴(Mural), 미로(Miro)와 같은 팀 협업 도구는 창의적인 협업을 위한 공간이 된다. 트렐로(Trello)와 위키(Wiki)는 팀이 함께 정보를 관리할 수 있도록 한다. 피그마(Figma)와 같은 같은 디자인 도구는 처음부터 협업을 염두에 두고 구축되었다. 그리고 카메라가 달린 휴대폰은 사진을 즉석에서 빠르게 공유할 수 있게 해준다. 이러한 도구 덕분에 시간대가 다르더라도 효과적으로 협업할 수 있으며, 팀원들은 업무 시간 동안 서로 원격으로 연결되어 있다고 느낀다.

분산된 팀과의 협업

분산된 팀에 대해 이야기할 때, 우리는 실제로 다양한 상황을 말하는 것이다. 팀의 일부는 뉴욕 사무실에 있고, 런던 사무실에서 일하는 다른 팀 동료들과 일하는 상황을 뜻할 때도 있다. 아니면 2020년처럼 봉쇄 조치로 인해 집에서 애완동물, 아이들, 배우자와 함께 같은 방에서 일하는 걸 말하기도 한다. 하이브리드 근무 환경에 대해 이야기하는 경우일 수도 있다. 즉, 대부분의 팀원들은 사무실에 있지만, 일부 팀원들은 원격 회의에서 만나야 하는 상황이다. 하나의 상황에서 효과적인 것이 다른 상황에서 효과적이지 않을 수도 있지만, 어떤 상황에서든 협업을 더 매끄럽게 만드는 데 사용할 수 있는 중요한 개념이 몇 가지 있다.

비슷한 환경 마련하기

다른 사람들은 전부 대면으로 참여하고 여러분만 전화로 참여하는 회의에 불려간 적이 있는가? 굉장히 힘들다. 이제 여러분이 부엌에서 전화로 회의를 듣는 동안 회의실에 나머지 사람들은 포스트잇을 붙이거나 화이트보드에 그림을 그리고 있다고 상상해 보라. 여러분이 의미 있는 기여를 하기 어려울 것이다. 아마 불가능할 것이다. 한 가지 해결 방법은 모든 사용자가 참여할 수 있는 회의 도구를 선택하는 것이다. 물리적 화이트보드를 사용하는 대신 공유 문서를 열거나 뮤럴(Mural) 또는 미로(Miro)와 같은 온라인 화이트보드 도구를 사용해야 한다. 이는 회의장에 들어가는 모두가 노트북이나 태블릿을 지참해야 한다는 의미이지만, 한편으로 이는 모든 사람이 동등하게 협업할 권리를 보장한다는 의미이기도 하다.

사회적 연결 만들기

여러분은 원격 회의를 매우 엄격하게 다루고 싶은 유혹에 빠질 수 있다. 팀을 모으고, 특정 주제를 집중적으로 논의하고 정해진 시간에 끝내고! 원격 회의는 실제 회의보다 갑작스럽게 시작되고 종료된다. 상상해 보자. 회의가 시작되기 전 복도에서 동료들을 만나면 몇 분 동안 수다를 떤다. 의자에 앉으면서도 가벼운 이야기를 나눈다. 함께 방에서 나와 커피를 마시며 회의를 마무리한다. 이러한 순간이 업무에 부수적인 것처럼 보일 수 있지만, 실제로 일에서 중요한 요소이다. 이를 통해 사회적 유대감을 형성하여 일이 원활히 돌아가도록 한다. 원격 협업을 할 때도 마찬가지로 사회적 연결을 만들 수 있게 노력해야 한다. 천천히 회의를 시작할 수 있도록 추가 시간을 확보하라. 떨어져 있는 팀원들끼리 친목을 쌓을 수 있는 원격 회의 스케줄을 잡아라. 팀의 슬랙 작업 공간에서 업무와 무관한 친목용 채널을 만든다. 만약 여러분이 멀리 떨어진 팀원들을 보러 출장을 갈 수 있다면, 팀의 친목 이벤트를 출장 일정에 포함시켜라.

효과적으로 협업하기

협업이 쉽지 않다는 걸 깨닫는 팀도 있을 것이다. 대부분의 사람은 디자이너, 개발자 등 각자의 기술적 전문성을 발휘하며 커리어를 시작한다. 직무를 넘나드는 협업이 이루어지는 조직도 흔치 않다. (학교에서도 거의 가르치지 않는다. 명시적인 주제로 다루지도 않고, 학교 교육 시스템에서도 다루지 않는 방식이다.) 그래서 이게 어렵게 느껴지는 것은 어찌 보면 당연하다.

협업을 개선하기 위한 가장 강력한 도구 중 하나는 애자일 기법 중 회고(Retrospective)와 관련된, 팀 업무 합의문을 작성하는 관행이다. 회고는 스프린트가 끝날 때 열리는 정기적인 회의로, 팀이 지난 스프린트를 솔직하게 되돌아보는 자리다. 무엇이 잘 됐는지, 무엇이 잘 안됐는지, 그리고 팀원들은 무엇을 개선하고 싶어 하는지 의견을 수집한다. 보통 팀에서는 다음 스프린트에 집중할 몇 가지를 선정할 것이다. 회고를 정기적으로 진행하는 것보다 강력한 협업 개선 방안은 거의 없다.

팀 업무 합의문은 회고와 파트너 역할을 하는 문서이다. 문서를 통해 팀이 어떻게 협업하기로 했는지 알 수 있다. 팀에서 자체적으로 만들고, 팀원들이 따르기로 동의한 규칙을 지속적으로 업데이트하는 문서다. 회고할 때마다 팀에서 업무 합의문을 여전히 따르고 있는지, 새로운 규칙을 포함하도록 업데이트하거나 적절하지 않은 오래된 규칙을 제거해야 하는지 확인해야 한다.

다음은 팀 업무 합의문에서 다루어야 할 사항들이다.

프로세스 개요

우리는 어떤 종류의 프로세스를 사용하고 있는가? 애자일한가? 그렇다면 어떤 방식인가? 이터레이션 주기는 얼마나 되는가?

의식

팀은 어떤 의식을 행할 것인가? 예를 들어, 스탠드업 미팅은 언제인가? 기획 회의와 데모는 언제 하는가?

커뮤니케이션/도구

어떤 시스템을 사용하여 작업을 전달하고 문서화하는가? 우리의 프로젝트 관리 도구는 무엇인가? 자산을 어디에 보관하는가?

문화/안정감/갈등 해결

우리는 어떤 팀 문화를 원하는가? 팀원들이 안전하다고 느끼려면 무엇이 필요할까? 갈등이 생길 때 어떻게 해야 하는가? 의견 불일치를 어떻게 해결할 것인가?

근무 시간

누가 어디서 일하는가? 사람들은 언제 사무실에 있는가? 각자 위치가 다르면 어떻게 시차를 조율할 것인가?

요구 사항과 디자인

요구 사항 정의, 스토리 작성, 우선순위 지정을 어떻게 처리하고 있는가? 스토리는 언제 디자인될 준비가 되는가? 디자인은 언제 스토리로 나누어질 준비가 되는가?

개발

우리는 어떤 관행을 정했는가? 우리는 짝(pair) 프로그래밍을 사용하는가? 어떤 테스트 스타일을 사용하는가? 소스 관리를 위해 어떤 방법을 사용할 것인가?

진행 중인 작업 제한

백로그와 아이스박스⁶ 크기는 어느 정도인가? 다양한 단계에서 어떤 WIP

---

6 (옮긴이) 애자일 프로젝트를 관리할 때 비교적 우선순위가 낮고 당장 필요 없는 작업은 아이스박스, 우선순위가 높은 작업은 백로그 항목에 넣는다.

Limit[7]가 존재하는가?

배포

배포 주기는 어떻게 되는가? 스토리 수용 기준은 어떻게 되는가? 다른 추가적인 합의 사항이 있는가?

☑ **심리적 안정감**

협업 디자인은 창의적인 활동이다. 효과를 높이려면 사람들이 안전하다고 느껴야 한다. 이는 신체적, 정서적, 심리적 안정감을 의미한다. 우리는 종종 '브레인스토밍에는 나쁜 아이디어가 없다' 또는 '모든 질문은 의미 있다'처럼 피상적으로 이런 생각을 표현한다. 물론 그러한 말들도 사실이지만, 저런 표현이 충분하다고 할 수는 없다. 심리적 안정감은 그 이상이다. 작가인 알라 와인버그(Alla Weinberg)는 심리적 안정감을 '팀에서 누구라도 실수를 인정하거나, 질문을 하거나, 새로운 아이디어를 제시했다는 이유로 난처한 상황에 처하거나 불이익을 받지 않을 것이라는 공통된 믿음'이라고 정의한다.

린 UX는 디자인이 반복적인 프로세스라는 아이디어에 관한 것이다. 여러분은 노력하고, 배우고, 반복할 필요가 있다. 다시 말해서, 앞으로 나아가기 위해서는 실수를 해야만 한다. 여러분과 팀원들이 안전하다고 느끼지 못한다면 이렇게 할 수 없다.

만약 여러분 자신이나 팀원들이 틀에 박힌 이야기만 하거나 심각한 갈등을 겪고 있거나 겁먹었을 때 하는 행동을 하고 있다면, 한 걸음 물러서서 물어보라. '나는 이 팀에서 안전하다고 느끼는가? 우리 팀원들이 안전하다고 느끼는가?' 잘 모르겠으면 한 걸음 물러서서, 와인버그(Weinberg)와 에이미 에드먼드슨(Amy Edmondson)과 같은 작가들의 글을 보라. 여러분과 팀원들이 겪는 어려움을 해결하는 데 도움을 받을 수 있을 것이다.

---

7 (옮긴이) 애자일 개발에서 WIP Limit(진행 중인 작업량 제한)는 워크 플로의 각 상태에서 존재할 수 있는 작업의 최대량을 설정하는 것을 의미한다. 진행 중인 작업의 분량을 제한함으로써 팀의 워크 플로에서 비효율성을 쉽게 확인할 수 있다.

마무리

협업 디자인(그림 14.5)은 UX 디자인 프로세스의 발전이다. 이번 장에서는 디자인 프로세스를 구성원들에게 열어 두면 어떻게 다른 팀원들이 프로젝트에 더 깊이 관여할 수 있는지 살펴보았다. 린 UX의 기본 화폐인 공유된 이해를 만드는 데 사용하는 실용적인 기술도 공유했다. 디자인 시스템, 스타일 가이드, 협업 디자인 세션, 디자인 스튜디오, 간단한 대화와 같은 도구를 사용하여 팀은 전보다 빠른 속도로 나아가는 데 도움이 되는 공유된 이해를 구축할 수 있다.

그림 14.5 협업 디자인 기법을 사용하는 팀

15장

피드백과 리서치

리서치는 형식을 갖춘 호기심이다.
그것은 목적을 갖고 찔러보거나 캐내는 행위다.
— 조라 닐 허스턴(Zora Neale Hurston)

사용자 리서치는 UX 디자인의 핵심이다. 그러나 주변을 보면 전문 리서치 업체에 외주를 맡기는 일이 빈번하게 일어난다. 그리고 리서치는 프로젝트를 시작할 때나 종료할 때처럼 특수한 시기에만 드문드문 진행하는 경우가 많다. 린 UX는 지속적이고 협력적인 리서치를 통해 이런 문제를 해결한다. 어떻게 하는지 자세히 알아보자.

이번 장에서는 다음 사항들을 다룰 예정이다.

• 팀과 공유된 이해를 구축하는 데 사용할 수 있는 협업 리서치 기술
• 모든 이터레이션에 걸쳐 가볍고 비공식적이며 정성적인 리서치(Qualitative research)를 하기 위한 지속적 리서치(Continuous research) 기법

- 종단 연구[1]를 구축하기 위해 작은 단위로 정기적 리서치를 하는 방법
- 여러 곳에서 서로 모순되는 피드백이 있을 때 이를 조정하는 방법
- 테스트에 쓸 아티팩트와 각 테스트에서 기대하는 결과물
- 고객의 의견을 린 UX 사이클 전반에 포함시키는 방법

지속적이고 협력적인 리서치

린 UX는 기본적인 UX 리서치 기법 위에 두 가지 중요한 아이디어를 합친 것이다. 첫째, 린 UX 연구는 지속적이다. 이는 매 스프린트마다 리서치 활동을 한다는 의미다. 비용이 많이 들고 파괴적인 '빅뱅' 프로세스가 아니라, 진행 중인 프로세스에 맞춰서 리서치를 한입 크기로 작게 만든다. 둘째, 린 UX 연구는 협력적이다. 이는 여러분이 배운 점을 팀원들에게 전달하기 위해 전문 리서처들의 작업에 의존하지 않는다는 것을 의미한다. 대신 팀 전체에 리서치 활동과 책임이 분산되고 공유된다. 리서처와 팀원 간 핸드오프를 없애 학습의 질을 높인다. 목표는 팀 전체에 걸쳐 풍부한 공유된 이해를 만드는 것이다.

협업적 발견

협업적 발견은 팀원들이 함께 협력하여 시장에서 아이디어를 테스트하는 과정이다. 이는 린 UX 팀 내에서 공유된 이해를 만들어내는 두 가지 직무 간 협업 기술 중 하나이다(14장에서 다룬 협업 디자인과는 다른 개념이다). 협업적 발견은 팀원들 전체가 말 그대로, 그리고 상징적으로 고객과 사용자를 만나고, 그들로부터 배우는 리서치 접근 방식이다. 이를 통해 모든 팀원들이 가설을 검증하는 방법을 확인할 수 있으며, 가장 중요한 것은 고객 인사이트를 얻기 위해 팀이 활용할 수 있는 관점이 크게 늘어난다는 것이다.

반드시 여러분과 팀원이 함께 리서치를 수행해야 한다. 우리는 이것을 협

---

1 (옮긴이) 종단 연구란 어느 한 시점에 머무르지 않고 상당 기간에 걸쳐 연구하는 것을 말한다. 예를 들어 수년 간 고객의 반응이 어떻게 변화하는지 관찰하는 것이다.

업적 발견이라 부른다. 리서치를 외주로 진행하면 시간을 낭비하고 팀 빌딩을 제한하며 산출물, 핸드오프, 외부 업체의 해석으로 정보를 필터링한다. 그렇게 하면 안된다.

리서처들은 때때로 이 접근법에 대해 불안감을 느낀다. 숙련된 전문가인 그들은 리서치 과정에 특수한 지식을 갖고 있어야 한다고 지적하며, 우리도 동의한다. 그렇기 때문에 가능하면 리서처가 팀에 포함되어야 한다. 하지만 그 사람에게 전적으로 일을 맡기지 말라. 대신, 팀이 작업을 계획하고 연구 활동을 진행하는 동안 팀을 이끌고 돕도록 리서처를 전문 가이드로 활용하자. 린 UX가 디자이너들에게 좀 더 편리하게 접근하도록 장려하는 것과 같은 방식으로 린 UX는 리서처들에게 같은 질문을 한다. 리서처들은 팀에서 좋은 리서치를 계획하고, 좋은 질문을 하고, 적합한 방법을 선택할 수 있도록 자신의 전문 지식을 사용해야 한다. 팀원들을 위해 혼자서 모든 리서치를 다 수행하지 말라.

현장에서의 협업적 발견

협업적 발견은 팀원들과 함께 현장으로 나가는 방법 중 하나다. 방법은 다음과 같다.

1. 하나의 팀으로서 질문, 가정, 가설, MVP를 검토한다. 팀으로서 무엇을 배워야 하는지 결정하라(린 UX 캔버스의 7번째 상자).
2. 팀으로서 리서치 방법을 결정한다(린 UX 캔버스의 8번째 상자). 고객이나 사용자와 직접 만날 계획이라면, 궁금한 점을 해결하기 위해 누구와 대화하고, 무엇을 관찰해야 하는지 결정하라.
3. 대화를 이끌어갈 때 누구나 사용할 수 있는 인터뷰 가이드('인터뷰 가이드' 참조)를 작성한다.
4. 다양한 역할과 직무를 가진 사람들을 섞어, 팀원들을 2명씩 짝지어 리서치 짝꿍을 만들라(예를 들어, 디자이너와 디자이너가 짝이 되지 않도록 한다). 며칠에 걸쳐 리서치를 하고 있다면, 사람들이 다양한 팀원들과 경

험을 공유할 수 있도록 매일 짝을 바꾸도록 해보라.

5. 각 팀에 MVP나 프로토타입, 인터뷰 참가자에게 보여주고 싶은 기타 자료를 준비시키라.

6. 각 팀을 내보내 고객/사용자를 만나게 하라.

7. 한 팀원은 인터뷰를 하고 다른 팀원은 메모를 하라.

8. 질문, 대화, 관찰로 시작하라.

9. 인터뷰 세션 후반부에 MVP를 보여주고, 고객이 MVP와 상호작용할 수 있도록 하라.

10. 고객이 피드백을 할 때 메모를 작성하라.

11. 인터뷰어를 맡은 사람이 질문을 마치면 역할을 바꿔 노트를 작성하던 사람이 추가 질문을 할 기회를 주라.

12. 인터뷰가 끝나면 고객에게 유용한 피드백을 줄 수 있는 다른 사람을 추천해 달라고 요청하라.

☑ 인터뷰 가이드

현장 리서치를 준비하려면 여러분의 공책에 맞는 작은 커닝 페이퍼를 만들어라. 커닝 페이퍼에는 다루기로 결정한 질문과 주제를 적는다. 이렇게 하면 언제나 인터뷰를 진행할 준비가 되어 있을 것이다.

질문을 계획할 때, 질문 구조가 순차적인 퍼널(깔때기)이라고 생각해 보라.

- 먼저, 만난 사람이 대상이 되는 고객인지 확인한다.
- 그런 다음 해당 고객군에 대한 가설을 확인한다.

마지막으로, 프로토타입이나 목업이 있다면 최대한 인터뷰 마지막에 제시하여 여러분의 해결책에 대해서만 이야기를 나누지 않도록 한다.

협업적 발견 사례

페이팔(PayPal)에서 우리와 함께 작업한 팀은 협업적 발견 세션을 수행하기 위해 클릭할 수 있는 프로토타입을 시작했다. 이 팀에는 2명의 디자이너, 1명의 UX 리서처, 4명의 개발자, 1명의 프로덕트 매니저가 있었다. 그들은 개발자와 비개발자를 짝지었다. 출발하기 전에 그들은 프로토타입에서 배우고 싶은 점을 브레인스토밍하고, 여기서 나온 아이디어로 간단한 인터뷰 가이드를 작성했다. 그들의 제품은 광범위한 소비자 시장을 목표로 했기 때문에 그들은 사무실 주변에 흩어져 있는 지역 쇼핑몰로 향하기로 결정했다. 둘씩 짝지어 다른 쇼핑몰로 향했다. 그들은 현장에서 2시간을 보내며 낯선 사람들을 멈춰 세우고, 질문하고, 프로토타입을 보여줬다. 각자 스킬을 향상시키기 위해, 질문하는 역할과 노트를 작성하는 역할을 1시간씩 번갈아가며 했다.

그들이 다시 모였을 때, 각 팀은 나머지 팀원들에게 자신이 적은 메모를 읽어주었다. 거의 즉시, 일부 가정이 맞다는 걸 확인했고 다른 것은 틀렸다는 패턴을 볼 수 있었다. 새로운 정보를 사용하여 프로토타입 디자인을 수정하고 그날 오후 늦게 다시 출발했다. 하루 종일 현장 리서치를 한 결과, 아이디어 중 어떤 부분이 잘 작동하고 어떤 부분을 수정해야 하는지 명확해졌다. 다음날 다음 스프린트를 시작하는 시점에, 모든 팀원들은 전날의 협업적 발견을 통해 공유된 이해를 구축했고, 동일하게 명료한 기준을 갖고 일하고 있었다.

지속적 학습

디자이너와 리서처들은 자신의 작업을 스프린트 프레임워크에 강제로 넣어야 하는 부담에 직면한다. 문제는 어떤 일들, 특히 특정 종류의 리서치는 오랜 시간이 필요하다는 것이다. 이렇게 긴 주기의 작업은 애자일 팀에 갈등을 일으킬 수 있다. 예를 들어, 리서처들은 몇 주짜리 리서치 프로젝트를 계획하는 데 익숙하다. 애자일 팀에서 리서처가 8주짜리 리서치 프로젝트를 백로그에 넣으려 할 때, 스프린트가 끝날 때마다 작업이 '완료'되지 않은 이유를 설명해야 한다. 이는 모두를 불행하게 만든다.

원칙으로 돌아가기

이러한 갈등에 직면했을 때는 원칙을 다시 들여다 보는 것이 도움이 된다. 2장에서 배운 원칙을 기억하는가? 같은 일을 더 빨리 하지 않는다(22쪽). 그리고 이건 기억나는가? 단계에 주의한다(23쪽). 이러한 원칙들은 8주짜리 리서치를 2주 단위 스프린트에 욱여넣어서는 안 된다는 것을 말해준다. 대신, 우리는 리서치를 계획하는 방식과 리서치 작업이 '완료'되었다는 개념을 바꿔야 한다.

우선 스크럼 프레임워크에서 완료라는 개념을 고집하는 이유를 생각해 보자. 스크럼에서는 스프린트 기간에 하는 모든 작업이 스프린트가 끝날 때까지 완료되어야 한다고 말한다. 이는 강한 강제성을 부여한다. 모든 팀원들이 각자 작업물을 보여주어야 한다. 스크럼 프레임워크에서는 완성된 일이 가치 있다는 가정을 세운다(항상 그런 것은 아니지만, 그렇게 되는 것이 목표다).

그렇다면 '완료'의 목표는 사실 다음과 같다. '투명하게 업무를 공유하고 모든 스프린트에서 가치를 전달하는 것'이다.

우리가 리서치를 계획할 때 이런 개념을 어떻게 활용할 수 있을까? 8주짜리 리서치를 2주 안에 완료하는 방법을 고민하는 대신, "어떻게 하면 8주짜리 리서치를 진행하면서도 2주마다 투명하게 가치를 보여줄 수 있을까?"라고 물어보자. 스프린트 데모 회의에서 경험 보고서를 전달할 수도 있다. 인터뷰의 절반을 마친 후에 몇 가지 초기 결론을 발표할 수도 있다. 새로운 것을 배우기 시작하면서 제기된 새로운 질문들을 공유하고 토론할 수도 있다. 이는 모두 팀에 가치가 있다. 업무를 투명하게 공유하게 된다. 이렇게 하면 애자일 정신을 유지하면서 리서치 작업을 온전하게 진행할 수 있다.

지속적인 리서치: 리서치는 결코 끝나지 않는다

높은 퍼포먼스를 보이는 애자일 팀에서는 지속적으로 리서치를 수행해야 한다. 린 UX에서 최선의 관행은 고객이 관여할 수 있는 정기적인 리듬을 만드는 것이다. 고객과의 정기적인 대화를 통해 가설을 만들고, 실험을 설계하고, 사용자의 피드백을 받는 시간의 간격을 최소화하여 가설을 빠르게 검증할 수 있다.

즉, 리서치는 제품 팀이 내리는 의사 결정에 정보를 제공해야 한다. 의사 결정은 계속 이루어지기 때문에 언제나 최신 리서치 데이터를 확보해야 한다(그리고 반대로, 때로 리서치 아젠다가 개발 우선순위를 결정하기도 한다. 왜냐하면 리서처의 요구를 구체적으로 뒷받침할 만한 자료를 만들어야 하기 때문이다. 양방향 대화이다).

일반적으로 고객 피드백을 받기까지 며칠밖에 남지 않았다는 사실은 팀에 큰 영향을 미친다. 조만간 고객에게 의미 있는 데이터를 얻을 것이며, 필요하다면 신속하게 방향을 틀 기회가 있음을 알기 때문에 의사 결정에 대한 부담이 줄어드는 것이다.

따라서 리서치 연구와 리서치 단계라는 관점으로 분리해 생각하지 말고, 팀을 운영하는 리듬에 속하는 지속적인 부분이라 생각하라. 팀원들에게 작업을 공유하라. 매주 가치를 전달하라. 여러분이 아는 것, 모르는 것에 대해 정직하게 이야기하라. 팀원들이 배울 수 있도록 도와라. 이번 장의 나머지 부분에서 방법을 설명할 예정이다.

연구실에서의 지속적인 학습: 매주 목요일 3명의 사용자를 만나기

앞서 언급한 아이디어를 바탕으로 현장 리서치 일정을 작성할 수는 있지만, 고객을 회사 안으로 데려오는 것이 훨씬 쉽다(특히 소비자를 직접 만날 수 있는 회사인 경우). 팀원 전체가 참여할 수 있도록 약간의 창의성만 발휘하면 된다.

그림 15.1에서 볼 수 있는 것처럼 우리는 한 주의 리듬에 맞춰 리서치 일

정을 잡는 것을 좋아한다. 이를 "3, 12, 1"이라고 부른다. 3명의 사용자를, 12시까지, 1주일에 1번 만난다는 가이드라인에 기반한 이름이다.

팀의 활동 내역은 다음과 같다.

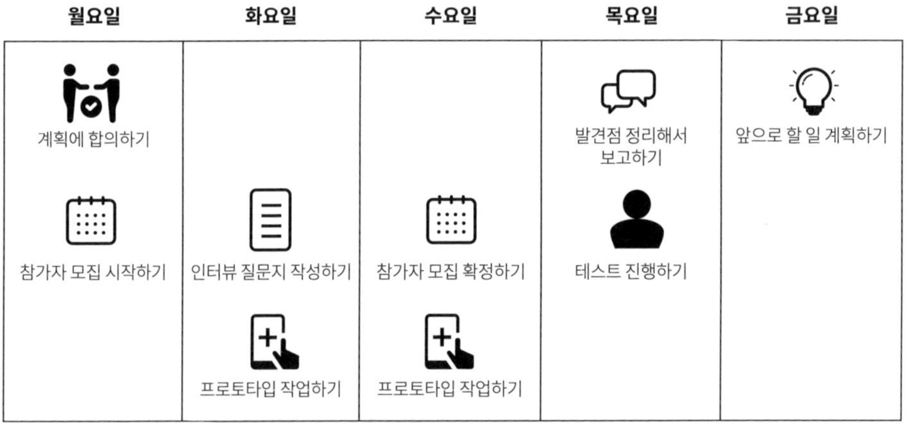

월요일	화요일	수요일	목요일	금요일
계획에 합의하기			발견점 정리해서 보고하기	앞으로 할 일 계획하기
참가자 모집 시작하기	인터뷰 질문지 작성하기	참가자 모집 확정하기	테스트 진행하기	
	프로토타입 작업하기	프로토타입 작업하기		

그림 15.1 3, 12, 1 활동 일정

월요일: 참가자 모집과 계획

팀에서 이번 주에 테스트할 내용을 결정한다. 테스트를 위해 누구를 만나야 하는지 결정하고 참가자 모집 절차를 시작한다. 가능하면 참가자 모집은 외주를 맡기자. 시간이 많이 소요된다(180쪽의 '참가자 모집에 대해' 참고).

화요일: 테스트 구성 요소 다듬기

MVP가 어느 단계에 있는지에 따라 디자인, 프로토타입, 제품을 다듬어서 고객이 최소한 하나의 완전한 스토리를 볼 수 있도록 한다.

수요일: 계속해서 다듬고, 인터뷰 스크립트를 작성하고, 참가자 모집을 완료한다.

MVP를 마무리한다. 인터뷰 진행자가 각 참가자에게 사용할 인터뷰 스크립트를 작성한다(가능하면 팀원 중 한 사람이 인터뷰를 진행하는 것이 좋다). 목요일 테스트 참가자 모집과 일정을 확정하라.

목요일: 테스트!

오전에 고객과 함께 MVP를 테스트하라. 각 고객에게 1시간 이상을 쓰지 않는다. 팀원들은 모두 들으면서 메모를 해야 하고 별도의 장소에서 참관할 계획을 세워야 한다. 마지막 참가자 인터뷰를 마친 후 즉시 프로젝트 팀원 모두가 함께 결과를 검토한다.

금요일: 계획

새로 발견한 점을 활용하여 가설이 맞았는지 여부를 확인하고 다음 수행할 작업을 결정한다.

테스트 환경 단순하게 만들기

많은 기업들이 사내에 사용성 평가 연구실을 만들었다. 예전에는 필요했지만 요즘에는 연구실이 필요 없다. 사무실 내 조용한 장소, 네트워크 연결이 가능한 컴퓨터와 웹캠만 있으면 된다. 이전에는 세션을 기록하고 참관자를 원격으로 연결하기 위해 특수한 사용성 테스트 제품을 사용해야 했다. 요즘은 그런 것도 필요 없다. 우리는 줌(Zoom)만으로 정기적인 테스트를 실행하고 팀원들은 줌으로 원격 참관할 수 있다.

참관자를 원격으로 연결하는 것이 핵심이다. 그 자리에 함께할 수 없는 팀원들과 이해관계자들에게 테스트를 제공할 수 있기 때문이다. 이는 고객에 대한 이해를 조직 내부로 확산시키는 일이기 때문에 협업에 큰 영향을 미친다. 이게 얼마나 강력한 것인지 아무리 강조해도 지나치지 않다.

누가 참관해야 하는가?

간단히 말해, 팀 전체가 참관해야 한다. 린 UX의 다른 모든 활동과 마찬가지로 사용성 테스트는 그룹 활동이어야 한다. 팀원들 전체가 테스트를 참관하면서 피드백을 흡수하고 실시간으로 반응하면, 이후에 다시 정리해서 보고할 필요성이 줄어들 것이다. 팀원들은 자신의 노력이 성공하는 지점, 실패하는 지점을 직접 배울 것이다. 내가 방금 만든 소프트웨어를 사용하면서 사용자가 어려움을 겪는 것을 보는 것만큼 동기 부여가 되고 여러분을 겸손하게 만드는 것은 없다.

☑ 참가자 모집에 대해

참가자를 모집하고, 일정을 정하고 확인하는 작업은 시간이 많이 걸린다. 참가자 모집 전담자에게 업무를 맡겨 팀원들이 추가 업무에 시달리지 않도록 하라. 일부 회사는 디자인옵스나 리서치옵스[2] 팀에 참가자 모집 담당자를 고용하여 참가자 모집 업무를 맡기고, 다른 일부 회사는 외주를 맡긴다. 둘 중 어느 쪽이든, 그렇게 할 만한 가치가 있다. 내부에 소속된 리크루터는 업무를 수행하고, 데려오는 참가자 수만큼 돈을 받는다. 추가로, 리크루터는 참가자 스크리닝[3], 일정 확정, 테스트 당일에 불참한 사람을 대체할 참가자 찾는 일을 해결해준다. 외주 업체에 속한 리크루터는 일반적으로 자신이 모집한 참가자 수만큼 비용을 청구한다. 또한, 참가자에게 제공하는 보상만큼 예산을 추가 책정해야 한다.

지속적인 리서치: 몇 가지 사례

기업들은 다양한 방식으로 지속적인 리서치를 운영한다. 예를 들어, 네덜란드 은행인 ABN AMRO의 팀은 일주일에 한 번 내부에서 '고객 검증 회전목마(customer validation carousel)'라고 부르는 세션을 운영한다. 주간 사용자 리서치 세션은 마치 소개팅처럼 이루어진다. 매주 5명의 고객이 회사 사무실로 온다. 고객에게 각각 리서치 장소를 배정해 주면 한 무리의 인터뷰 진행자들이 방으로 들어와 각자 한 명의 고객과 마주앉는다. (ABN AMRO에서 인

---

2 (옮긴이) 디자인옵스(DesignOps)는 직접 디자인하는 것을 제외하고, 디자이너를 위해 필요한 모든 일을 하는 팀이다. 크게 사람과 관련된 일(채용, 온보딩, 디자이너 커뮤니티 형성), 프로세스와 관련된 일(디자이너들이 일의 퀄리티를 높이기 위해 탐구하고, 서로 피드백을 잘 교환하도록 하는 일), 도구와 관련된 일(반복적인 작업 없애기)을 한다. 리서치옵스(ResearchOps) 역시 마찬가지로, 리서처를 위해서 필요한 일을 지원하는 팀이다.
3 (옮긴이) 참가자를 스크리닝한다는 것은 참가자가 리서치에서 찾는 대상자 조건에 맞는지 확인하고 선별한다는 뜻이다.

터뷰 진행자 대부분은 '리서치를 하는 사람', 즉 훈련된 리서처가 아니라 디자이너와 프로덕트 담당자이다. 이 때문에, 훈련받은 리서처들이 이들과 함께 일하면서 세션에 앞서 리서치 계획과 인터뷰 스크립트를 잘 만들 수 있도록 돕는다. 인터뷰는 보통 2명의 팀원이 쌍을 이루어 인터뷰 진행과 노트 작성을 돌아가며 진행한다.)

인터뷰 진행자는 각 참가자와 15분간 인터뷰를 진행한다. 15분이 지나면 각 진행자 또는 팀은 일어나서 다음 참가자로 이동한다. 마치 의자 앉기 게임처럼 말이다. 이런 식으로 각 진행자는 모든 참가자와 이야기를 나눌 수 있다. 모두가 다른 사람들과 이야기를 나눈 후, 고객들이 떠나고 인터뷰 진행자들이 모여 결과를 요약한다. 일반적으로 각 인터뷰 진행자는 하나의 주제를 배정 받는다. 비록 동일한 질문을 하지 않았을지라도 다시 정리해서 보고를 받으면 고객을 더 잘 이해할 수 있게 되고, 방금 수집한 데이터를 해석하는 데 도움이 된다. 인터뷰 진행자들은 이 세션에서 배운 점을 한 페이지로 된 인사이트 템플릿에 작성하고, 이 문서를 회사의 인사이트 공유용 데이터베이스에 추가한다. 이 과정을 구축하는 데 도움을 준 리서처 아이크 브리드(Ike Breed)는 이 공유 단계가 리서치를 민주화한다고 말했다. "사람들은 인사이트 데이터베이스가 형식적인 것이라고 생각했다. 그들은 '내가 거기에 뭔가 넣을 수 있다구요?'라고 물었다." 이 과정을 리서처뿐 아니라 다른 팀원에게도 열어줌으로써, 제품 및 디자인 팀은 고객 인사이트를 얻는 과정과 그 과정의 일부로 수집된 데이터에 주인 의식을 더 많이 느낄 수 있었다.

테스트하는 화요일

우리와 이야기를 나눈 또 다른 리서처는 소비자 대면 기술을 구축하는 금융 서비스 회사에서 일했고, 거기서 그가 '테스트하는 화요일'이라는 관행을 어떻게 시작했는지 이야기해 주었다. 앤드류 본(Andrew Bourne)은 그곳에 사용성 리서처로 고용되었다. 입사 후에 그는 자신을 기다리고 있는 밀린 업무를 발견했다. 밀린 업무를 하면서 그는 매주 화요일 회사의 스프린트 데모 시간에 연구 결과를 보고하기 시작했다. 그에게는 밀린 일이 너무 많아서 항상 새로운 보고가 있었다. 그는 관심 있는 모든 사람이 자신의 보고서를 볼 수 있도록 이메일 공지를 통해 보고 내용을 미리 공개하기 시작했다. 그는 '이번 주에는 X에 대해 보고할 것이다.'라고 발표했다. 이는 두 가지 긍정적인 영향을 끼쳤다. 첫째, 사람들이 보고 시간에 나타나게 만들었다. 종종 그가 예상한 것보다 훨씬 더 많은 사람들이 결과에 관심을 보였다. 게다가, 제품 팀원들은 그들이 하고 싶은 리서치에 대해 협력을 요청하기 시작했다. 리서치 수요를 키운 셈이다. 사용성 연구뿐만이 아니다. 그에게 찾아온 사람들은 초기 단계의 발견적 리서치를 포함한 모든 종류의 연구를 원했다.

☑ 스페리엔티아 랩스의 지속적 리서치

스페리엔티아 랩스(Sperientia Labs)는 멕시코 푸에블라에 본사를 둔 약 30명 규모의 사용자 경험 리서치 회사다. 스페리엔티아는 고객들에게 독특한 형식으로 리서치를 제공한다. 고객들은 1주간 일련의 리서치 스프린트를 한다. 설립자인 빅토르 곤사예스(Victor M. Gonzallez)는 "우리는 언제나 애자일 프레임워크를 염두에 둔 접근 방식을 사용한다."라고 말한다.

이런 접근 방식에는 몇 가지 이점이 있다. 첫째, 곤사예스는 고객 대부분이 이미 애자일 리듬으로 일하고 있다고 말한다. 이를 통해 스페리엔티아는 클라이언트의 업무 흐름에 맞출 수 있었다.

또 다른 이점은 이러한 애자일한 주기를 통해 신속하게 결과를 낼 수 있다는 것이다. 스페리엔티아는 일주일이라는 시간을 치밀하게 계획하여 발견형 인터뷰와 사용성 평가를 진행한다. 금요일에 리서치를 계획하고 참가자 모집을 시작하여 월요일까지 계속 모집하고 준비한 다음, 화요일과 수요일 아침에 3~6명 사이의 참가자들과 테스트를 진행한다. 수요일 오후까지 고객에게 내용을 정리하여 보고하는 시간을 가진다. 곤사예스는 "대부분의 경우 고객에게 필요한 것은 이런 내용 요약이고, 고객은 배운 것을 즉시 적용할 수 있다."라고 말한다. 그럼에도 불구하고 스페리엔티아는 목요일에 보고서에 결과와 권장 사항을 작성한 다음 금요일 아침에 고객과 만나 결과를 자세히 검토한다. 금요일 점심 식사 후에는 다음 주기를 계획할 준비를 마친다.

모든 리서치 목표를 일주일 안에 달성할 수 있는 것은 아니며, 전형적인 스페리엔티아 리서치 프로그램은 3개월에서 12개월까지 걸린다. 그래서 모든 프로그램에서 1주일의 리서치 주기를 사용하더라도, 한 주 안에 답할 수 있는 리서치 질문에만 제한을 두지 않는다. 대신, 훨씬 더 광범위한 질문을 해결하기 위해 지속적인 1주일 주기를 사용한다.

이 에이전시는 다양한 고객의 리서치 목표를 토대로 작업한다. 고객이 가치 제안을 이해하고 개발하도록 돕고, 사용자가 어떤 일을 하려 하는지 이해하고, 제품의 사용성과 디자인을 평가할 수 있도록 지원한다.

스페리엔티아는 1주일 주기의 여러 프로그램을 사용하여 학습하면서 성장하고 진화하는 리서치 프로그램을 운영한다. 그들은 제품 개발에 보조를 맞추는 리서치 프로그램을 운영하며, 본질적으로 종단적 연구를 실행하게 된다. 접근 방식은 근본적으로 정성적이지만(사용자 및 고객과 1:1 인터뷰를 기반으로) 1주일에 한 번씩 동일한 질문을 하면서 정량적 데이터를 수집하는 프로그램을 구축할 수도 있다.

최근에 스페리엔티아는 2주간 진행하는 리서치 스프린트 형식의 새로운 테스트를 시작했다. 프로토타입과 관련된 리서치 질문에 답해야 할 때 이 형식을 사용한다. 이 경우, 1주일간의 프로토타입 개발을 포함하도록 주기를 연장하고, 그 다음에는 일반적인 리서치 주간이 이어진다. 이렇게 진행하려면 테스트용 프로토타입을 만드는 데 도움을 줄 수 있는 디자이너를 포함하도록 리서치 팀을 보강한다.

따라서 짧은 1주일 주기로 작업하는 것은 에이전시가 고객의 속도에 맞춰 신속하고 지속적인 결과를 제공하는 데 도움이 되며, 한 가지 추가적인 이점이 있다. 곤사예스는 이렇게 설명한다. "우리는 끝났다는 것에 안심하고 마음 편히 주말을 보낼 수 있다!"

리서치 이해하기: 팀 활동

리서치 팀이 현장 조사를 하든 사무실에서 리서치를 하든, 리서치의 결과물로 많은 원 데이터를 얻게 된다. 많은 데이터를 이해하는 데에는 시간이 오래 걸리고 때로는 답답할 수도 있다. 그래서 종종 인사이트를 뽑아내는 전문가에게 데이터 분석 과정을 맡기기도 한다. 이렇게 하면 안된다. 팀원들이 하나가 되어 데이터를 이해하기 위해 최선을 다해야 한다.

리서치 세션이 끝난 뒤 가능한 한 빨리(가능하면 당일, 늦어도 다음날) 팀을 함께 모아 내용을 검토하는 세션을 진행한다. 팀원들이 다시 모이면 모든 사람들에게 자신의 결과를 서로 읽어달라고 요청한다. 정말 효율적인 방법 중 하나는 사람들이 소리 내어 읽는 노트를 인덱스 카드나 포스트잇에 적은 다음 주제별로 분류하는 것이다. 읽고, 그룹화하고, 토론하는 이 과정을 통해 모든 사람의 의견을 표에 표시하고 우리가 추구하는 공유된 이해를 형성한다. 주제가 뚜렷해지면 여러분과 팀원들은 MVP의 다음 단계를 결정할 수 있다.

혼란, 모순, 명확하지 않음

여러분과 팀원들이 다양한 출처에서 피드백을 수집하고 리서치 결과를 종합하려고 할 때, 필연적으로 데이터가 서로 모순되는 상황을 만나게 될 것이다. 이런 모순을 어떻게 이해해야 할까? 다음은 가속도를 유지하고 학습을 극대화하는 몇 가지 방법이다.

패턴 찾기

리서치를 검토할 때 데이터에 패턴이 있는지 눈여겨보라. 이러한 패턴은 추가로 탐색해 볼 요소가 있음을 드러내는 여러 사용자 의견을 보여준다. 패턴에 속하지 않는 값이 있다면, 이상값(outlier)일 가능성이 높다.

이상값을 '주차장'에 배치하기

이상값을 무시하거나 혹은 답을 주고 싶은 유혹이 생길 수 있으나 그렇게 하면 안된다. 대신 '주차장' 또는 백로그를 만들라. 리서치가 진행되고 시간이 지나면서(매주 이 작업을 수행하고 있음을 잊지 말자) 패턴과 일치하는 다른 이상값을 발견할 수도 있다. 인내심을 가져라.

다른 데이터 소스를 통해 검증하기

한 채널을 통해 보고 있는 피드백이 유효한지 확신할 수 없다면 다른 채널에서도 찾아보라. 고객 지원 이메일에 사용성 리서치에서 나온 것과 같은 우려 사항이 나와 있는가? 프로토타입의 가치가 사무실 안팎의 고객들에게 공감을 얻었는가? 그렇지 않으면 표본이 편향되었을 수도 있다.

시간이 지나면서 나타나는 패턴 확인하기

일반적인 UX 리서치 프로그램은 결정적인 답을 얻기 위해 구조화되어 있다. 일련의 질문을 통해 결정적인 답변을 이끌어낼 수 있도록 충분히 리서치하려고 계획할 것이다. 린 UX 리서치는 다른 접근법을 취한다. 린 UX 리서치는 지속성을 우선하며, 이는 리서치 활동을 다르게 구성한다는 의미다. 대규모 연구를 하는 대신 매주 소수의 사용자를 만난다. 이는 몇 주 동안 일부 질문이 열린 상태일 수 있다는 의미다. 그러나 한 가지 큰 이점은 시간이 지나면서 흥미로운 패턴이 드러날 수 있다는 것이다.

예를 들어, 2008년부터 2011년까지 더 래더스(TheLadders) 팀은 정기적인 테스트 세션을 통해 고객 태도의 흥미로운 변화를 관찰했다. 2008년, 구직자들과 정기적으로 만나기 시작했을 때 구직자와 고용주 간의 다양한 의사소통 방법을 논의하곤 했다. 구직자들이 제안한 선택지 중 하나가 SMS였다. 하지만 같은 시기 40대 후반에서 50대 초반의 고소득층으로 구성된 사용자들은 SMS는 적절한 의사소통 수단이 아니라고 강하게 거부했다. 그들에게는 SMS가 아이들을 위한 것(아마도 그들의 아이들과 함께 했을 것이다)이었고, 구직을 수행하기 위한 '적절한' 방법은 아니었다.

하지만 2011년이 되자 미국에서 SMS 메시지가 급격한 인기를 끌었다. 문자 메시지가 비즈니스 문화에서 받아들여지면서, 사용자들의 태도는 누그러지기 시작했다. 한 주 한 주 구직자들과 이야기를 나눌 때마다 SMS에 대한 의견이 바뀌는 것을 보기 시작했다. 팀에서는 구직자들이 직장을 찾는 과정에서 SMS를 사용할 가능성이 불과 몇 년 전보다 훨씬 더 높아졌다고 보았다.

더 래더스 팀은 다음 두 가지 덕분에 사용자 전체 추세를 알 수 있었다. 우선, 그들은 사용자들과 매주 이야기를 나누었다. 덧붙여 장기적인 추세를 조사하기 위해 체계적으로 접근했다. 고객과 정기적으로 상호 작용할 때마다 테스트하려는 질문, 기능, 제품이 무엇이든 간에 꾸준히 레벨을 설정하는 질문을 했다. 구직자 검색의 '활력 징후'를 파악하려는 질문이었다. 이를 통해 팀에서는 기준을 설정했고 시간이 지나면서 더 큰 추세를 다룰 수 있었다. SMS에 대한 리서치 결과 중 그들이 몇 가지 눈에 띄는 데이터 포인트만 공유했다면 고객에 대한 팀의 인식을 바꾸지 못했을 것이다. 그러나 시간이 지나면서 이러한 데이터 포인트는 매우 강력한 데이터 세트의 일부가 되었다.

리서치를 계획할 때는 긴급한 질문(앞으로 몇 주 동안 배우고 싶은 것)만 고려하는 것이 아니라, 큰 질문도 고려해야 한다. 이러한 질문에 도달하기 위해서는 독립적인 대규모 리서치 계획을 세워야 한다. 하지만 약간의 계획만 세우면, 주간 리서치를 통해서도 많은 장기 학습이 가능할 것이다.

있는 것으로 테스트하기

사용자 테스트를 정기적으로 수행하려면 팀에서 '있는 걸로 테스트하기' 정책을 택해야 한다. 테스트 당일까지 준비된 것은 무엇이든 사용자에게 보여주는 것이다. 이 정책을 통해 팀에서는 테스트 마감일을 서두르지 않아도 되고, 최악의 경우 '완벽한' 순간을 위해 리서치 활동을 미루지 않아도 된다. 대신 '있는 걸로 테스트하기' 접근 방식을 채택하면 매주 이루어지는 테스트 세션을 활용해 준비된 것들에 대해 인사이트를 얻을 수 있다. 이를 통해 디자인과 개발의 모든 단계에서 인사이트를 얻을 수 있다. 그러나 어떤 종류의 아티팩트를 보여주는지에 따라 얻을 수 있는 피드백 유형이 어떻게 달라지는지를 정확히 알아야 한다.

스케치

스케치를 통해 수집한 피드백은 여러분의 콘셉트가 가치 있는지를 검증하는 데 도움이 된다(그림 15.2). 스케치는 인터뷰가 원활하게 이루어지도록 해주는 훌륭한 대화 촉매제이며, 추상적 개념을 구체화하여 공유된 이해를 만드는 데 도움이 된다. 하지만 스케치에서는 프로세스에 대한 상세한 단계

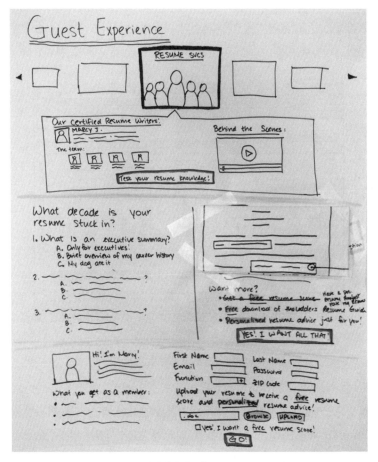

그림 15.2 고객과 함께 사용할 수 있는 스케치 사례

별 피드백, 특정 디자인 요소에 대한 인사이트, 문구 선택에 대한 의미 있는 피드백은 얻기 어렵다. 콘셉트의 사용성에 대해 많은 것을 배울 수는 없을 것이다.

움직이지 않는 와이어프레임

테스트 참가자에게 와이어프레임(그림 15.3)을 보여주면 경험을 구성하는 정보 계층과 레이아웃을 평가받을 수 있다. 또한 분류법, 내비게이션, 정보 구조에 대한 피드백을 받을 수 있다.

워크 플로의 첫 단계에 대해 피드백을 받게 되지만, 이 시점에서 테스트 참가자들은 주로 페이지에 있는 단어와 자신이 선택하는 항목에 집중한다. 와이어프레임은 어떤 문구가 적절할지 테스트할 좋은 기회를 제공한다.

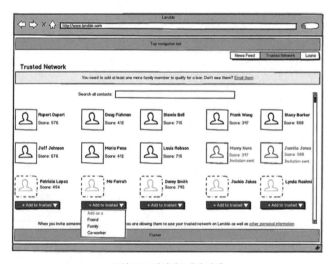

그림 15.3 와이어프레임 사례

완성도가 높은 목업(클릭 불가)

완성도가 높은 시각 디자인 자산으로 전환하면 훨씬 더 자세한 피드백을 받을 수 있다. 테스트 참가자는 브랜딩, 미적인 요소, 시각적 계층, 요소와 배경 간의 관계, 구성 요소의 그룹, 콜 투 액션이 명확한지 확인할 수 있다. 테

스트 참가자들은 색상 팔레트가 효과적인지 (거의 확실하게) 고려할 것이다
(그림 15.4).

그림 15.4 교실에서 사용하는 스카이프(Skype)의 목업 예제(메이드 바이 매니(Made By Many)에서
디자인)

클릭할 수 없는 목업으로는 고객이 여전히 디자인과 자연스럽게 상호 작용하거나 솔루션의 워크 플로를 경험하기 어렵다. 사용자가 클릭, 탭, 스와이프하는 것을 지켜보는 대신, 사용자에게 무엇을 기대하는지 물어본 다음 여러분이 계획한 경험과 비교해서 해당 응답을 검증해야 한다.

클릭 가능한 목업

그림 15.4에서 볼 수 있는 것처럼, 클릭 가능한 목업은 정적인 에셋을 연결하여 제품 경험을 체험해 볼 수 있게 하여 상호 작용의 완성도를 높인다. 오늘날 대부분의 디자인 도구는 여러 정적인 화면을 연결해 이러한 목업을 쉽게 만들 수 있도록 해준다. 시각적 완성도는 높을 수도 낮을 수도 있다. 여기서는 시각적 완성도보다는 워크 플로를 시뮬레이션하고 사용자가 디자인과 상호 작용하는 방식을 관찰하는 데 가치를 둔다.

기존에는 디자이너가 클릭 가능한 목업을 만드는 데 활용할 수 있는 툴이 제한되어 있었지만, 최근 몇 년 동안 툴이 엄청나게 급증했다. 일부 툴은 모바일 목업 제작에 최적화되어 있고, 웹에 최적화된 툴도 있으며, 어떤 툴은 플랫폼 중립적이다. 대부분은 데이터로 작업할 수 없지만 액슈어(Axure)와 같은 툴을 사용하면 기본 데이터 기반 또는 조건부 논리 기반 시뮬레이션을 만들 수 있다. 또한 피그마(Figma), 스케치(Sketch), 인비전(InVision), 어도비 XD(Adobe XD)와 같은 디자인 툴에는 모바일 기기에서 디자인 작업을 실시간으로 볼 수 있는 '미러' 기능이 포함되어 있으며, 특별한 프로토타이핑 도구 없이도 화면을 함께 연결하여 프로토타입을 만들 수 있다.

코드화된 프로토타입

코드화된 프로토타입은 기능면에서 완성도가 높아 최고의 기능을 보여주기 때문에 유용하다. 이를 통해 사용자는 실제 제품과 가장 가까운 시뮬레이션을 체험할 수 있다. 실제 제품의 디자인, 동작, 워크 플로를 모사한다. 실제 데이터로 테스트할 수 있고 다른 시스템과 통합할 수 있다. 이 모든 것은 코드화된 프로토타입을 매우 강력하게 만든다. 또한 그렇기 때문에 만들기 가장 복잡하기도 하다. 그러나 여러분이 얻는 피드백은 이렇게 실제적인 시뮬레이션을 기반으로 하기 때문에 다른 시뮬레이션에서 얻은 피드백보다 더 신뢰할 수 있다.

지속적이고 협업적인 탐색을 위한 모니터링 기술

앞에서 정기적으로 정성적 리서치를 하여 가설을 평가하는 방법을 살펴보았다. 다만, 제품이나 기능을 출시하는 즉시 고객은 지속적인 피드백을 제공하기 시작하고, 고객이 주는 피드백은 제품에 국한되지 않을 것이다. 사용자들은 자신에 대해, 시장에 대해, 경쟁사에 대해 이야기할 것이다. 이러한 인사이트는 매우 중요하며 조직의 모든 분야에서 활용할 수 있다. 그림 15.5에 나와 있는 것처럼 회사 내에서 이러한 고객 인사이트를 주는 노다지를 찾고 이를 활용하여 지속적인 제품 디자인과 리서치를 추진해야 한다.

모든 각도에서 고객 이해하기

그림 15.5 고객은 다양한 채널을 통해 피드백을 제공한다

---

4 (옮긴이) 카드 소팅이란 사용자가 제품의 정보 구조를 어떻게 인식하는지, 특정한 정보를 어떤 방식으로 구조화하는지 확인하고 개선하는 리서치 방식이다. 미리 준비된 카드를 사용자들이 직접 그룹화하여 머리 속에 있는 멘탈 모델을 표현하게 하며 진행한다.

고객 지원

고객 지원 담당자는 전체 프로젝트 과정에서 여러분이 접하는 것보다 훨씬 많은 고객과 대화한다. 그들의 지식을 여러 가지 방법으로 활용할 수 있다.

- 고객 지원 팀에 연락하여 여러분이 작업 중인 기능에 대해 고객이 무슨 이야기를 하는지 들어본다.
- 트렌드를 이해하기 위해 매달 정기적으로 고객 지원 팀과 회의를 한다. 고객들은 이번 달에 무엇을 좋아하고 무엇을 싫어했는가?
- 이들의 깊이 있는 제품 지식을 활용하여 팀에서 진행 중인 과제를 어떻게 해결할 수 있는지 알아보라. 디자인 세션과 디자인 리뷰에 그들을 초대하라.
- 여러분의 가설을 그들이 상담할 때 쓰는 대본에 포함시켜라. 아이디어를 테스트하는 가장 저렴한 방법 중 하나는 고객이 관련 불만을 제기할 때 해결책으로 제안하는 것이다.

2000년대 중반, 제프는 오리건주 포틀랜드에 있는 중견 기술 회사에서 UX 팀을 운영했다. 팀이 작업 우선순위를 매기는 방법 중 하나는 고객의 동향을 정기적으로 확인하는 것이었다. 팀에서는 고객 지원 담당자와 매월 정기 회의를 통해 이 작업을 수행했다. 매월 고객 지원 팀에서는 고객이 불만을 제기하는 상위 10가지 사안을 UX 팀에 제시한다. 그러면 UX 팀은 이 정보를 사용하여 필요한 곳에 노력을 집중하고 후에 작업 효과를 측정했다. 월말에 고객 지원 팀과의 다음 회의에서 UX 팀은 노력이 결실을 맺었는지 여부를 명확하게 알 수 있었다. 고객 불만 상위 10개 목록에서 작업한 문제가 사라지지 않았다면 해결책은 효과가 없다는 뜻이다.

이 접근법은 추가적인 이익을 창출했다. 고객 지원 팀은 자신의 통찰력에 귀를 기울이는 사람이 있다는 것을 깨닫고, 월례 미팅 때가 아니더라도 고객 피드백을 먼저 알려주고 더 많이 공유하기 시작했다. 이렇게 시작된 대화는 UX 팀이 고객에게 제품 가설을 알리고 테스트할 수 있는 지속적인 피드백 창구를 열어주었다.

현장 피드백 설문

제품 내에 고객이 정기적으로 자신의 생각을 전달할 수 있는 피드백 메커니즘을 설정할 수 있다. 다음과 같은 옵션이 있다.

- 간단한 이메일 양식
- 고객 지원 포럼
- 타사 커뮤니티 사이트(예: 페이스북)

다음과 같은 작업을 수행하여 이러한 도구를 리서치 용도로 변경할 수 있다.

- 사이트의 특정 부분에 관해 들어오는 인바운드 이메일 개수 계산하기
- 온라인 토론에 참여하고 몇 가지 가설 테스트하기
- 커뮤니티 사이트를 탐색하여 찾기 어려운 유형의 사용자를 발굴하고 모집하기

이러한 인바운드 고객 피드백 채널은 가장 적극적으로 참여하는 고객의 관점에서 피드백을 받을 수 있다. 다음은 다른 관점을 얻기 위한 몇 가지 전략이다.

로그 검색

검색어는 고객이 사이트에서 무엇을 찾고 있는지 명확하게 보여주는 지표이다. 검색 패턴은 그들이 찾고 있는 것과 찾는 데 실패한 것을 나타낸다. 검색어를 약간씩 바꾸면서 반복해서 검색한다면 사용자가 특정 정보를 찾는 데 어려움을 겪는다는 걸 보여준다.

MVP 검증을 위해 검색 로그를 사용하는 한 가지 방법은 기획하고 있는 기능의 테스트 페이지를 여는 것이다. 검색 로그는 해당 페이지에 있는 테스트 콘텐츠 또는 기능이 사용자의 니즈를 충족하는지 알려줄 것이다. 사용자가 콘텐츠를 변형해서 계속 검색한다면 실험은 실패한 것이다.

웹 사이트 사용량 분석

웹 사이트 사용 로그와 분석 패키지(특히 퍼널 분석)는 고객이 웹 사이트를 어떻게 사용하고 있는지, 어디에서 이탈하는지, 자신에게 필요한 일이나 제품에 기대하는 일을 하기 위해 제품을 어떻게 조작하는지 보여준다. 이러한 보고서를 이해하면 팀에서 결정해야 하는 부분을 둘러싼 실제 맥락을 파악할 수 있다.

또한 분석 도구를 사용하여 여러분이 공개한 실험의 성공 여부를 확인할 수 있다. 실험으로 인해 제품 사용 패턴이 어떻게 바뀌었는가? 여러분의 노력이 의도한 결과를 달성하고 있는가? 분석 도구로 편견 없는 답변을 얻을 수 있다.

제품을 구축하기 시작한 지 얼마 되지 않았다면 첫날부터 제품에 사용량 분석 기능을 구축하라. 키스메트릭스(Kissmetrics)나 믹스패널(MixPanel)과 같은 서드파티 지표 측정 제품을 사용하면 이 기능을 쉽고 저렴하게 구현할 수 있으며, 지속적으로 학습하는 데 아주 유용한 정보를 얻을 수 있다.

A/B 테스트

A/B 테스트는 원래 상대적으로 유사한 두 콘셉트 중 어떤 것이 정의된 목표를 더 효과적으로 달성하는지 측정하기 위해 마케터들이 개발한 기술이다. A/B 테스트를 린 UX 프레임워크에 적용하면 가설의 타당성을 확인하는 강력한 도구가 된다. 아이디어를 작동하는 코드로 발전시켰다면 A/B 테스트를 적용하기가 비교적 간단하다. 작동 방식은 다음과 같다.

- 제안하는 해결책을 청중에게 배포하라. 그러나 모든 고객이 아니라 소수의 사용자에게만 공개하라.
- 해당 고객에 대해 해결책이 얼마나 효과적인지 측정한다. 다른 그룹(대조군)과 비교하고 차이점을 기록한다.
- 새로운 아이디어가 나침반 방향을 올바른 방향으로 움직였는가? 그렇다면 여러분의 생각은 성공이다.

• 그렇지 않더라도 추가 리서치 대상이 될 만한 좋은 고객들이 있으니 안심하라. 그들은 새로운 경험에 대해 어떻게 생각하는가? 정성적 리서치를 위해 그들에게 연락해도 괜찮을까?

A/B 테스트를 위한 도구는 쉽게 구할 수 있고 비용이 저렴하다. 옵티마이즐리(Optimizely) 같은 서드파티 도구도 있다. 또한 모든 주요 플랫폼에서 사용할 수 있는 오픈 소스 A/B 테스트 프레임워크도 있다. 어떤 도구를 선택하든, 변경 사항은 충분히 작게 하고 선택하는 모집단은 충분히 크게 해서, 변경 사항으로 인해 고객의 행동이 바뀌었다고 확신을 갖는 것이 핵심이다. 한번에 너무 많은 것을 바꾸면, 특정 행동 변화가 정확히 어떤 것 때문인지 판단하기 어렵고 세워둔 가설에 부합하는지 확인할 수 없다.

마무리

이번 장에서, 가설을 입증하는 많은 방법들을 다루었다. 우리는 협업적 발견과 지속적 리서치 기법을 살펴보았다. 매주 린 테스트 프로세스를 구축하는 방법에 대해 논의하고, 테스트해야 할 사항과 이러한 테스트에서 기대할 수 있는 사항에 대해 다루었다. 린 UX 맥락에서 고객 경험을 모니터링하는 방법을 살펴보고 A/B 테스트의 효과에 대해서도 알아보았다.

4장과 5장에서 설명한 프로세스와 함께 사용하는 이러한 기술은 전체 린 UX 프로세스의 순환을 만든다. 여러분의 목표는 가능한 한 자주 프로세스를 반복하고, 반복할 때마다 여러분의 생각을 다듬는 것이다.

다음 장에서는 프로세스에서 벗어나 조직에 린 UX를 통합하는 방법에 대해 살펴볼 것이다. 스타트업이든, 대기업이든, 디지털 에이전시든 간에 린 UX 접근 방식을 지원하기 위해 필요한 조직 변화에 대해 다룰 예정이다.

16장

린 UX와 애자일의 통합

어느 조직의 누구에게나 기본 업무 방식이 무엇인지 물어보면 항상 "애자일 방식으로 일하고 있습니다!"라는 대답이 돌아올 것이다. 이 질문에 이어 "그래서 어떻게 진행되고 있나요?"라고 물으면 대부분의 경우 손을 내저으며 "그냥 그럭저럭이요."라고 답할 것이다.

애자일은 오래된 엔지니어링 프로세스와 소프트웨어 개발의 예측하기 어려운 부분에 불만을 느낀 17명의 개발자들이 새로운 작업 방식을 제시하면서 탄생했다. 2001년 유타(Utah) 주에서 열린 주말 모임에서 이 소프트웨어 개발자들은 애자일 선언문이라고 부르는 일련의 원칙을 정리했다.[1] 애자일 선언문을 읽어보지 않았다면(짧은 글이니 꼭 읽어 보길 바란다), 애자일 선언문에 규정된 '프로세스'가 별로 없다는 사실에 놀랄 것이다. '매일 9시 15분에 팀원들과 스탠드업 미팅을 해야 한다'거나 '스프린트라고 불리는 2주 주기로 일해야 한다'는 내용은 전혀 없다. 이러한 내용은 스크럼이나 익스트림 프로그래밍(XP)과 같은 특정 애자일 방법에서 가져온 기법이며, 애자일 선언문을 작성하기 위해 모인 사람들이 고안한 방법이다. 애자일 선언문의

---

1 '애자일 소프트웨어 개발 선언문'은 *http://agilemanifesto.org*에서 확인할 수 있다.

저자들은 구체적인 방법론을 제시하는 대신 고도로 협업하며 고객 중심의 소프트웨어 개발을 한다는 가치와 원칙을 나열했다. 전체 선언문에서 가장 설득력 있는 문구이자 진정한 애자일의 기반이라고 할 수 있는 문구는 "우리는 계획을 따르기보다 변화에 대응하는 것을 중요하게 여긴다."이다.

이것이 바로 애자일의 핵심이다. 학습을 이끌어 내는 방식으로 일하고, 겸손한 태도로 학습한 내용을 받아들이고, 배운 것을 바탕으로 계획을 변경한다면 애자일 방식으로 일하는 것이다.

선언문이 만들어진 지 20년이 지난 지금, 이러한 업무 방식은 대부분의 조직에서 기본 업무 방식(또는 적어도 희망하는 방식)이 되었다. 이러한 애자일 아이디어는 소프트웨어 개발팀을 넘어 이제는 전략 기획이나 리더십부터 인사, 재무, 마케팅, 그리고 디자인에 이르기까지 모든 분야에 적용되고 있다.

가장 잘 알려진 애자일 방법론은 1990년대 중반, 제프 서덜랜드(Jeff Sutherland)와 켄 슈와버(Ken Schwaber)가 개발한 가벼운 프레임워크인 스크럼이다. 스크럼은 애자일 선언문보다 오래 전부터 사용되었으며 인기를 얻었다. 그러나 스크럼 자체는 최근에서야 프로세스 디자인에 대한 고민을 시작했다. 2020년 11월까지 스크럼 가이드에는 사용자 경험 또는 디자인에 대한 언급이 전혀 없었다. 그러나 기술 제품에서 훌륭한 디자인과 고객 중심성이 중요한 성공 요인이 되면서, 디자이너와 애자일 실무자 모두가 이 요인을 애자일 프로세스에 통합하는 데 어려움을 느꼈다. 이 책의 나머지 부분에서는 애자일 방식으로 작업하는 방법에 대해 설명하고 있지만, 이번 장에서는 린 UX가 애자일 방법론의 메커니즘에 어떻게 부합하는지에 대한 질문에 답하고, 특히 스크럼 맥락에서 디자인에 초점을 맞출 것이다.

나만의 애자일 프로세스 만들기

새롭게 구성된 애자일 팀이 자주 묻는 질문 중 하나가 "어떻게 운영해야 할까?"이다. 스크럼을 사용해야 할까? 2주 단위의 스프린트 작업을 해야 할까?

어느 정도 형식을 갖춰야 성공할 수 있을까? 수많은 애자일 전환 실패 사례를 접한 팀과 리더는 가능한 한 신속하게 애자일 전환을 제대로 이루어 내서 고통, 좌절, 생산성 저하를 최소화하길 원한다. 스크럼 모범 사례에 관한 책을 전부 읽는 데 아주 긴 시간을 보낼 수도 있겠지만, 핵심을 요약하면 다음과 같은 구성 요소가 모든 팀에게 훌륭한 출발점이 된다.

- 짧은 주기로 작업하라.
- 각 주기가 끝날 때마다 가치를 제공하라.
- 간단한 일일 계획 회의(또는 데일리 스크럼)를 열어라.
- 매 주기마다 회고 회의를 개최하라.

스크럼 가이드에는 언급되지 않았는데 사람들이 스크럼의 일부라고 생각하는 것을 비롯한 스크럼의 다른 구성 요소들도 있지만, 위의 네 가지 기본 요소만으로도 팀의 민첩성을 높이는 데 필요한 모든 것을 충족할 수 있다. 전담 라인업을 구성한 팀은 함께 협력하여 각 주기에서 수행할 작업을 파악한다. 매일 만나서 다음으로 해야 할 중요한 일들을 결정하고, 각 주기마다 프로세스의 효율성을 검토하는 것이 가장 중요하다.

사실, 적절히 활용하면 회고가 응집력 있고 다양한 직무를 아우르는 애자일 팀을 구축하는 데 핵심적인 역할을 한다는 말은 전혀 과장이 아니다. 스크럼은 디자이너, 또는 디자인 작업을 스프린트에 맞추는 방법이나 백로그에서 디자인 작업을 처리하는 방법을 가르쳐주지 않는다. 하지만 팀에서 스크럼 프로세스에 디자인을 적용하는 한 가지 방법을 시도하고 한두 번의 스프린트 동안 실행한 다음, 회고를 통해 그 작업이 얼마나 잘 수행됐는지 확인한다면 나만의 애자일 프로세스를 만들 수 있게 된다. 스크럼의 관행으로 굳어진 특성을 프로세스에서 제거하고 애자일 선언의 철학적 렌즈를 적용한다면, 실제로 계획을 따르기보다 변화에 대응하고 있는 것이다. 이 경우 계획 수행이 애자일 프로세스에 엄격한 처방을 적용해 따르는 것이라면, 변화에 대한 대응은 그 처방이 여러분과 팀원들에게 얼마나 잘 맞았는지 이해하는 것이다. 잘 작동한다면 환상적이다! 계속 그렇게 하라. 하지만 기대한 바를 달성하지 못했다면 방향을 바꾸어라. 이제 단순히 애자일을 실행하는 것이 아니라 여러분 자신이 애자일하게 된 것이다.

이것이 바로 회고가 강력한 이유이며, 다른 어떤 스크럼 회의보다 회고를 추천하는 이유이다. 회고에서 정직하게 이야기하고 서로 비난하지 않는다면 팀에서는 정기적으로 작업 방식을 조정할 수 있는 기회를 얻는 것이다. 회고에서는 지난 한두 주기를 돌아보며 무엇이 잘 작동했는지, 무엇이 잘 작동하지 않았는지, 앞으로 나아가기 위해 무엇을 변경할 것인지를 서로에게 물어보게 된다. 이러한 방식으로 프로세스에 접근할 때 가장 좋은 점은 프로세스를 변경하는 위험이 최소화된다는 것이다. 변화를 감내해야 하는 기간이 아무리 길어 봐야 스프린트 기간을 넘지 않기 때문이다. 이 장에서는 통합된 린 UX 및 스크럼 프로세스를 구축하는 여러 가지 방법을 소개하지만, 무엇을 하든 반드시 회고를 사용하여 자신이 하는 일을 검토해야 한다. 여기서 추천한 기법이 팀에 적합하지 않다면 변경하거나, 다른 방식과 조합하거나, 버려야 한다. 여러분의 애자일(또는 스크럼) 버전은 다른 팀과 다를 것이다. 괜찮다. 사실, 애자일의 요체는 바로 여기에 있다.

'완료'의 재정의

소프트웨어가 완료되는 시점은 언제인가? 이에 대한 답변은 3장에서 다루었다. 소프트웨어를 작업할 때, 우리는 생산물을 출시한 다음 원하는 결과가 나오는지 확인해야 한다. 소프트웨어가 '완료'되기 전까지는 출시할 수 없다. 하지만 소프트웨어를 '검증'하기 전까지는 실제로 완료된 것이 아니다.

스크럼에서는 '완료'되기 전에는 어떤 것도 사용자에게 공개할 수 없다. 이는 완전히 타당하다. 출시하는 소프트웨어가 공유된 특정 품질 표준을 충족하는지(스크럼에서는 '완료의 정의'라고 함), 그리고 사용자와 팀이 계획한 기능을 제공하는지(스크럼에서는 '인수 기준'이라고 함) 확인해야 한다.

완료의 정의는 팀에서 작성하며, 인수 기준은 일반적으로 프로덕트 매니저나 프로덕트 오너가 설정한다. 이러한 기준을 사용하면 각 작업이 완료되고, 설계대로 작동하며, 버그를 최소화하고 안정적으로 프로덕션에 적용될 수 있도록 품질을 보장한다. 대부분의 스크럼 팀에서는 완료 시점에 해당 소프트웨어에 대한 관여를 끝낸다. 하지만 여기서 종료하게 되면 팀에서는 결과에 대한 책임을 완전히 지지 못한다. 이런 방식은 소프트웨어의 본질에 대한 고리타분한 생각을 반영한다.

우리가 커리어를 시작했을 때, 소프트웨어는 상자 안에 들어 있었다. 이 문장이 이상하게 들린다면, 제프(Jeff)가 어린아이이던 1970년대에 제프의 아버지가 집에 소프트웨어가 들어있는 천공 카드를 가져오셨다는 사실을 알면 훨씬 이해하기 쉬울 것이다. 서로 20년 가량 차이가 나는 두 가지 예시에서 소프트웨어는 정적인 상태였다. 그 상태가 최종 상태로 결정된 것이고, 상자나 종이 카드에 포장되어 보관되어 있었다. 그러나 20년이 지난 지금, 이러한 개념은 낡은 것으로 여겨진다. 소프트웨어는 더 이상 정적이지 않으며, 지속적인 업데이트와 최적화를 통해 무한히 발전하는 시스템이다. 소프트웨어는 결코 완성되지 않는다는 사실을 모두가 인정하기 때문에 '언제 끝나는가?'라는 질문에 대답하기 어렵다. 그러나 이 질문에 답해야 더욱 중요한 다른 질문에 대답할 수 있다. 예를 들어, 다음 기능을 추가해야 할까? 기능을 추가할 경우 팀은 보상을 받을까, 아니면 징계를 받을까? 이해관계자는 인센티브를 받을 수 있을까?

스크럼은 팀에게 명확한 목표를 제시하기 위해 '승인 기준'과 '완료의 정의' 개념을 활용한다. 하지만 이러한 목표는 어디까지나 목표일 뿐이다. 앞서 말했듯이 소프트웨어가 '설계된 대로 작동'하도록 보장한다. 하지만 '설계된 대로 작동한다'는 것은 소프트웨어가 우리가 지시한 대로 일관되게 작동한다는 의미일 뿐이다. 안타깝게도 그것만으로는 충분하지 않다. 소프트웨어가 가치를 창출했는지도 알아야 한다. 방금 출시한 기능을 찾은 사람이 있는가? 사용해 보았는가? 성공적으로 사용했는가? 다시 돌아와서 사용했는가? 그들이 우리에게 비용을 지불했는가? 다시 말해, 원하는 결과를 달성했는지 알아야 한다.

그렇다면 팀원들은 작업이 언제 끝나는지 어떻게 알 수 있을까? 다음 이니셔티브로 넘어가야 할 시점을 언제 알 수 있을까? 이제 '검증'이라는 개념이 필요해진다. 검증은 고객에서부터 시작한다.

작업이 '완료'된 후에 검증한다. '승인'된 후, 고객의 손에 전달된 후 말이다. 이를 위해 고객의 행동을 측정하고, 고객의 요구 사항을 듣고, 기능이 이러한 요구 사항을 충족하는지 평가한다. 이 과정을 요구 사항이 충족될 때까지 계속해서 반복한다. 디자이너들이 이런 작업에 매우 능숙하다는 것이 밝혀졌다.

'설계된 대로 작동'하는 것에서 '고객에게 검증된' 것으로 완료 개념을 확장함으로써 스크럼 팀의 작업 방식이 바뀐다. 이제는 기능 출시에만 초점을 맞추는 것이 아니라 고객의 성공을 만들기 위해 집중한다. 이를 위해 디자인은 매우 중요한 역할을 한다. 디자인은 고객을 이해하고 고객의 요구를 더 잘 충족시키도록 솔루션을 개선하는 데 필요한 도구를 제공하기 때문에, 이 과정에서 디자인은 필수적이다. 또한, 기능의 완료에 대한 정의가 결과물로 재구성되면 팀은 아이디어의 초기 버전을 테스트하고 고객과 상호 작용하여 개선 방법을 파악하며, 끊임없이 변화하는 요구 사항을 충족하기 위해 최적화된 버전의 기능을 설계해야 한다.

한 가지 예를 들어 보려 한다. 다음은 비밀번호 인증 기능에 대한 기존의 승인 기준이다.

- 비밀번호 입력을 요청한다.
- 비밀번호가 기본 요구 사항을 충족한다.
- 비밀번호가 올바르게 입력되면 시스템에서 사용자를 확인한다.
- 비밀번호 복구 링크가 활성화되어 있다
- 비밀번호를 잘못 입력하면 오류 메시지가 표시된다.
- 세 번의 시도가 실패하면 액세스가 차단된다.

동일한 기능의 기준이 수정되었다. 이제 다음 3가지 항목이 중요한 기준이된다.

- 첫 번째 시도에서 인증에 성공한 사용자의 비율이 99% 이상이어야 한다.
- 비밀번호 복구를 시도하는 횟수가 90% 감소해야 한다.
- 비밀번호 재설정을 요청하는 콜센터 전화 비율이 75% 감소해야 한다.

이전 예시에서는 설계된 대로 작동하는 기능들을 만들고 배포하는 것이 팀의 주요 목표였다. 그러나 두 번째 정의에서는 고객이 현재보다 현저히 많은 성공을 거둘 때까지 작업이 완료되지 않는다. 이 방법은 현대적인 소프트웨어의 특성을 반영하며, 스크럼 프로세스에 리서치, 발견, 디자인 과정이 반드시 포함되어야 한다. 목표를 수정한다고 해서 기존 승인 기준이 가치없다는 것이 아니다. 여전히 우리는 안정적이고 고품질, 고성능을 자랑하는 보안 코드를 프로덕션 환경에 배포하기를 원한다. 그러나 그것만으로는 충분하지 않다. 이러한 속성은 테이블 스테이크(table stake)[2]와 같이 중요하지만, 고객이 더 많은 성공을 거둘 수 없다면 아무런 의미가 없다.

우리가 여전히 스프린트를 엇갈리게 진행하고 있는 이유는 무엇일까?

2007년 5월, 데자리 시(Desiree Sy)는 사용성 연구 저널에 "애자일 사용자 중심 디자인을 위한 사용성 조사 적용"이라는 글을 발표했다.[3] 데자리 시는 애자일과 UX를 최초로 결합한 사람 중 하나였고, 많은 사람들이 그녀가 제안한 솔루션에 흥미를 보였다. 데자리는 이를 '사이클 0'이라고 부르며, 이 사이클은 '스프린트 제로' 또는 '시차 스프린트'라고도 불린다. 2007년 글에서 데자리는 애자일과 사용자 중심 디자인을 생산적으로 통합하는 자신의 아이디어를 자세히 설명하고 있다.

---

2 (옮긴이) 비즈니스 맥락에서 '테이블 스테이크(Table stakes)'는 회사가 제품 시장에 진입하기 위해 필요한 자원이지만 경쟁 우위를 제공하지 않는 자원을 말한다. 즉, 모든 회사가 공통적으로 가지고 있거나 쉽게 모방할 수 있는 자원이다. 경쟁사를 능가하기 위해서는 추가적인 경쟁 우위 자원이 필요하다.

3 데자리 시(Desirée Sy), "애자일 사용자 중심 디자인을 위한 사용성 조사 적용", 미국 사용성 연구 저널 2, no. 3 (2007년 5월): 112-132, *https://oreil.ly/Bhxq1*

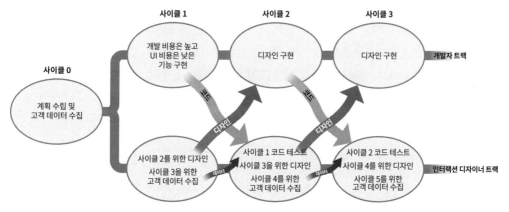

그림 16.1 데자리 시와 린 밀러의 '시차 스프린트' 모델

간단히 말해, 데자리는 린 밀러(Lynn Miller)와 함께 디자인 활동이 개발보다 한 스프린트 앞서 이루어지는 프로세스를 설명했다. 그림 16.1에서 볼 수 있듯 이 '디자인 스프린트'에서 작업을 디자인하고 검증한 뒤 개발 스프린트 동안 이를 구현할 개발 스트림으로 넘겨진다.

그러나 많은 팀들이 이 모델을 잘못 해석하고 있다. 데자리는 항상 디자인 과 개발 스프린트 기간 동안 디자이너와 개발자 간의 강력한 협업을 강조했 다. 그러나 많은 팀들은 이 중요한 지점을 놓치고, 대신 디자이너와 개발자 가 핸드오프를 통해 소통하는 작업 흐름을 만들어 일종의 작은 폭포수 프로 세스가 생성된다.

폭포수 프로세스에서 애자일로 전환하는 팀은 이러한 방식으로 작업하면 서 더 짧은 주기로 작업하고 순차적으로 작업을 분할하는 방법을 배울 수 있 다. 그러나 이 모델은 전환 단계에서만 효과적이며 팀이 최종적으로 원하는 방향은 아니다.

이유는 팀 전체가 동시에 같은 작업을 하지 않고 각자 다른 작업에 집중하 는 상황이 자주 발생하기 때문이다. 이러한 경우 각 분야는 서로 자신의 일 에만 몰두하게 되어 부서 간 협업의 이점을 충분히 이용하지 못한다. 이에 따라 공유된 이해를 구축하기가 어려워지고 결국 문서와 핸드오프를 통해 커뮤니케이션하게 된다.

이 프로세스가 이상적이지 않은 이유 중 하나는 불필요한 낭비를 초래할 수 있다는 점 때문이다. 디자이너는 디자인 스프린트 중에 일어난 일을 설명하기 위해 문서를 작성하느라 시간을 낭비하게 되고, 개발자 입장에서는 디자인 스프린트에 참여하지 못하면 작업의 실현 가능성이나 범위를 평가할 기회가 없다. 이러한 대화는 핸드오프 전까지 이루어지지 않으므로, 지정된 디자인을 만들어 낼 수 있는지에 대한 평가가 늦어진다. 개발자가 향후 2주 내에 디자인을 구축할 수 있을까? 그렇지 않다면 해당 요소를 디자인하는 데 들인 시간은 시간 낭비로 끝날 수 있다.

이러한 단점에도 불구하고 오늘날에도 많은 팀이 여전히 시차 스프린트 방식으로 작업하고 있다. 경험상, 근본 원인으로 꼽을 만한 것들은 다음과 같다.

디자인 팀이 '개발' 프로세스에 통합되지 않는 문제

여전히 많은 회사에서 디자인을 내부 대행사 형태로 운영하고 있다. 디자이너들을 특정 스크럼 팀에 배정하지 않고 소프트웨어 개발 작업을 시작하기 위한 종속 요소로만 간주한다. 그보다는 디자이너가 앞서서 스프린트 작업을 수행하도록 함으로써, 디자인 작업이 소프트웨어 개발에 필요한 자료를 제공하여, 작업이 원활하게 진행되도록 할 수 있다.

소프트웨어 개발 아웃소싱

일부 조직에서는 여전히 소프트웨어 개발을 아웃소싱한다. 그러나 소프트웨어가 비즈니스와 성장의 원동력인 세상에서 이는 매우 위험한 선택이다. 아웃소싱 업체가 개발을 하는 경우, 그들은 견적을 내고 작업을 시작하기 전에 '최종' 디자인을 보고 싶어 할 것이다. 이러한 상황에서 시차를 두고 스프린트를 진행하면 아웃소싱 파트너와 협력하는 팀에서 최종 디자인을 먼저 만들어낼 수 있다.

카고 컬트 애자일[4]

일부 조직은 새로운 학습과 인사이트를 바탕으로 경로를 바꾸기 위해서 애자일 프로세스를 도입하는 것이 아니라 소프트웨어 개발의 효율성과 생산성을 높이기 위해 도입한다. 소프트웨어 공장처럼 운영해서 가능한 한 빨리 기능을 출시하는 것이 목적이다. 이들은 스프린트 및 애자일 용어를 사용하여 작업을 나누지만, 우선순위는 여전히 기능 출시에 초점을 맞추고 있다. 이러한 조직들은 보통 마감일에 집중하며, 피드백과 검증을 통해 기능을 반복하고 개선하는 데 시간을 할애하는 경우가 거의 없다. 이들은 시차 스프린트를 진행하여 기능을 찍어내는 공장처럼 생산에 집중한다. 이러한 조직에서는 디자이너와 개발자 간의 협업이 최소화되는데, 핸드오프와 산출물이 여전히 디자이너와 개발자 간의 대화의 기반이되기 때문이다.

시차 스프린트는 애자일을 완전히 수용하지 못한 조직에서 발생하는 증상이다. 이것은 올바른 방향으로 나아가는 디딤돌이지만, 아직 팀이 그곳에 도착하지 못했음을 분명히 보여주는 신호이다. 이에 대한 대안으로 디자이너와 개발자 간의 협업과 투명성을 높이는 것이 목표가 되어야 한다. 이를 통해 문서 핸드오프나 오래 걸리는 디자인 리뷰, 기능 협상으로 인한 낭비를 줄일 수 있다.

듀얼 트랙 애자일

듀얼 트랙 애자일은 동일한 팀이 제품 발견과 배포 작업을 하나의 프로세스로 통합하는 모델이다. 이는 린 UX 작업을 애자일 프로세스에 가장 성공적으로 도입한 모델 중 하나이다. 듀얼 트랙 애자일은 데자리와 밀러가 시차 스프린트 모델을 통해 구현하려고 한 것과 유사한 면이 있다. 그러나 이 모

---

4 (옮긴이) '카고 컬트 애자일(Cargo cult agile)'은 애자일 방법론을 따르는 척하거나 겉으로만 애자일을 시도하는 것을 뜻한다. '카고 컬트(cargo cult)'는 제2차 세계대전 동안 미국 군이 태평양 일부 지역에 비행기로 물자를 공급하다가 전쟁이 끝나 공급을 중단했을 때, 주민들이 비행장 모형을 만들고 모방하는 종교적 행위를 통해 비행기와 물자가 돌아오기를 기대했던 것을 의미한다. 마찬가지로, '카고 컬트 애자일'은 애자일 방법론의 원칙과 가치를 이해하지 못하고, 단지 애자일의 형식만 따라하거나 표면적으로만 애자일을 시도하는 것을 말한다.

델이 제대로 작동하려면 한 팀이 발견(린 UX)과 배포 업무 두 가지를 모두 수행해야 한다.

일부 팀은 듀얼 트랙 애자일을 두 개의 별도 그룹으로 나누어 각각 다른 유형의 작업을 수행하는 것으로 오해한다. 그러나 그렇게 하려면 제품 개발 팀을 더 작고 분리된 두 개의 팀으로 나누어야 하며, 이로 인해 공유된 이해 를 구축하기 위해 결국 다시 모여야 하므로 선호하지 않는 모델이다. 실제 로 이러한 모델을 적용하는 팀은 다음과 같은 문제에 직면할 수 있다.

발견 팀과 개발 팀을 분리하는 경우

우리가 목격한 안 좋은 패턴 중 하나는 발견과 배포를 분리하는 것이다. 종 종 UX 디자이너 또는 프로덕트 매니저가 대부분의 탐색 작업을 맡고, 개발 자는 초기 배포 작업을 맡는다. 이러한 경우, 미니 폭포수 방식으로 시차 스 프린트를 하게 된다. 이러한 상황에서는 공유된 이해가 무너지며 의사 결정 속도가 느려지고 팀의 응집력, 생산성 및 학습이 감소할 수 있다.

발견을 수행하는 방법에 대한 지식이 제한적인 경우

듀얼 트랙 애자일 프로세스를 구축하려면 팀이 발견 방법을 이해하고 있어 야 한다. 발견 백로그에 대한 피드백 순환 고리를 만들어 내는 데 사용할 수 있는 도구는 다양하다.[5] 그러나 이러한 도구에 대해 폭넓은 지식이 없는 팀 은 보통 익숙한 도구만 반복해서 사용하고 차선책을 선택하는 경우가 많다. 가능하다면 리서처를 팀에 추가하고 새로운 발견 이니셔티브가 시작될 때 그들의 의견을 구하는 것이 좋다. 경험이 많은 실무자는 팀에 가장 적합한 방법을 알려주고 발견 작업을 계획하는 데 도움을 줄 수 있다.

배포 작업에서 알게 된 결과를 발견 백로그에 반영하지 않는 경우

이러한 문제는 여전히 점진적 사고를 채택하는 조직에서 나타난다. 듀얼 트 랙 애자일을 도입한 팀에서는 기능이 발견에서 배포까지 완료되면, 팀은 계 획한 대로 기능을 구현하고 출시한다. 이러한 작업 방식의 가장 큰 장점은

---

5 (옮긴이) 다이어리 스터디, 인터뷰, FGI(Focus Group Interview), 설문 등의 리서치 도구를 예 로 들 수 있다.

새로운 기능이 출시되자마자 기능이 얼마나 잘 작동하는지를 알 수 있고, 이를 토대로 다음 발견 활동에서 어디에 집중해야 할 것인에 대한 새로운 데이터를 수집할 수 있다는 것이다. 계속해서 주의를 기울이고, 팀원들도 주의를 기울이도록 하라. 팀에서 출시된 기능에 대한 피드백을 지속적으로 수집하고 해당 정보를 사용하여 발견 작업의 우선순위를 정기적으로 평가하고 있는지 확인해야 한다.

듀얼 트랙은 한 팀에서 수행할 때 가장 효과적이다

듀얼 트랙은 한 팀에서 제품 발견과 제품 배포 두 가지 유형의 작업을 모두 수행하는 것을 의미한다(그림 16.2). 발견 작업은 디자인 및 리서치 활동을 통한 능동적 학습과 시장에서 출시된 기능 및 제품에 대한 데이터를 분석하는 수동적 학습으로 이루어진다. 가능한 한 많은 팀원이 각 활동에 참여하여 공유된 이해를 구축하는 것이 중요하다. 발견 및 배포 작업의 양은 스프린트마다 달라질 수 있다. 이러한 변화는 결코 나쁜 것이 아니며, 계획을 세울 때 예측할 수 있다.

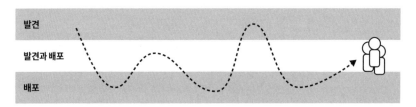

그림 16.2 듀얼 트랙 애자일은 한 팀일 때 효과적이다(이미지 콘셉트: 게리 페드레티(Gary Pedretti)와 파벨 미슬리비에츠(Pawel Mysliwiec)).

발견 작업을 올바르게 수행하고 있다면 많은 아이디어를 변경하거나 포기하게 될 것이다. 우리는 단순히 백로그에 있는 모든 기능을 검증하기 위해 발견 작업을 수행하는 것이 아니다. 발견 작업을 통해 기능을 테스트하고 학습하며 때로는 기능을 출시하기 전에 버리기도 한다. 이것이 바로 애자일의 핵심이며, 발견 작업이 없는 애자일은 그저 소프트웨어 공장에 달린 엔진에 불과하다.

듀얼 트랙 작업 계획

수년 동안, 스크럼 프로세스에서 두 가지 유형의 작업을 모두 포함하기 위해 다양한 방법을 시도해 보았다. 각 스프린트에서 발견 작업에 시간을 할애하는 방법도 시도해 보았지만 만족스럽지 않았다. 일부 스프린트에서는 할 일이 없는 반면 다른 스프린트에서는 작업의 대부분을 차지하는 불균형이 발생했기 때문이다. 마티 케이건(Marty Cagan)의 분야별 업무 분담 방식(디자인과 PM은 발견, 개발자는 배포)도 시도해 보았지만, 핸드오프, 협상, 과도한 토론 등의 과정으로 인해 팀의 변화 대응 능력이 저하되었다. 결국 팀 전체가 현재 스프린트 상황에 맞게 업무량을 조정하는 것이 가장 좋은 방법이며, 이것이 가장 애자일한 옵션이다. 이 방식으로 팀은 학습한 내용에 따라 활동을 조정할 수 있으며, 중요한 작업을 우선적으로 수행할 수 있다. 이 작업은 때로 발견 작업일 수도 있고, 배포 작업일 수도 있다.

스크럼 팀에서 듀얼 트랙 애자일을 성공적으로 수행하고 린 UX를 도입하기 위해 필요한 몇 가지 구조적 요소가 있다.

모든 팀에는 전담 디자이너가 필수적이다

이는 타협할 여지가 없다. 스크럼 팀에 전담 디자이너가 없다면, 그것은 단순히 소프트웨어 개발 팀일 뿐이다. 이 팀은 사용자 경험을 제공하기 위해 최선을 다하겠지만, 디자이너의 참여 없이는 동일한 수준의 품질을 보장하기 어려울 것이다. 게다가 이러한 팀은 코드 작성에만 집중하기 때문에 훌륭한 발견 작업을 수행하는 기술과 능력이 부족할 수 있다. 앞서 말한 것처럼, 코드 작성은 더 이상 디지털 제품 개발의 최종 목표가 아니라 목적을 달성하기 위한 수단일 뿐이다. 목표는 고객의 행동에 의미 있는 변화를 일으키는 것이다. 이를 위해서는 고객에 대한 깊은 이해와 그들의 요구 사항을 가장 잘 충족시키는 방법을 찾아내는 것이 중요하다. 디자이너는 이런 가치를 팀에 가져온다.

디자인 및 발견 작업은 백로그의 가장 중요한 요소다

간단히 말해서 백로그는 하나이고, 개발 작업, QA 작업, 디자인 작업, 리서치 작업 등 모든 작업이 하나의 백로그에 있어야 한다. 이러한 모든 작업을 수행하는 동일한 팀이 함께 우선순위를 정한다. 작업이 두 개 이상의 백로그에 나뉘면 팀은 그중 하나를 '주요' 백로그로 간주하고 다른 백로그는 덜 중요한 것으로 처리하게 될 것이다. 두 가지 트랙의 작업을 모두 동일한 백로그에서 관리해야 한다. 또한 백로그에서 서로 다른 유형의 작업을 확실히 구분할 수 있지만(아래 실험 사례 참조), 실제 스크럼 보드를 사용하든 JIRA를 사용하든 다른 것을 사용하든 관계없이 모두 동일한 프로젝트 관리 도구에서 관리해야 한다.

하나의 백로그를 사용하고 모든 작업을 동일한 방식으로 처리하면 팀에서는 모든 구성 요소가 제품을 성공시키는 데 필수적임을 이해하게 된다. 또한, 린 UX 작업을 소프트웨어 개발 작업과 동일한 중요도로 인식되도록 시각화함으로써 디자인 작업의 가치를 강조할 수 있다. 발견 작업을 수행하기 위해 트레이드오프가 필요하며, 이를 고려해야 한다고 강조할 수도 있다.

이 과정에서는 속도에 대한 질문이 제기되곤 한다. "이 모든 발견 작업을 수행하면 속도가 떨어지지 않을까?" 만약 배포 속도만을 측정하는 경우라면, 이에 대한 대답은 '맞다'. 하지만 성숙한 듀얼 트랙 팀은 배포 속도와 발견(또는 학습) 속도 모두를 측정한다. 이러한 팀은 학습 작업의 양이 증가하면 필연적으로 배포의 양이 줄어들 수밖에 없다는 사실을 잘 알고 있다. 이는 같은 그룹의 사람들이 두 가지 유형의 작업을 모두 수행하기 때문이다. 그러나 결국에는 팀의 효율성을 극대화하는 것이 목표이다. 따라서 이를 달성하기 위해 결과를 추적하며, 얼마나 많은 스토리를 완성하거나 얼마나 많은 소프트웨어를 구축했는지 추적하는 것이 아니라 결과를 추적해야 한다.

백로그에는 린 UX 작업을 표시하는 몇 가지 방법이 있다. 이를 위한 일반적인 패턴은 그림 16.3에서 볼 수 있다. 가능한 방법 중 하나는 독립적인 스토리로 표현하는 것이다(스크럼 가이드에서는 스토리를 제품 백로그 항목

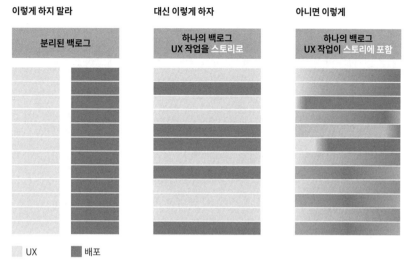

그림 16.3 백로그에서 UX 작업을 관리하는 일반적인 패턴

또는 PBI라고 부른다). 다른 방법은 작업을 스토리 자체에 통합하여 발견 및 디자인 작업 없이는 기능을 출시하지 않도록 하는 것이다.

학습 활동에 다양한 분야의 전문가가 참여하도록 하기

린 UX에서는 다양한 유형의 학습 활동이 필요하다. 이러한 활동은 디자이너, 리서처 또는 프로덕트 매니저가 주도할 수 있지만, 팀 전체가 함께 연습하고 참여해야 한다. 팀이 함께 배우는 것이 많을수록 학습 내용을 공유하고 토론하는 데 소요되는 시간이 줄어들고, 배운 내용을 어떻게 활용할지 결정하는 데 더 많은 시간을 할애할 수 있다. 이는 훨씬 더 생산적으로 대화하고 팀 시간을 효율적으로 활용하는 것으로 이어진다. 모든 팀원이 모든 리서치 활동에 참여해야 한다고 말하는 것은 아니다. 그러나 모든 팀원이 어느 정도는 참여해야 하며, 참여는 특별한 이벤트가 아니라 일상적인 업무 활동의 일부가 되어야 한다.

발견 과정에 참여하는 것이 가장 저항이 적은 경로가 되도록 노력하라. 고객과의 대화 내용을 내부적으로 널리 공유하고 다른 직원들이 이 내용에 쉽게 접근할 수 있도록 하라. 고객과 대화하는 것을 불편해하는 동료가 있다면 그 동료에게 노트 작성자 역할을 맡겨 참여를 유도하라. 또한, 제라드 스풀(Jared Spool)이 말하는 노출 시간(Exposure Hours)[6]을 측정해보라. 노출 시간은 각 팀원이 사용자와 직접 접촉하는 시간을 측정한 것이다. 팀원들이 6주마다 최소 2시간은 고객과 직접 소통하는 데 시간을 쓰도록 권장한다. 콜센터에서 전화를 받고 이야기를 듣는 데 2시간이 소요될 수도 있고, 매장이나 작업 현장에서 고객을 직접 관찰할 수도 있다. 또는 공공장소에서 직접 고객과 대면하여 제품을 판매할 수도 있다. 이러한 활동은 공감을 형성하며 호기심을 불러일으킨다. 팀 전체가 진정으로 고객의 요구를 충족시키는 방향으로 나아갈수록, 린 UX 활동이 백로그에 포함될 가능성이 높아진다.

스크럼의 리듬을 활용하여 린 UX 관행 만들기

지난 몇 년 동안 우리는 스크럼의 리듬과 린 UX 접근 방식을 통합하는 몇 가지 유용한 방법을 발견했다. 스크럼의 회의 주기와 린 UX를 활용하여 효율적인 프로세스를 구축하는 방법을 살펴보려 한다.

우리가 적용한 방법 중 하나는, 스크럼 프레임워크 다이어그램 위에 린 UX 활동을 매핑하도록 팀에 요청하여 두 가지 관행을 더욱 효과적으로 통합할 수 있도록 지원하는 것이다. 그림 16.4는 일반적인 시도를 보여준다. 꽤 괜찮은 방법이니 팀과 함께 적용해 보자. 이를 검토할 때 다음 주의 사항을 염두에 두기를 바란다.

- 이것은 디자인 활동의 모든 것을 포괄하는 것이 아니다. 디지털이든 아날로그 방식이든 포스트잇만으로는 충분하지 않다.
- 디자이너가 통상적으로 수행하거나 참여하는 모든 종류의 활동을 포괄하는 용어로 디자인이라는 단어를 사용한다.

---

6 제라드 스풀(Jared M. Spool), "훌륭한 UX로 가는 빠른 길 - 노출 시간 증가," 센터 센터 UIE(Center Center UIE), *https://oreil.ly/cvfcF*

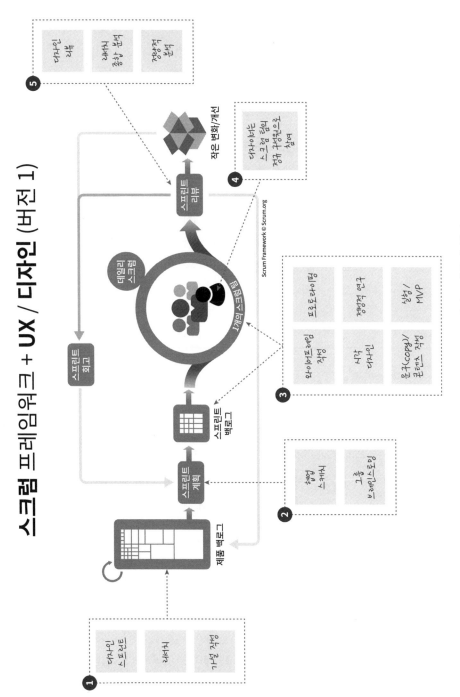

스크럼 프레임워크 + UX / 디자인 (버전 1)

5
- 디자인 리뷰
- 리서치 참사 분석
- 정량적 분석

4 디자이너가 스크럼 팀의 정기 구성원으로 참여

작은 변화/개선

스프린트 리뷰

데일리 스크럼

1개의 스크럼 팀

Scrum Framework © Scrum.org

3
- 와이어프레임 제작 / 프로토타이핑
- 시각 디자인
- 문구(copy) / 콘텐츠 작성
- 정성적 연구
- 실험 / MVP

스프린트 회고

스프린트 백로그

스프린트 계획

2
- 스케치
- 스토리보드 만들기

제품 백로그

1
- 디자인 스프린트
- 리서치
- 가설 작성

그림 16.4 스크럼 프레임워크에 린 UX 활동 매핑하기

이 책에서 제시한 권장 사항들과 마찬가지로, 이것은 출발점일 뿐이다. 스크럼 위에 기존의 활동을 한 층씩 쌓아 올리는 방법을 보여준 것이다. 여러분이 시도해 보고 팀에게 효과적인 방법을 확인한 후, 다시 검토하며 조정하는 것이 중요하다.

스프린트 목표, 제품 목표, 멀티 스프린트 테마

조직에서 두 분기 동안의 전략적 초점을 결정했다고 가정해 보자. 팀은 첫 번째 시도로 리스크가 높은 가설을 사용하기로 결정했다. 이 가설을 기반으로, 다음 스프린트 세트에서 수행할 작업을 안내하는 멀티 스프린트 테마를 생성할 수 있다. 스크럼에서는 이러한 테마를 '제품 목표'라고 부른다. 제품 목표는 일련의 스프린트를 연결하는 데 사용되는 멀티 스프린트 테마이다. 그림 16.5에 나와 있는 것처럼, 테마의 성공 척도는 결과이다.

그림 16.5 테마 또는 제품 목표와 연결된 스프린트

협업 디자인으로 테마를 시작하기

린 UX 캔버스와 디자인 스튜디오 연습을 사용하여 각 테마에 대한 작업을 시작한다(그림 16.6).[7] 가설의 범위에 따라 협업 디자인 세션을 짧게는 반나절, 길게는 일주일까지 진행할 수 있다. 팀 내에서만 작업할 수도 있지만 대규모 작업인 경우에는 여러 그룹을 폭넓게 참여시키는 것이 좋다. 이 킥오프의 목적은 전체 팀이 함께 스케치하고, 아이디어를 구상하고, 고객과 대화하며 테스트하고 학습할 수 있는 아이디어 백로그를 만드는 것이다. 여러분

---

[7] 여기서 구글 스타일의 '디자인 스프린트'라는 명칭을 사용할 수도 있지만 이 용어는 혼란스러울 수 있다. 이 경우 전체 스프린트를 디자인에 할애하는 것이 아니라 14장에서 설명한 '디자인 스프린트' 프로세스를 추구하는 것이다.

이 고객 피드백 루프를 구축했다는 가정하에, 이 활동은 테마의 범위를 명확하게 정의하는 데 도움이 된다.

그림 16.6 스프린트 테마를 담을 수 있는 린 UX 캔버스

정기적인 스프린트가 시작된 후에는 아이디어를 검증하고 테스트하여 새로운 인사이트를 얻게 된다. 이후에 팀은 함께 결정을 내려야 할 것이다. 새로운 스프린트가 시작될 때마다 짧은 브레인스토밍 세션과 협업적 발견 활동을 통해 이를 수행한다(그림 16.7). 이를 통해 팀은 최신 인사이트를 활용하여 다음 스프린트를 위한 백로그를 만들 수 있다.

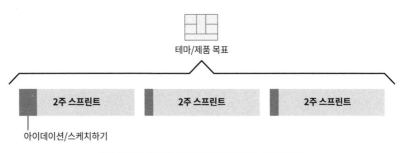

그림 16.7 스케치 및 아이디어 발상 세션의 시점과 범위

스프린트 계획 회의

스프린트 계획 회의에서는 린 UX 캔버스와 디자인 스프린트 생산물을 가져와야 한다. 이는 포스트잇, 스케치, 와이어프레임, 종이 프로토타입 등의 아티팩트를 포함한다. 이러한 결과물은 외부 관찰자에게는 쓸모없어 보일 수 있지만 팀원에게는 의미가 있다. 함께 만든 것이기에, 아티팩트에서 스토리

를 추출하는 데 필요한 공유된 이해가 있기 때문이다. 기획 회의에서는 이러한 아티팩트를 사용하여 함께 사용자 스토리를 작성한 다음 스토리의 우선순위를 정한다(그림 16.8).

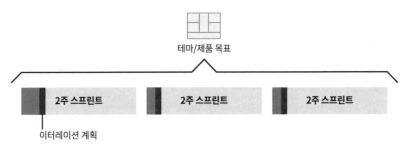

그림 16.8 브레인스토밍 세션 직후 스프린트 계획 회의 개최하기

실험 스토리

이터레이션을 계획할 때, 디자인 스프린트나 협업 발견 활동에서 다루지 않은 추가적인 발견 작업을 수행해야 할 수도 있다. 스프린트에 이를 수용하고 모든 작업을 동일한 백로그에 포함시키려면 실험 스토리(experiment story)를 사용하라. 사용자 스토리와 동일한 방식으로 만들어지는 실험 스토리에는 두 가지 뚜렷한 이점이 있다.

발견 작업을 시각화한다

발견 작업은 배포 작업과 달리 본질적으로 가시적인 확인이 어렵다. 이러한 문제를 해결하기 위해 실험 스토리를 활용할 수 있다. 발견이든 배포든 팀이 수행하는 모든 작업은 백로그에 스토리로 기록되며, 스토리를 통해 작업의 우선순위를 부여할 수 있다.

배포 작업에 대비해 우선순위를 정한다

스토리를 백로그에 넣은 후에는 우선순위를 정해야 한다. 백로그에 있는 실험 스토리를 보며 실험을 언제 할지, 그리고 마찬가지로 중요하게 그 시간 동안 어떤 작업을 하지 않을지 대화를 나누게 된다.

그림 16.9를 보면, 실험 스토리는 사용자 스토리와 매우 유사하다. 실험 스토리에는 다음과 같은 요소가 포함된다.

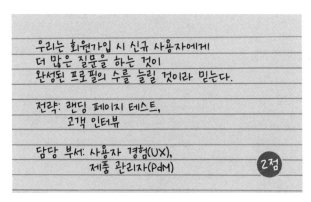

그림 16.9 실험 스토리

- 테스트 중인 가설 또는 배우고자 하는 것
- 배우기 위한 전술(예: 고객 인터뷰, A/B 테스트, 프로토타입)
- 작업을 수행할 사람
- 예상되는 작업량에 대한 노력 수준 추정치(추정치를 사용하는 경우)

실험 스토리가 작성되면 해당 스토리가 백로그에 추가된다. 스프린트에서 해당 스토리에 할당된 시간에는 주로 해당 실험 스토리를 담당한 사람이 집중하게 된다. 실험이 완료되면 팀에 즉시 결과를 가져와서 이 결과의 영향을 결정하기 위해 논의한다. 만약 실험 스토리의 결과에서 현재 우선순위가 무효화되는 인사이트가 발견된다면, 팀은 현재 스프린트 내에서도 진행 방향을 변경할 준비가 되어 있어야 한다.

전문가 팁: 스프린트를 시작할 때, 발견 작업이 있음을 알고는 있지만 그 형태나 형식이 불분명한 경우가 있다. 따라서 백로그에 빈 실험 스토리를 배치하여 팀이 스프린트 기간 동안 해당 작업을 위한 여력을 확보할 수 있도록 해야 한다. 만약 스프린트 중에 발견 작업이 드러난다면, 세부 사항을 채우

고 적절하게 우선순위를 지정해야 한다. 배치한 빈 실험 스토리가 사용되지 않는다면 팀은 스프린트 기간 동안 약간 더 여유로워질 수 있으니, 모두가 이득을 볼 수 있는 전략이다.

사용자 유효성 검사 일정

마지막으로, 고객 피드백을 지속적으로 수집하기 위해 매주 사용자 조사 세션을 계획하는 것이 중요하다(그림 16.10). 이렇게 하면 팀이 영업일 기준 5일 이상 고객 피드백을 받지 못하는 일이 없고, 스프린트가 끝나기 전에 고객 피드백에 대응할 시간을 충분히 확보할 수 있다. 이러한 주간 리서치 주기는 경험 스토리에 좋은 리듬을 제공하고 스프린트 동안 자연스러운 학습 지점을 제공한다.

아이디어 세션에서 만든 아티팩트를 사용자 테스트의 기본 자료로 사용하라. 아이디어가 날것일 때는 가치를 테스트하는 것임을 기억하라. 즉, 제품을 사용할 수 있는지를 테스트한다기보다는 제품을 사용하고 싶어 하는지를 테스트하는 것이다. 사용자에게 제품에 대한 욕구가 있다는 것을 확인한 후, 보다 구체적인 아티팩트를 활용하여 솔루션이 사용 가능한지를 테스트해볼 수 있다.

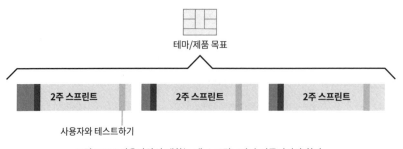

그림 16.10 사용자와의 대화는 매 스프린트마다 이루어져야 한다.

디자이너는 계획에 반드시 참여해야 한다

애자일 방식이 디자이너에게 시간적 압박을 줄 수 있다는 점은 사실이다.

일부 작업은 사용자 스토리의 맥락에 잘 들어맞을 수 있지만, 다른 작업은 맥락을 맞추기 위해 디자이너가 더 많은 시간을 투자해야 할 수도 있다. 또한, 개발과 디자인이 동시에 진행되는 스프린트의 2주 주기는 디자이너가 큰 문제에 대해 깊이 생각해볼 기회를 제공하지 않을 수 있다. 일부 애자일 방식은 이러한 문제에 대해 스크럼보다 유연한 접근 방식을 취하고 있다. 예를 들어, 칸반은 2주 단위의 작업 배치라는 개념을 없애고 연속적인 흐름에 중점을 둠으로써 시간에 대해 더 유연한 접근 방식을 취한다. 그럼에도 불구하고, 대부분의 디자이너는 스프린트라는 정해진 기간에 자신의 작업을 맞춰야 한다는 압박감을 느낀다. 그렇기 때문에 디자이너는 스프린트 계획 프로세스에 참여해야 한다.

애자일 프로세스에서 디자이너가 압박감을 느끼는 이유는 주로 프로세스에 완전히 참여하지 않기 때문이다. 이는 보통 디자이너의 잘못이 아니다. 애자일을 단순히 소프트웨어를 개발하는 방법으로 이해하면 개발자가 아닌 사람을 프로세스에 포함시킬 이유가 없어 보이기 때문이다. 하지만 디자이너가 참여하지 않으면 프로젝트 계획에 디자이너의 걱정이나 요구 사항이 반영되지 않을 수 있다. 그렇게 되면 애자일 팀에서 디자이너가 최고의 성과를 내지 못할 가능성이 있다.

린 UX가 제대로 작동하려면 스탠드업, 회고, 기획 회의, 브레인스토밍 세션 등 모든 활동에 모든 팀원이 참여해야 한다. 특정 기능의 복잡성을 협상할 때 외에도 여러 부서에서 함께 참여하면 디자이너와 개발자가 효과적으로 백로그 우선순위를 정할 수 있다.

예를 들어, 스프린트가 시작될 때 우선순위가 가장 높았던 첫 번째 스토리에 디자인 요소가 많이 포함되어 있다고 상상해 보자. 디자이너가 회의에 불참해서 이 스토리에 대한 우려 사항을 얘기하지 못했다면 팀은 다음 날 스탠드업을 위해 모이자마자 실패할 가능성이 높다. 디자이너는 스토리가 디자인되지 않았다고 말할 것이다. 디자이너는 디자인을 완료하는 데 최소 2~3일이 걸릴 것이고 그런 다음에야 스토리를 개발할 준비가 될 거라고 말할 것이다. 하지만 디자이너가 백로그의 우선순위 지정에 참여했다면 디자이너가 계획 단계에서 우려를 제기했을 것이다. 팀은 디자인 준비가 덜 필요한 스토리 카드를 먼저 선택하여 디자이너가 작업을 완료하는 데 필요한 시간을 확보할 수 있었을 것이다.

드문드문 참여할 때의 또 다른 단점은 공유된 이해를 쌓기가 어렵다는 점이다. 팀은 회의에서 의사 결정을 내리게 되는데, 이러한 결정은 토론을 기반으로 한다. 회의의 대부분이 당장의 필요와 관련이 없더라도 일부를 공유하면 이후에 몇 시간을 절약할 수 있다. 또한 회의에 참여함으로써 업무에 필요한 시간을 협상할 수 있다. 이는 UX 디자이너뿐만 아니라 팀의 다른 구성원들도 마찬가지이다.

이해관계자 및 위험 대시보드

경영진의 확인은 프로젝트 추진을 방해하는 큰 장애물이다. 디자이너는 디자인 리뷰를 하는 데 익숙하지만, 안타깝게도 확인은 거기서 끝나지 않는다. 프로덕트 오너, 이해관계자, CEO, 고객 등 모두가 프로젝트 진행 상황을 알고 싶어한다. 문제는 결과 중심 팀에서는 학습하며 계획을 계속 변경한다는 점이다. 이들은 변화에 민감하게 반응하기 때문에 일반적으로 한 번에 작은 작업 배치만 계획한다. 기껏해야 한두 번의 이터레이션만 계획한다. 그러나 이러한 '근시안적' 접근은 대부분의 고위 관리자를 만족시키지 못하고 마이크로 매니지먼트로 이어질 수 있다. 어떻게 하면 린 UX 및 스크럼 프로세스를 유지하면서 이해관계자의 우려를 효과적으로 통제할 수 있을까? 해답은 적극적인 커뮤니케이션이다.

제프(Jeff)는 수천 명의 유료 고객을 보유한 이전 제품의 워크 플로를 근본적으로 변경하는 팀을 관리한 경험이 있다. 그러나 팀원들은 너무 흥분하여 이 변경 사항을 조직 내 다른 사람들에게 알리지 않고 출시를 강행했다. 이로 인해 고객 서비스 담당 부사장이 제프에게 화를 내며 왜 이 변경 사항을 알리지 않았는지 물었다. 문제는 바로 고객들이 제품에 문제가 생기면 콜센터에 전화해 도움을 요청하는데, 준비된 매뉴얼을 통해 문제를 해결하는 상담원들에게 새로운 제품에 대한 매뉴얼이 없었기 때문이다. 그들은 제품이 바뀔 줄 몰랐던 것이다.

이 실패는 오히려 귀중한 교훈을 제공했다. 자신을 관리하는 사람과 자신에게 의존하는 사람 모두 이해관계자에게 방해받지 않기를 원한다면, 그들이 여러분의 계획과 진행 상황을 알고 있는지 확인해야 한다. 니콜 루푸쿠(Nicole Rufuku)는 네오(Neo)라는 에이전시에서 함께 일하면서 이를 위한 놀랍도록 간단하고 강력한 도구인 위험 대시보드(그림 16.11)를 고안해냈다.

위험 대시보드

사용자가 구독료를 지불할 만큼 서비스를 가치있게 생각하지 않을 수 있다.	긍정적 추세	가격 테스트 진행 중
사용자는 아주 가끔씩만 우리 서비스가 필요할 수 있음	데이터 충분하지 않음	종단 데이터 추적 연구 진행 중
사용자가 우리 브랜딩으로 인해 혼란스러울 수 있음	미정	평가 중
사용자들은 우리의 서비스를 찾아서 이용하기에 너무 부끄러울 수 있음	미정	차주 테스트 예정
기술적 위험: 각 사례를 평가하기에 데이터가 충분하지 않을 수 있음	긍정적 추세	기술 파일럿은 긍정적 추세
규제 위험: 불법 데이터에 의존하고 있을 수 있음	긍정적 추세	규제 기관과 대화 중

그림 16.11 위험 대시보드

위험 대시보드는 파워포인트, 엑셀, 또는 구글 문서에서 만들 수 있는, 세 개의 열로 구성된 차트이다.

- 첫 번째 열에는 현재 진행 중인 이니셔티브와 관련된 주요 미해결 리스크를 나열한다. 이는 제품의 성공에 매우 중요한 사항이다.
- 중간 열에는 해당 위험이 얼마나 심각한지를 나타내는 척도와 해당 위험이 어떤 추세를 보이는지 색상으로 구분하여 표시한다. 작은 수정이 필요한 사항인가? 아니면 제품의 성공에 필수적인 요소인가? 발견 작업을

통해 이것이 점점 더 가능성이 높아지거나 생각만큼 나쁘지 않다는 것을 알 수 있나?

- 세 번째 열은 해당 위험에 대해 우리가 무엇을 하고 있는지 알려준다.

이 대시보드는 프로젝트의 상태에 대해 이해관계자 및 고객과 소통할 때 사용하는, 살아있는 문서이다. 팀과의 계획 회의에서 이 대시보드를 사용하라. 이해관계자와의 스프린트 데모에서 이 대시보드를 사용하여 중요한 결정을 내릴 수 있다. 이렇게 하면 이해관계자에게 다음과 같은 정보를 제공할 수 있다.

- 작업 진행 방식
- 지금까지 알게 된 것
- 다음에 집중할 리스크
- 기능 집합이 아닌 결과(목표를 향한 추세)
- 영향을 받는 부서(고객 서비스, 마케팅, 운영 등) 및 해당 부서에 영향을 줄 수 있는 변경 사항을 알려야 할 필요성

위험 대시보드에서 세 번째 열이 비어 있는 경우가 종종 있다. 이 경우 이해관계자는 해당 위험에 대한 조치가 취해지지 않는 이유를 물을 수 있다. 이는 단순히 우선순위의 문제일 수도 있지만, 때로는 일이 진행되고 있지 않는 경우도 있다. 이러한 질문은 발견 작업을 수행하거나, 우선순위를 정하거나, 예산이나 승인을 받는 데 있어 어려움을 겪을 수 있는 문제를 제기할 수 있는 좋은 기회가 될 수 있다. 위험 대시보드를 사용하면 발견한 내용의 맥락을 효과적으로 보여주고, 비즈니스에 미치는 영향을 함께 보여줄 수 있다. 이는 이해관계자들에게 강력한 공감을 불러일으키는 경향이 있으므로, 린 UX 작업과 애자일 배포 프로세스를 더 잘 통합하는 데 효과적인 도구가 된다.

결과 중심 로드맵

작업을 선형적이고 시각적인 방식으로 계획하는 관행이 애자일 방식이 직면한 가장 큰 도전 중 하나다. 이전부터 '로드맵'이 있었지만, 이는 소프트웨어 개발의 본질을 잘 반영하지 못했다. 디지털 제품 개발은 선형적이지 않으며, 대신에 반복적이다. 우리는 무언가를 만들고 출시한 후 고객의 행동에 어떤 영향을 미치는지 확인하고, 이를 바탕으로 다시 출시한다.

시작점과 명확한 기능별 종료점(대부분 마감일을 정해 놓은)을 갖고 있는 기존의 선형 로드맵 모델은 시대에 뒤떨어진 모델이 되었다. 이는 생산물 중심의 디지털 비즈니스 운영 방식을 반영한다. 이에 대한 대안으로, 이 책에서는 성공적인 제품 주도 조직이 결과에 초점을 맞추는 것을 강조하고 있다. 그렇다면 지속적인 개선, 학습 및 민첩성이 요구되는 시대에 어떻게 제품 로드맵을 구축할 수 있을까? 그리고 이러한 유형의 구상을 통해 애자일 프로세스에서 어떻게 린 UX를 구현할 수 있을까? 그것이 결과 중심 로드맵이다.

다음은 애자일 제품 로드맵의 모습이다(그림 16.12).

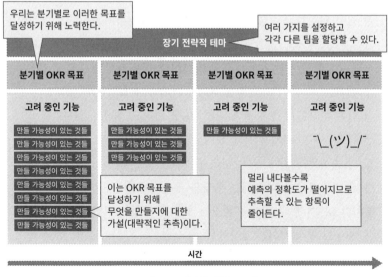

그림 16.12 애자일 제품 로드맵

이 도표에서 몇 가지 주요 구성 요소를 확인할 수 있다.

전략적 테마

전략적 테마는 경영진이 제시하는 조직의 제품 전략으로, 팀에게 특정 방향을 제시한다. 이는 '유럽에서 시장 점유율 확대'나 '승객을 태우지 않아 보유 차량의 활용도가 낮은 시간을 활용하여 다른 상품과 음식 배달'과 같은 주제를 포함할 수 있다. 대규모 조직에서는 여러 주제를 동시에 실행할 수 있다.

분기별 OKR 목표

OKR(Objective and Key Result) 목표를 잘 수행하면 고객 행동을 주요 결과 부분의 지표로 활용할 수 있다. 이러한 분기별 목표는 각 팀이 전략적 주제를 달성하기 위해 집중해야 할 부분이다. 이것이 바로 팀이 달성하고자 하는 목표이며, 성공에 대한 팀의 정의이자 진정한 의미의 성과이다. 리더십과 협력을 통해 이러한 목표를 적절하게 조정하고 평준화하도록 노력해야 한다.

기능/제품 가설

각 팀이 달성하고자 하는 분기별 OKR 목표를 이루기 위한 대략적인 추측은 기능 및 제품 가설로 표현된다. 이러한 가설은 한 분기 정도는 강력하고 충분한 근거를 가지고 해당 가설이 목표를 달성할 수 있을지 추측할 수 있지만, 두 분기 이상 앞을 내다보는 경우 불확실성이 높아진다. 따라서 팀은 이러한 추측과 불확실한 약속을 줄이게 된다. 3, 4분기를 내다보면 팀에서 어떤 작업을 하게 될지 전혀 알 수 없으므로 이러한 추측이 점점 더 줄어들게 된다. 팀은 다음 1~2분기 동안 자신의 아이디어가 얼마나 잘 작동했는지, 다음에는 무엇을 추측해야 하는지 알게 될 것이다. 1분기와 2분기에 배운 점을 종합해 보고 실행에 옮기면서 3분기와 4분기에 해야 할 일이 채워질 것이다.

작업을 이러한 방식으로 시각화하면 소프트웨어 개발의 불확실성을 대화의 중심에 즉시 놓을 수 있다. 이해관계자가 "이것이 현재와 미래에 적용하기에 적합한 가설인지 어떻게 판단할 수 있을까?"라고 질문하면, 그 답은 바로 린 UX이다. 팀은 매 스프린트마다 학습을 적용하여 항상 전략적 주제를 향해 노력하고, 목표에 가까워지지 않는 이니셔티브에 시간을 낭비하지 않도록 노력할 것이다. 이를 애자일 방법과 결합하면 고객에게 가치 있는 경험을 제공할 수 있는 강력한 비법을 얻을 수 있다.

검토 빈도

각 팀은 연간 주기가 시작될 때 이러한 결과 기반 로드맵을 제시하여 검토해야 한다. 이 로드맵은 리더가 설정한 전략적 목표와 일치해야 하고, OKR이 이러한 목표를 달성하기 위한 지표를 사용하도록 해야 한다.

팀이 무엇을 하고, 배우고, 결정하고 있는지 지속적으로 노출하는 것은 팀의 책임이지만, 공식적인 점검은 분기별로 진행되어야 한다. 이를 위해 팀은 리더와 회의를 진행하여 성과 목표를 평가하고, 지난 분기 동안 어떤 것을 배웠는지, 다음 분기에는 어떤 계획을 세울지를 확인한다. 이 회의는 앞으로의 팀 목표의 유효성을 다시 확인하고, 새로운 학습, 시장 상황 또는 회사의 방향에 영향을 미칠 수 있는 다른 요인에 따라 목표를 조정할 수 있는 완벽한 기회이다.

진행 상황 측정

이러한 유형의 로드맵에서는 얼마나 많은 기능을 제공했는지, 또는 기한을 준수했는지 여부로 진행 상황을 측정하지 않음을 분명히 알아야 한다. 대신, 고객의 행동 변화를 기준으로 진척도를 측정한다. 만약 아이디어가 고객의 성공을 이끌어내지 못한다면 해당 아이디어를 폐기하고 새로운 아이디어를 찾는다. 이러한 학습을 통해 향후 분기별 백로그에 대한 아이디어를 도출한다. 또 팀과 비즈니스의 민첩성을 이끌어 내기도 한다.

이러한 로드맵은 살아 숨쉬는 문서이다. 우리는 연간 주기가 시작될 때 로드맵을 수정하여 정적인 문서가 되지 않도록 한다. 디지털 제품 및 서비스를 제공하는 데는 불확실성과 복잡성이 많기 때문에, 고객의 성공에 집중하는 제품 주도 조직은 권한을 부여받은 팀과 함께 항상 올바른 방향으로 나아갈 수 있도록 노력한다. 이는 현장의 실제 변화에 맞추어 로드맵을 조정하는 것을 의미한다. 결과 중심 로드맵은 리더와 팀이 서로에게 투명하며 목표에 대해 현실적이며, 무엇보다도 성공을 측정하는 방법이 현실적일 수 있도록 보장한다.

엔터프라이즈에서의 린 UX와 애자일

이 책에서 다루는 많은 전술은 한 팀에 초점을 맞추고 있지만, 실제로 대기업에서는 여러 제품 개발 팀이 동시에 작업하고 있다. 팀 수가 수십 개, 수백 개의 동시 작업 스트림으로 늘어날 때 린 UX는 어떻게 확장할 수 있을까?

이 질문은 애자일 커뮤니티에서 계속 논의되고 있는 확장성 문제 중 하나이다. 린 방식과 애자일 방식이 일상적인 업무 방식이 되면서 많은 사람들이 이 문제에 집중하게 되었다. 대규모 조직에서는 여러 팀의 활동을 조율해야 하며, 불확실성을 수용하고 지속적인 학습을 추구하는 프로세스는 대부분의 전통적인 프로젝트 관리 방식과 대립된다.

이제 대규모 조직에서 가장 많이 선택하는 애자일 전사적 접근 방식인 SAFe(Scaled Agile Framework, 확장된 애자일 프레임워크)에 대해 알아보려 한다. SAFe는 대규모 조직에서 민첩성을 높이기 위해 설계된 포괄적이고 계층적인 프로세스, 다이어그램 및 용어의 집합으로, 10년간 사용되어 왔다. 이는 엄격한 릴리스 일정을 따르는 '애자일 릴리스 트레인'을 통해 작업을 나누고 위임하는 하향식 방식으로 작동한다. 하지만 이러한 프로세스는 사용자 피드백이나 학습을 거의 반영하지 않아 아쉬운 점이 있다.

SAFe 프레임워크 버전 4.5에 린 UX가 포함되었다는 사실에 많은 사람들이 놀랐을 것이다. 하지만 SAFe를 도입한 회사에서 린 UX를 구현하는 것은 어렵다. 간단히 말하자면 '불가능'하다. SAFe는 생산성을 최대화하기 위해 설계된 것이지, 발견을 위한 것이 아니다. 지속적인 생산물의 흐름을 보장하고 경영진의 변경 요구를 최소화하기 위해 최적화된 프로세스이다. 이로 인해 소프트웨어 개발 프로세스 내에 경직성이 생기며, 이는 실제로는 애자일이 아닌 결과물을 낳을 수 있다.

> **☑ SAFe는 애자일이 아니다**
>
> SAFe가 버전 4.5에서 린 UX를 채택한 이후, 두 가지 방법을 어떻게 서로 융합해서 작동시켜야 하는지에 대한 문의가 꾸준히 들어왔다.
>
> 짧게 답하자면 우리도 모른다.
>
> 조금 더 길게 답하자면, 우리가 린 UX에서 정의한 모든 원칙이 SAFe에는 존재하지 않는 것 같다.
>
> SAFe에서는 지속적인 학습과 개선, 고객 중심, 겸손, 부서 간 협업, 증거 기반 의사결정, 실험, 디자인, 진행 방향 변경 등의 원칙이 뚜렷하게 보이지 않는다. 대신, 이러한 업무 방식을 채택하는 조직은 경직된 팀 구조, 엄격한 의식과 행사, 그리고 직급에 따라 불균등하게 배분된 행동 변화 요구 사항에 치중하고 있다.
>
> 요컨대, SAFe는 애자일하지 않다.
>
> 팀원들은 매우 강도 높은 교육 과정을 거쳐 'SAFe 인증'을 받아야 하기 때문에 변화에 저항하는 것은 당연한 일이다. 이러한 교육은 특정한 방식으로 팀원들을 훈련시키기 때문이다. 다시 말해 예측 가능한 배포에만 초점을 맞춘 방식으로 훈련시킬 뿐 학습이나 진행 방향 변경, 애자일에 중점을 두지 않는다. 하지만 팀을 진정으로 애자일하게 만드는 활동에는 계획의 유연성이 필요하다. 미리 정해진 일련의 기능이 아니라 고객 성공에 맞춰 계획을 조정해야 한다. 또한 지속적인 발견 프로세스가 필요하며, 이는 필연적으로 계획에 없던 진행 방향 수정으로 이어질 수 있다. 이러한 수정은 배포 계획을 순식간에 '탈선'시킬 수 있다.
>
> 대규모 조직에서 애자일을 추구하려면 그에 따른 불확실성을 인식하고 폭포수 프로

세스의 친숙함에 집착하지 말아야 한다. SAFe는 익숙한 관리 프로세스를 그대로 유지하면서 애자일을 도입한 것 같은 착각을 불러일으킨다. 급변하는 시대, 소비자 패턴이 진화하고 기술 발전이 기하급수적으로 진행되는 시대에 이러한 업무 방식은 지속 가능하지 않다.

SAFe를 도입했거나 도입을 진행 중인 대규모 조직에서는 전환 과정에서 어떤 변화가 있었는지 자문해 볼 필요가 있다. 고객과 더 가까워졌는지, 고객에게 가치를 제공하는 데 얼마나 시간이 걸리는지, 그리고 '가치'를 어떻게 측정하고 있는지 등을 고민해 봐야 한다. 또한, 새로운 발견을 기반으로 이니셔티브를 전환하는 것이 얼마나 쉬운지 여부를 스스로에게 물어보아야 한다. 이후, 이러한 답을 '빅 룸 플래닝(Big room planning)', '프로그램 증분(PI)', '릴리스 트레인 엔지니어'[8] 등의 용어를 사용하기 이전 상황과 비교하여 비판적으로 살펴보아야 한다.

대규모 조직에서 작업 방식을 확장하는 것은 어렵고 복잡하다. 전사적으로 하나의 포괄적인 프로세스를 적용하려는 시도는 지속적인 발견과 경로 수정보다는 단지 배포에만 초점을 맞춘 프로세스를 고착화할 뿐이다. SAFe가 매력적인 이유는 규모에 맞춰 애자일을 위한 적용할 수 있는 레시피처럼 보이기 때문이다. 그러나 실제로는 경영진에게 "어떻게 하면 더 민첩해질 수 있을까?"라는 질문에 대한 해답을 제공한다기보다 예측 가능성, 적합성, 순응성에 대한 보상을 제공할 뿐이다.

진정한 애자일 및 린 조직을 만드는 방법에 대한 자세한 논의는 이 책의 범위를 벗어난다.[9] 이는 솔직히 말해서 쉬운 해결책이 거의 없는 어려운 문제이다. 전략 수립, 팀 구성, 업무 계획, 할당 방식을 근본적으로 재고하려면 리더십이 필요하다. 본질적으로 팀에서 애자일의 기본 가치, 원칙 및 방법

---

8 (옮긴이) 빅 룸 플래닝이란 여러 팀이 서로 의존성을 가지고 일할 때 큰 방에 모여 함께 계획을 세우고 논의하는 활동이다. 프로그램 증분(Program Increment)이란 시스템에 점증적 가치를 제공하는 기간으로, 일반적으로 8~12주라고 한다. 릴리스 트레인 엔지니어란 SAFe 프로세스를 더 용이하게 하는 리더이자 코치다.

9 이 주제에 대한 개요는 우리가 쓴 책인 *Sense & Respond*, Harvard Business Review Press, 2017에서 확인할 수 있다(*https://senseandrespond.co* 참고).

을 사용하여 생산적인 작업 주기를 구축하도록 허용해야 한다. 그 뒤에, 이러한 조직별 접근 방식을 조금씩 확장해야 한다.

엔터프라이즈 애자일 환경에서 린 UX를 확장하고 그 확장성을 활용하는 데 도움이 되는 몇 가지 기술이 있다. 일반적으로 발생하는 몇 가지 문제와 이를 관리하는 방법을 소개한다.

문제

프로젝트 규모가 커지면 더 많은 팀이 참여하게 된다. 이때 각 팀이 국부적으로 최적화되는 것을 방지하고, 동일한 비전에 맞추도록 하기 위한 방법은 무엇인가?

해결 방향

성과 관리의 개념은 개별 팀뿐만 아니라 팀 집합에도 적용된다. 모든 팀이 프로젝트 비전을 공유하도록 하기 위해서는 동일한 성공 지표를 각 팀에 할당해야 한다. 이를 위해 모든 팀이 함께 작업하면서 주요 지표를 정의하고, 이를 프로젝트 전체의 팀 간에 공유할 수 있다. 그러나 이를 위해서는 각 팀에서 주요 지표에만 집중하는 대신, 전체적인 결과를 고려해야 한다. 이렇게 전체 팀이 함께 가장 중요한 결과를 달성해야만 프로젝트를 성공시킬 수 있다.

이러한 방식으로 협력하면 국부적 최적화의 위험을 줄이면서 최적화의 후속 영향을 고려하지 않을 수 있다. 예를 들어, 마케팅 팀이 고객 확보 성과 목표를 달성하기 위해 노력하고 있지만 이를 위해 이메일을 과도하게 활용한다면 제품 팀의 고객 유지율 목표에 타격을 줄 수 있다. 두 팀의 성과 목표가 동일한 경우(고객 확보와 유지가 혼합된 경우), 두 팀은 함께 노력과 생산물의 균형을 맞춰 성공하는 방법을 배울 수 있다.

문제

팀 내에서 중복 학습을 최소화하고 학습한 내용을 효과적으로 공유하는 방법은 무엇인가?

해결 방향

팀이 학습한 내용을 공유하고 중복 학습을 최소화하기 위한 방법은 다양하지만 중앙 지식 관리 도구인 위키, 스크럼의 스크럼 같은 정기적인 팀 리더십 회의, 그리고 리서치 중심의 개방형 커뮤니케이션 도구(예: 슬랙 전용 채널 또는 내부 채팅 도구) 등이 효과적인 방법으로 알려져 있다. 또한, 정기적인 팀 간 비평 세션과 같은 스튜디오 문화를 구축하는 것도 도움이 될 수 있다.

문제

여러 팀이 협업하는 환경에서 종속성으로 인해 진행 속도가 느려지는 경우, 학습 및 제공 속도를 일정하게 유지하려면 어떻게 해야 할까?

해결 방향

자급자족하는 '풀스택' 팀을 구성하라. 풀스택 팀은 필요한 모든 역할을 수행할 수 있는 팀이다. 이는 팀에 각 부서별로 한 명씩 데려와야 한다는 의미가 아니라, 한 사람이 한 부서, 또는 두 부서의 일을 할 수 있다는 뜻이다. 디자이너, 콘텐츠 담당자, 프론트엔드 및 백엔드 개발자, 프로덕트 매니저 등이 포함될 수 있다. 각 팀원은 자신의 역할을 수행하면서 다른 팀원들과 협력하여 문제를 해결한다. 이를 위해 각 분야별 회의를 통해 각자 업무에 대한 최신 정보를 공유하고, 업무는 로컬에서 수행한다.

마무리

이번 장에서는 린 UX가 어떻게 애자일 프로세스에 적용되는지를 자세히 살펴보았다. 또한 부서 간 협업을 통해 팀이 어떻게 빠르게 나아갈 수 있는지, 그리고 진행 상황을 궁금해하는 이해관계자와 관리자를 어떻게 다루어야 하는지 살펴보았다. 모든 사람이 모든 활동에 참여하는 것이 중요한 이유와 한때 진정한 애자일의 길로 여겨졌던 시차 스프린트 모델이 현재 대부분의 팀이 적용하는 듀얼 트랙 애자일의 뿌리를 형성한 과정에 대해서도 논의했다. 또한 스크럼 아티팩트와 이벤트가 학습 속도를 높이는 데 어떻게 유리하게 작용하는지도 자세히 다루었다.

제4부

조직에서의 린 UX

LEAN UX IN YOUR ORGANIZATION

4부에 관하여

애자일 프로세스와 디자인을 통합하는 것은 쉽지 않은 일이며, 종종 많은 고통과 어려움을 초래할 수 있다. 제프는 더 래더스(TheLadders)에 재직 중일 때 이를 직접 경험했다. UX 작업을 애자일 프로세스와 통합하기 위해 시간을 투자한 뒤, 제프는 일이 잘 풀릴 것 같은 예감이 들었다. 어느 날 아침, UX 팀이 그림 IV.1의 다이어그램을 들고 올 때까지는 말이다. 이 다이어그램은 UX 팀이 애자일에 디자인 관행을 통합할 때 직면하게 되는 모든 도전 과제를 표현한 것이다. 제프는 이걸 처음 보고 자신의 잘못을 크게 인정할 수밖에 없었다. 그러나 궁극적으로 이를 통해 제프와 UX 팀, 더 래더스의 나머지 제품 개발 직원들은 대화를 시작하고, 통합된 협업 방식을 구축할 수 있었다.

이 도표가 만들어진 후, 우리는 이 문제에 대해 많은 회사들과 협력해 왔다. 우리는 다양한 산업, 회사 규모, 문화를 아우르는 다양한 회사들과 함께 일해왔다. 우리는 미디어 조직이 콘텐츠를 제공하고 수익화할 수 있는 새로운 방법을 찾도록 지원하기도 했고, 상업용 가구 제조 업체를 위해 새로운 모바일 중심의 판매 도구를 개발하기도 했다. 패션 소매 업체, 자동차 서비스 회사, 대형 은행과 협력하여 린 UX 관행을 구축하는 데 도움을 주었다. 또한, 비영리 단체와 협력하여 새로운 서비스를 만들고 많은 팀들을 훈련시켰다.

이러한 각 프로젝트를 통해 해당 환경에서 린 UX가 어떻게 작동하는지에 대한 더 많은 통찰을 얻었다. 우리는 각 프로젝트에서 얻은 통찰을 사용하여 이어지는 후속 프로젝트를 더 성공적으로 만들었다. 지난 5년 동안 린 UX의 성공을 위해 팀 차원, 조직 차원에서 어떤 일을 해야 하는지에 대해 명확한 감각을 얻었다. 4부에서 이 내용을 다룰 것이다.

17장 '조직 변화 만들기'에서는 이러한 작업 방식을 지원하기 위해 구체적으로 수행해야 하는 조직 변화에 대해 자세히 다룰 예정이다. 이는 소프트웨어 개발자와 디자이너뿐만 아니라 함께 작업하는 모든 사람에게 해당된다. 애자일 조직을 실현하기 위해서는 제품 개발 엔진 전반을 변화시켜야 한다.

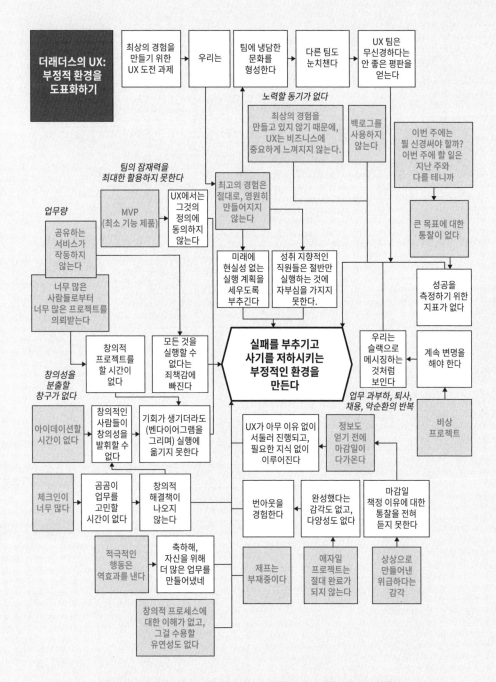

더래더스의 UX: 부정적 환경을 도표화하기

최상의 경험을 만들기 위한 UX 도전 과제 → 우리는 → 팀에 냉담한 문화를 형성한다 → 다른 팀도 눈치챈다 → UX 팀은 무신경하다는 안 좋은 평판을 얻는다

노력할 동기가 없다

최상의 경험을 만들고 있지 않기 때문에, UX는 비즈니스에 중요하게 느껴지지 않는다.

백로그를 사용하지 않는다

이번 주에는 뭘 신경써야 할까? 이번 주에 할 일은 지난 주와 다를 테니까

큰 목표에 대한 통찰이 없다

팀의 잠재력을 최대한 활용하지 못한다

업무량

MVP (최소 기능 제품) → UX에서는 그것의 정의에 동의하지 않는다

공유하는 서비스가 작동하지 않는다

너무 많은 사람들로부터 너무 많은 프로젝트를 의뢰받는다

최고의 경험은 절대로, 영원히 만들어지지 않는다

미래에 현실성 없는 실행 계획을 세우도록 부추긴다

성취 지향적인 직원들은 절반만 실행하는 것에 자부심을 가지지 못한다.

성공을 측정하기 위한 지표가 없다

창의성을 분출할 창구가 없다

창의적 프로젝트를 할 시간이 없다

모든 것을 실행할 수 없다는 죄책감에 빠진다

실패를 부추기고 사기를 저하시키는 부정적인 환경을 만든다

우리는 슬랙으로 메시징하는 것처럼 보인다

계속 변명을 해야 한다

아이데이션할 시간이 없다

창의적인 사람들이 창의성을 발휘할 수 없다

기회가 생기더라도 (벤다이어그램을 그리며) 실행에 옮기지 못한다

UX가 아무 이유 없이 서둘러 진행되고, 필요한 지식 없이 이루어진다

정보도 얻기 전에 마감일이 다가온다

업무 과부하, 퇴사, 채용, 악순환의 반복

비상 프로젝트

체크인이 너무 많다

곰곰이 업무를 고민할 시간이 없다

창의적 해결책이 나오지 않는다

번아웃을 경험한다

완성했다는 감각도 없고, 다양성도 없다

마감일 책정 이유에 대한 통찰을 전혀 듣지 못한다

적극적인 행동은 역효과를 낸다

축하해, 자신을 위해 더 많은 업무를 만들어냈네

제프는 부재중이다

애자일 프로젝트는 절대 완료가 되지 않는다

상상으로 만들어낸 위급하다는 감각

창의적 프로세스에 대한 이해가 없고, 그걸 수용할 유연성도 없다

그림 IV.1 더 래더스의 UX 팀은 애자일과 UX 통합 노력에 대한 감상을 표현했다.

18장 '에이전시에서의 린 UX'에서는 에이전시의 맥락에서 린 UX를 구현하는 독특한 문제에 대해 논의할 예정이다. 우리 자신도 이러한 도전에 직면했고, 많은 디자인 및 제품 개발 회사의 교육을 위해 노력해 온 결과 우리는 여기서의 몇 가지 과제를 이해하게 되었다. 이런 기업에서 린 UX를 성공적으로 도입하기 위해 고려해야 할 몇 가지 주요 사항을 소개할 것이다.

17장

조직 변화 만들기

야구에 대해, 당신은 아무것도 모른다.
— 요기 베라

이 책의 1부에서는 린 UX의 원리에 대해 논의했다. 해당 섹션을 통해 린 UX가 사고방식이라는 사실을 이해했기를 바란다. 2부에서는 린 UX는 또한 프로세스라는 점에서, 린 UX의 주요 방법론 중 일부를 다뤘다. 우리는 고객과 협력하여 이러한 방법을 팀에 가르쳤고, 결과적으로 린 UX는 또한 운영 및 경영 방법이라는 점이 명확해졌다. 따라서, 린 UX를 조직 내에 적용하여 최대한의 혜택을 얻으려면 조직 내에서 몇 가지 변경이 필요할 것이다.

조직의 변화는 쉬운 일이 아니지만 이는 선택 사항이 아니다. 세상은 변화했고 우리 조직도 이에 맞춰 변화해야 한다. 규모가 큰 비즈니스 또는 규모 확장을 추구하는 비즈니스는, 좋든 싫든 이제 소프트웨어 사업과 연관되어 있다. 어떤 산업군에 속하든지, 소프트웨어는 회사의 제품 또는 서비스를 제공하는 데 있어 핵심적인 역할을 수행하게 되었다.

이는 힘을 실어주는 동시에 위협적이다. 글로벌 시장에 진출하고, 증가하는 수요를 충족하며, 운영을 확장하고, 고객과 지속적인 대화를 나누기가 그 어느 때보다 쉬워졌다. 그러나 이러한 힘은 동시에 양날의 검으로 작용한다. 소프트웨어가 지금처럼 광범위하게 채택되기 전에는 결코 경쟁 상대가 될 수 없었을 소규모 경쟁자들에게도 동일한 기회를 제공하기 때문이다. 이에 따라 린 UX 도입이 더욱 중요해지는 것이다.

많은 조직이 이러한 결론에 도달하고 제품 개발 팀의 규모를 확장하기 위해 노력했다. 이를 위해 많은 사람들은 애자일 소프트웨어 개발 방법의 핵심 리듬을 활용하여 소프트웨어 제품 개발을 운용하려고 했다. 그러나 불행히도, 이러한 접근법 중 많은 것들은 명목상으로는 애자일해 보이지만 협업, 투명성, 지속적인 학습과 같은 애자일의 핵심 가치를 충분히 받아들이지 못한다. 이러한 운영 접근 방식은 소프트웨어 제공 속도를 극대화하지만 디자이너를 포함한 소프트웨어 팀이 제품을 내놓는 데만 연연하는 결과를 초래한다. 그 결과, 디자인의 여러 가치가 사라진다.

린 UX는 디자인하면서 출시하는 방식을 뛰어넘어, 다양한 분야의 전문가로 구성된 팀에서 디자인의 완전한 가치를 실현할 수 있는 방법이다. 소프트웨어의 힘을 활용하여 지속적인 개선 루프를 구축함으로써, 여러분의 회사가 경쟁 업체보다 앞서 나갈 수 있도록 한다. 조직이 실질적으로 애자일하게 움직이도록 해주고, 이전에는 불가능하던 속도로 시장의 변화에 대응할 수 있게 해준다.

> ### ☑ 디자인옵스와 린 UX
>
> 디자인옵스(DesignOps)는 대규모 조직에서 제품 개발 팀의 디자인 운영 환경을 개선하기 위해 등장한 움직임이다. 디자인옵스는 조직 규모에 맞게 디자인을 운용하는 것이 목표이며 대규모 조직 내부의 디자인 운영에 대해 생각하고 관리하는 방법이다. 따라서, 조직의 디자인옵스 팀은 린 UX를 적용하기 위한 모든 노력의 핵심이 되어야 한다.
>
> 여기서 한 가지 중요하게 언급할 사항이 있다. 디자인옵스는 새로운 작업 방식을 수용하는 힘이 될 수 있지만 기존 작업 방식을 수용하는 힘이 될 수도 있다. 디자인 커뮤

니티가 개발한 많은 전통적인 작업 방식은 훌륭하고, 지혜로 가득하며, 존경받을 필요가 있다. 그러나 일부 작업 방식은 오래된 기술과 비즈니스 모델을 기반으로 구체적인 디자인 작업을 수행하는 데 초점을 맞추고 있다. 예를 들어, 개발에 앞서 디자인을 모두 완결시키기(Big Design Up Front, BDUF)와 산출물 중심의 작업은 애자일 팀에 영향력을 극대화하고자 하는 디자이너에게는 더 이상 도움이 되지 않는, 전통적이고 오래된 디자인 방법이다. 조직 내에서 디자인옵스 주도의 움직임을 구축하기 위해 노력할 때, '디자이너는 항상 이러한 방식으로 작업해 왔습니다'라는 해결책에 주의해야 한다. 이는 진정한 애자일 및 린 UX 정신을 수용하지 않기 때문이다.

전환

팀을 훈련시킬 때, 팀원들로부터 가끔 "우리가 여기서 어떻게 이러한 방법을 실행할 수 있을까?"라는 질문을 받는다. 이때 우리는 항상 망설이게 된다. 대부분의 조직이 이러한 문제를 해결할 수 있다고 확신하지만, 모든 조직이 고유한 특징을 갖고 있다는 것도 알고 있다. 따라서 적절한 해결책을 찾기 위해서는 동료들과 경영진과 긴밀하게 협업하고 작업해야 한다.

이번 장에서는 조직이 린 UX를 수용하기 위해 필요한 몇 가지 변화에 대해 공유하고자 한다. 하지만 우리는 그 변화를 어떻게 만들어야 하는지에 대해서는 언급하지 않을 것이다. 그 부분은 여러분의 책임이다. 그러나 이 토론이 여러분이 다루고 싶은 영역을 찾기 위한 사전 조사를 하는 데 도움이 되길 바란다.

문화 바꾸기

린 UX를 구현할 때 다음과 같은 문화적 차원을 고려하라.

- 겸허히 받아들여라.
- 새로운 기술을 받아들여라.
- 열린 협업 공간을 만들어라.

- 히어로는 없다.
- 해결책이 아니라 문제와 사랑에 빠져라.
- 에이전시 문화를 발전시켜라.
- 환경에 대해 현실적으로 생각하라.

팀 구성 바꾸기

린 UX를 구현하려면 다음과 같이 팀 구성 방식도 고려해야 한다.

- 역할보다 역량을 생각하라.
- 다양한 분야의 전문가로 구성된 팀을 만들어라.
- 소규모 팀을 만들어라.
- 원격으로 협업하라.
- 외부 협력 업체와의 관계를 유연하게 만들어라.

프로세스 바꾸기

마지막으로 제품 개발 프로세스도 다음과 같이 변경되어야 할 것이다.

- 생산물이 아닌 결과를 활용해 작업을 계획하라.
- 개발에 앞서 거대한 디자인을 모두 완결시키는 관행(BDUF)이 애자일 환경
  으로 스며드는 것을 주의하라.
- 속도를 먼저 받아들이고, 미적 감각은 후순위로 두어라.
- UX 부채를 해결하라.
- 문서화 관행을 재고하라.
- 종합적으로 관리하라.

전환: 겸허히 받아들여라

자동차를 만드는 조립 라인에서 일하고 있다고 잠시 상상해 보자. 제품의
최종 상태는 사전에 잘 정의되어 있다. 제품을 생산하는 데 드는 비용도 분

명히 정해져 있다. 100년 이상의 경험을 바탕으로 자동차를 제작하는 과정은 최적화되었으며, 고객이 자동차를 사용할 방식도 명확하다. 이러한 상황에서는 품질, 효율성, 비용 관리에 중점을 둔다.

우리는 자동차를 만드는 게 아니다.

우리가 갖고 있는 도구는 소프트웨어이며, 우리의 제품과 서비스는 복잡하고 예측할 수 없다. 소프트웨어에는 최종 상태라는 게 없다. 그러나 우리는 경제적으로 합리적인 디지털 제품을 계속해서 디자인, 구축, 운영, 최적화할 수 있다. 당혹스러운 점은 고객들이 우리의 디지털 서비스를 우리가 상상조차 못한 방식으로 사용할 수 있다는 것이다. 많은 경우, 사람들이 일정 기간 시스템을 사용한 후에 최상의 기능이 나타난다(X(구 트위터)의 해시태그가 이를 잘 보여주는 예시다. 사용자들이 이 기능을 만들었고, 그 후 X가 지원을 추가한 것이다). 알려지지 않은 부분이 많기 때문에 제품의 범위, 로드맵, 구현, 성공에 대한 자신감은 제한적일 수밖에 없다. 좋은 소식은 애자일과 데브옵스 운동의 부상으로 인해 과거의 조립 라인 접근 방식을 벗어나 지속적인 제품 개발 방식을 채택할 수 있다는 것이다. 린 UX와 결합하면 아이디어가 유효한지를 매우 빠르게 확인할 수 있다.

이러한 새로운 기능을 최대한 활용하기 위해서는 조직에서 겸허한 자세를 수용해야 한다. 모든 복잡성과 불확실성에 직면하여 서비스가 성공하기 위해 취해야 할 정확한 형태를 예측할 수 없다는 것을 조직에서 받아들여야 한다. 이는 눈을 감아버리자는 뜻이 아니다.

조직은 초기에 설정한 비전의 부정확성이나 잘못된 점이 시장에서 드러날 경우, 결단력을 갖고 시스템의 새로운 방향성을 채택해야 한다. 이를 위해서는 시스템이 취할 형태에 대한 강력한 의견과 견해가 필요하다. 이러한 사고방식을 채택하면 팀은 실험하고 실패하며 학습하는 과정을 안전하게 진행할 수 있다. 이러한 시행착오를 통해 린 UX가 성장할 수 있다. 그러나 조직이 방향을 바꿀 수 있는 여지를 마련해두지 않는다면, 린 UX가 추구하는 지속적인 학습은 단지 산만한 활동으로 여겨질 수 있으며, 최악의 경우 시간 낭비로 인식될 수 있다.

전환: 새로운 기술을 받아들여라

많은 기업들이 디자이너에게 와이어프레임, 스펙 작성, UI 디자인과 같은 전술적이고 전통적인 기능을 기대한다. 이로 인해 디자이너는 회사가 어떤 프로세스를 사용하든 '디자인 단계'에서만 프로젝트에 참여하게 된다. 이렇게 기존 워크 플로에 디자이너를 끼워넣어 특정 역할에 국한시키면 작업 범위가 제한되어 효율성에도 제한이 생긴다. 더욱이, 이로 인해 부서 이기주의가 강화되는 부작용이 발생한다.

다양한 분야의 전문가로 구성된 팀이 성공하려면 더 많은 것이 요구된다. 여전히 팀에는 핵심 UX 기술이 필요하지만, 디자이너들은 그들의 핵심 역량 중 하나로 퍼실리테이션을 추가해야 한다. 이를 위해서는 지금까지의 작업 방식을 크게 두 방향으로 전환해야 한다.

디자이너는 디자인 프로세스를 개방해야 한다

제품 디자인은 개인보다 팀의 소유여야 한다. 디자이너는 단순히 며칠 동안 모니터 뒤에 숨어 작업하는 것이 아니라, 팀을 디자인 프로세스에 참여시키고 의견을 구하며 디자인에 대한 통찰력을 공유해야 한다. 이를 통해 다른 부서와 소통하지 않고 각자 작업하는 현상을 방지하면서 다양한 부서 간 소통을 촉진할 수 있다. 이를 위해 디자이너는 광범위한 협업 전략을 사용해야 한다. 팀의 요구를 수용하고 대화를 진전시키는 동시에 팀의 역량과 프로젝트 일정의 현실을 고려하여, 창의적이고 실용적인 접근을 해야 한다.

디자이너는 팀에서 리더십 역할을 수행해야 한다

동료들은 여러분의 디자인 작업을 비판하는 데 익숙하다. 그러나 그들은 디자인을 공동으로 만들어 가는 데는 익숙하지 않을 것이다. 디자인 리더십과 그룹 브레인스토밍 활동인 디자인 스튜디오를 통해 안전한 논의의 장을 조성함으로써 팀 전체가 제품을 개념화하고 디자인 팀에서 아이디어를 통합하는 역량을 보여줄 수 있다.

전환: 열린 협업 공간을 만들어라

협업을 방해하는 물리적 장벽을 제거하라. 팀을 함께 모으고 모든 팀원이 쉽게 접근할 수 있는 작업 공간을 조성하라. 벽이나 다른 작업대에 작업물을 게시할 수 있는 공간을 마련하라. 동료에게 다가가 작업물을 보여주고 토론하며 스케치하고, 아이디어를 교환하고, 표정과 몸짓을 이해하면서 어려운 주제에 대한 결정을 내리는 것만큼 효과적인 방법은 없다.

팀원들을 같은 장소에 배치할 때, 다양한 분야의 전문가가 포함된 그룹을 만들어라. 이는 팀원들을 각자의 전문 분야라는 편안한 '은신처'에서 꺼내는 것을 의미한다. 칸막이 벽 하나만으로 동료들 간의 대화가 방해받을 수 있다는 사실에 놀라게 될 것이다.

열린 작업 공간은 팀원들이 서로를 일상적으로 대면하고, 필요한 경우 손쉽게 접근할 수 있는 환경을 제공한다. 일부 팀은 특정한 날에 본인이 협력하는 팀원들과 더 가깝게 자리할 수 있도록 책상에 바퀴를 붙이는 등의 조치를 취하기도 한다. 열린 공간을 보완하기 위해 소규모 회의실을 마련하여 팀이 브레인스토밍할 수 있도록 한다. 벽 크기의 화이트보드를 마련하거나 화이트보드 페인트로 벽을 칠하면 몇 평의 토론 공간을 마련할 수 있다. 한마디로 팀원들 간의 물리적 장애물을 제거하라. 처음에는 공간 관리자들이 이를 받아들이기 어려울 수 있지만, 이해관계자들은 당신에게 감사할 것이다.

원격 팀과 '하이브리드' 작업 상황이 더욱 흔해진 요즘, 이러한 특성을 원격 협업 상황에도 그대로 적용해야 한다는 것을 기억하라. 협업과 공유가 간편해야 하고, IT 부서에서 추천해준 도구보다 팀 환경에 잘 맞는 도구를 사용하도록 한다.

전환: 히어로는 없다

다양한 팀들과 계속 작업을 해 오면서, 여전히 린 UX에 저항하는 디자이너들이 많다는 걸 알게 되었다. 한 가지 이유? 많은 디자이너가 히어로가 되고 싫어 하기 때문이다.

디자이너들이 아름다운 산출물을 만들어내는 환경에서, 그들은 영웅적인 분위기를 낼 수 있다. 디자인 기계의 한쪽 끝에 요구 사항이 들어가고, 멋진 예술 작품이 나온다. 디자인이 공개되면 사람들은 "오오~", "와~"라고 감탄사를 연발한다. 디자이너들은 수년 동안 이러한 반응(비공식적/공식적인 수상 모두)을 즐겨왔다.

이런 모든 디자인이 피상적이라고 말하려는 것이 아니다. 학교 교육, 정규 교육, 경험, 영감은 디자이너가 작성한 모든 포토샵 문서에 반영되며, 그 결과물은 항상 지적이고 신중하며 가치 있다. 그러나 언뜻 보기에 그럴듯한 산출물은 조직의 잘못된 의사 결정을 초래할 수 있다. 특히 그 아름다움에 사로잡혀 판단이 흐려질 수 있다. 디자인 어워드는 (디자인이 창출하는 결과보다는) 디자인의 아름다움에 기반한 것일 수 있다. 채용 결정은 와이어프레임이 세련된 정도에 따라 결정되며, 월급은 포트폴리오 각 부분에 적혀있는 브랜드 이름에 따라 달라질 수 있다.

그 결과, 이 문서를 작성한 사람들은 업계 리더로 인정받고 경험 디자인 분야에서 최고의 위치에 오르게 된다. 그들은 문제를 신속하게 해결해야 하는 상황에서 '찾아가야 하는' 사람들로 인식된다. 그러나 사용자 경험, 비즈니스 및 팀의 성공을 한 명의 슈퍼히어로 디자이너가 책임질 수는 없다. 한 사람이 전적으로 계획을 성공으로 이끌었다고 칭송받아야 할까?

간단히 말해서, 아니다.

린 UX가 조직에서 성공하기 위해서는 디자이너와 디자이너가 아닌 팀원을 포함한 모든 유형의 기여자가 광범위하게 협업해야 한다. 이는 특히 디자인 에이전시 경력이 있는 시각 디자이너에게 어려운 변화일 수 있다. 디자인 에이전시에서 크리에이티브 디렉터는 감히 범접할 수 없는 존재였다. 하지만 린 UX에서 손댈 수 없는 것은 고객에 관한 통찰뿐이다.

린 UX에는 말 그대로 슈퍼히어로가 없다. '가설로서의 디자인'이라는 시종일관한 개념은 슈퍼히어로라는 개념을 즉시 배제한다. 디자이너로서, 여러분은 여러 아이디어 중 많은 것이 실패할 것이라고 예상해야 한다. 슈퍼히어로는 실패를 받아들이지 않지만 린 UX 디자이너는 실패를 프로세스의 일부로 끌어안는다.

전환: 해결책이 아니라 문제와 사랑에 빠져라

린 UX는 디자인 작업에서 품질의 본질에 대해 어려운 질문을 하게 만든다. 이 글을 읽고 있는 디자이너라면 아마도 미학적 완성도보다 속도가 우선하는 상황에서 자주 떠오르는 질문을 스스로에게 던져보았을 것이다.

> 지금 내 업무가 완성된 작업이 아닌 개념과 아이디어를 제시하는 것이라면, 내가 생산하는 모든 것이 어설프다는 느낌을 받을 것이다. 마치 '동메달을 노리는' 기분이다. 내가 만드는 모든 것은 결코 완성되지 않을 것이다. 내가 디자인할 수 있는 제품의 특징을 보여주는 것은 아무것도 없다. 완성되지 않은 디자인에 대해 자부심과 주인 의식을 느낄 수 있는 방법은 무엇일까?

일부 디자이너에게 린 UX는 그들이 작업에서 중요하게 여기는 것을 위협하고 디자인 포트폴리오를 위험에 빠뜨리는 것처럼 보일 수 있다. 심지어 미래 취업 가능성을 위협하는 것처럼 느껴질 수도 있다. 이러한 감정은 지금까지 많은 채용 담당자들이 중요시해온 것, 즉 매력적인 산출물(해결책)에 기반을 두고 있다. 대충 그린 스케치, 프로젝트의 '버전 1' 및 기타 낮은 충실도의 작업물로는 '끝내주는 포트폴리오'를 만들지 못한다. 소프트웨어 솔루션은 시간이 지남에 따라 계속해서 발전한다는 인식과 함께, 이제는 모든 것이 변화하고 있다.

　여러분의 조직은 여전히 미적 감각, 정제된 완성도, 디테일에 가치를 두겠지만 디자인의 다른 차원들도 똑같이 중요하다. 비즈니스 문제의 맥락을 이해하고 빠르게 사고하며 공유된 이해를 구축하는 능력이 조직에서 인정받아야 한다. 디자이너는 아이디어에서 검증된 학습과 경험에 이르기까지의 과정을 보여줌으로써 문제 해결 능력을 증명할 수 있다. 이를 통해 디자이너로서의 뛰어난 가치를 입증할 것이다. 문제 해결사를 찾고 그들을 보상하는 조직은 이런 디자이너들을 끌어들이게 되고, 디자이너들은 이 조직에 매력을 느낄 것이다.

전환: 에이전시 문화를 발전시켜라

디지털 에이전시에서 린 UX를 적용하는 것은 쉬운 일이 아니다. 대부분의 에이전시는 린 UX와 상충되는 비즈니스 모델을 가지고 있다. 전통적인 에이전시 비즈니스 모델은 단순하다. 고객은 결과가 아닌 디자인, 스펙, 코드, 파워포인트 슬라이드 등의 산출물에 대한 비용을 지불한다. 하지만 에이전시 문화도 마찬가지로 큰 장애물이다. 개인을 크리에이티브 디렉터로 승진시키는 곳에서는 '디자이너를 영웅화'하는 문화가 강하다. 규모가 큰 에이전시에서는 다양한 분야의 전문가가 협업하는 것도 어려울 수 있다. 인력 활용을 극대화하기 위해 각 부서가 소통하지 않고 각자 일하는 프로세스를 장려하기 때문이다. 이는 결과적으로 산출물 중심의 작업을 장려하는 '단계별 프로젝트' 방식으로 이어진다.

아마 가장 어려운 장애물은 고객이 에이전시에 '일단 작업을 넘기고 우리는 손 털기' 한 다음 에이전시에서 준비를 마치면 결과를 확인하려는 것이다. 이러한 상황에서 고객과 에이전시 간의 협력은 개인적 편견이나 정치, 책임 회피에 기반한, 알맹이 없고 비생산적인 비판이 될 수 있다.

린 UX가 에이전시 환경에서 작동하게 하려면, 참여하는 모든 사람들은 두 가지 요소를 극대화하는 데 집중해야 한다. 고객과 에이전시 간의 협업을 늘리고, 생산물에서 결과로 초점을 바꾸도록 하는 것이다.

일부 에이전시는 고정된 범위와 산출물 중심의 계약에서 벗어나 결과에 초점을 맞추는 실험을 시도하고 있다. 그 대신, 그들의 업무 내용은 간단한 T&M 계약[1]이나 더 극단적인 경우 결과 중심의 계약에 기반한다. 어떤 경우

---

1 (옮긴이) T&M 계약은 'Time and Materials(시간과 자재)' 계약의 약어로, 프로젝트나 서비스의 비용을 프로젝트 기간과 소비된 자재 또는 노동 시간에 따라 결정하는 계약 형태를 가리킨다. 이 계약은 컨설팅과 같이, 일반적으로 프로젝트의 범위나 요구 사항이 명확하게 정의되지 않거나 변경될 가능성이 높을 때 사용된다.

든, 팀은 목표를 향해 과정을 반복하며 시간을 보낼 수 있는 자유를 갖는다. 고객은 산출물 중심의 계약이 제공하는 통제의 환상을 포기하고 기능 목록이 아닌 결과 측면에서 정의된, 의미 있는 고품질 해결책을 추구할 자유를 얻게 된다.

협업을 증진하기 위해 에이전시는 고객과의 벽을 허물어 볼 수 있다. 고객은 더 일찍, 더 자주 프로세스에 참여할 수 있다. 덜 공식적인 마일스톤을 중심으로 체크인을 진행할 수 있다. 그리고 에이전시와 고객 모두가 서로의 추가적인 통찰력, 피드백, 협업을 통해 이점을 얻을 수 있도록 협업 작업 세션을 마련할 수 있다.

이러한 변화는 에이전시와 그들을 고용하는 클라이언트 모두에게 쉽지 않다. 그러나 최고의 제품을 만드는 모델이라 할 수 있다.

개발 파트너에 대해 간단히 언급하자면, 에이전시 관계에서 소프트웨어 개발 팀(에이전시 내부, 클라이언트 또는 프리랜서)은 종종 외부인으로 취급되며 디자인 단계에 간혹 참여한다. 이를 바꾸는 것이 중요하다. 개발 파트너를 단순히 수동적인 관찰자로 머무르게 해서는 안되며 프로젝트의 전체 기간 동안 참여하도록 해야 한다. 그 대신 소프트웨어 개발을 가능한 한 빨리 시작하도록 노력해야 한다. 다시 말해, 전체 프로젝트 팀과 깊고 의미 있는 협업을 추구해야 하며, 그러기 위해서는 실제로 개발자와 함께 작업해야 한다.

전환: 환경에 대해 현실적으로 생각하라

변화는 두렵다. 린 UX 접근 방식은 많은 변화를 가져온다. 특히 오랫동안 한 자리에 있었고 현재의 역할에 익숙한 관리자들에게는 불안감을 줄 수 있다. 새로운 방식으로 작업하자는 제안에 위협을 느끼는 관리자도 있을 수 있으며, 이는 결국 부정적인 결과를 초래할 수 있다. 이러한 상황에서는 허락을 구하기보다는 관용을 구하는 방법을 시도해 보라. 몇 가지 아이디어를 시도해 보고, 측정할 수 있는 수치로 가치를 입증하라. 프로젝트에서 시간과 비용을 절약했다거나 이전보다 더 성공적인 업데이트를 제공했다는 등의 성과는 당신의 입지를 강화하는 데 도움이 될 수 있다. 그럼에도 매니저가 여전히 이러한 방식으로 작업하는 가치를 보지 못하고 조직이 '맹목적인 디자인'의 길을 걷고 있다면, 이직을 고려할 때인지도 모른다.

전환: 역할보다 역량을 생각하라

대부분의 회사에서 당신이 하는 일은 직책에 의해 결정된다. 그 직책에는 직무 설명이 딸려온다. 조직은 한 사람이 기술된 자신의 직무 범위를 벗어나 다른 일을 하려 할 때 이를 막는 경우가 너무 많다(예: "너는 개발자가 아니야, 자바스크립트에 대해 뭘 알겠어?"). 이러한 접근은 협업을 저해하며 사람들의 모든 기술, 재능 및 역량을 활용하지 못하게 만든다.

부서 간 장벽이 높아지면 다양한 분야의 전문가가 협업하며 의견을 내는 것이 어려워진다. 개인별 작업이 더 분리될수록 해당 직무에서 정한 안전한 은신처로 후퇴하기가 쉬워진다. 결과적으로 직무 간 대화는 줄어들고 불신, 손가락질, 방어적인 행동이 증가한다.

부서 간 장벽은 협업하는 팀의 최대 방해물이다.

린 UX가 성공하려면 조직에서 '역할보다 역량'이라는 구호를 채택해야 한다. 모든 팀원은 디자인, 소프트웨어 개발, 리서치 등의 핵심 역량을 보유하고 있으며, 이러한 역량을 발휘해야 한다. 그러나 구성원들은 팀이 더 효율적으로 작동하도록 돕는 부가적인 능력을 보유할 수도 있다.

팀원들이 전문성과 관심을 갖고 있는 분야에 기여하도록 하라. 업무를 전보다 효율적으로 완료할 수 있는, 적극적인 팀을 만들 수 있을 것이다. 또한 다른 직무의 동료들이 하는 일에 관심을 기울이기 때문에 직함을 넘어선 동료애를 형성할 수 있음을 알게 될 것이다. 협업을 즐기는 팀은 더 좋은 결과물을 만들어낸다.

전환: 다양한 분야의 전문가로 구성된 팀을 만들어라

많은 팀에게 협업은 하나의 직무 내에서의 협업을 의미한다. 개발자들은 다른 개발자들과 문제를 해결할 동안 디자이너들은 편한 의자에 모여 앉아 멍하니 라바 램프를 바라보면서, 스티브 잡스처럼 검은 터틀넥 티셔츠를 입은 팀원들과 '아이디어'를 낸다(농담이다) (글쎄… 조금 그렇긴 하잖아요? 사랑해요 디자이너님들!!).

한 부서만의 협력으로 탄생한 아이디어는 하나의 측면만 반영한다. 이는 팀의 폭넓은 시각, 즉 광범위한 요구 사항, 기회, 위험 및 해결책을 조명하는 관점을 반영하지 않는다. 더 나쁜 점은 이러한 방식으로 작업할 때 해당 분야의 팀이 자신들의 작업을 설명해야 한다는 것이다. 그 결과 상세한 문서 작성에 과도하게 의존하게 되고, 팀 전체의 학습 속도 저하가 발생하는 경우가 너무 많다.

린 UX는 직무 간 협업이 필요하다. 프로덕트 매니저, 개발자, QA 엔지니어, 디자이너, 마케팅 담당자 간의 상호 작용을 통해 모든 사람이 같은 입장에 서게 된다. 이와 동일한 비중으로 중요한 점은, 모든 사람이 같은 지점에서 시작한다는 점이다. 어떤 규율도 다른 규율보다 위에 있지 않다. 모두가 공통의 목표를 향해 노력해야 한다. 디자이너가 '개발자 미팅'에 참석할 수 있도록 허용하고 그 반대의 경우도 허용한다. 사실, 그냥 팀 회의만 하면 된다.

우리는 오랫동안 직무 간 협업이 얼마나 중요한지 알고 있었다. 로버트 데일리(Robert Dailey)는 1970년대 후반에 '팀과 과제의 특성이 R&D 팀의 협력적 문제 해결력과 생산성에 미치는 영향'이라는 연구를 발표했다. 해당 연구에서는 '팀의 문제 해결 생산성'과 '4가지 예측 변수'인 과제의 확실성, 과제 간의 상호 의존성, 팀의 규모, 팀의 응집력 사이의 연관 관계를 밝혀냈다.[2]

직무 간 경계를 허물어 팀의 응집력을 유지하라.

---

2 "The Role of Team and Task Characteristics in R&D Team Collaborative Problem Solving and Productivity" Management Science 24, no. 15 (November 1, 1978): 1557-1676, *https://oreil.ly/hnN7a*

전환: 소규모 팀을 만들어라

큰 그룹은 작은 그룹보다 효율적이지 않다. 이는 직관적으로 이해할 수 있다. 하지만 사람들에게 잘 알려지지 않은 사실은 다음과 같다. 작은 팀은 그만큼 작은 문제를 맡아야만 한다. 이렇게 작은 규모의 팀은 MVP를 만드는 데 필요한 질서를 쉽게 유지할 수 있다. 아마존의 창업자 제프 베조스가 '피자 두 판 팀'이라고 이름을 붙여서 유명해졌는데, 딱 그 정도 규모로 팀을 나누어라. 만약 팀에서 식사를 하기 위해 피자가 두 판 이상 필요하다면, 팀 규모가 너무 큰 것이다.

작업 규모가 너무 크다면, 해당 작업을 여러 작은 팀이 동시에 처리할 수 있는 서로 연관된 업무로 쪼개라. 작은 팀들이 하나의 결과를 달성하도록 목표를 조율하라. 이렇게 하면 모두가 같은 목표를 향해 작업하게 된다. 이는 작은 팀들이 스스로 규율을 갖추고 효율적으로 소통하도록 하는 동시에, 각 팀이 지엽적인 관점을 갖는 위험을 줄일 수 있다.

전환: 원격으로 협업하라

코로나19 팬데믹을 통해 우리가 경험했듯이, 항상 같은 지역에서 일하지는 못한다. 원격 팀을 구성할 때는 팀원들이 서로 소통하고 협업하는 데 필요한 도구를 제공해야 한다. 여기에는 화상 회의 소프트웨어(예: 줌), 실시간 커뮤니케이션 서비스(예: 슬랙), 온라인 화이트보드 도구(예: 뮤럴, 미로), 간단한 파일 공유 소프트웨어(예: 드롭박스, 구글 문서), 원격 페어링 소프트웨어(예: 스크린히어로) 및 협업을 더 쉽고 생산적으로 만드는 모든 도구가 포함된다.

여행이 가능하다면 가끔 실제로 만나기 위해 항공권을 구입하는 편이 원격 협업 관계를 유지하는 데 큰 도움이 된다는 사실을 잊어서는 안된다. 원격으로 협업하는 팀과 함께 린 UX를 구현하려는 경우, 가장 중요한 것은 팀원들이 같은 시간에 일어나 있어야 한다는 것이다. 전체 근무 시간을 겹치는 시간대로 구성할 필요는 없지만, 동료들과 대화를 나누고 협업하는 활동에 참여할 수 있는 시간이 일정하게, 매일 있어야 한다.

전환: 외부 협력 업체와의 관계를 유연하게 만들어라

외부 소프트웨어 개발 업체는 린 UX 방법론에 큰 도전을 제기한다. 외부 업체가 어디에 있든, 여러분 작업의 일부를 타 회사에 외주로 맡기는 경우 린 UX 프로세스가 무너질 가능성이 높다. 업체와의 계약 관계로 인해 린 UX가 요구하는 유연성을 달성하기 어려울 수 있기 때문이다.

외부 개발 업체와 협력할 때는 T&M을 기반으로 프로젝트를 만들어야 한다. 이를 통해 개발 파트너와 유연한 관계를 구축할 수 있다. 린 UX 프로세스의 일부인 변동 사항에 유연하게 대응하기 위해 필수적이다. 기억하라. 여러분이 소프트웨어를 만드는 과정에는 학습이 뒤따라야 하며 그러한 학습은 여러분의 계획을 변화시킬 것이다. 이러한 변화를 미리 염두에 두고, 이를 중심으로 외부 업체와의 관계를 구축하라.

협력 업체를 선정할 때, 많은 외주 개발 업체들이 프로덕션 작업에 중점을 두고 있으며 다시 작업하는 것을 학습의 기회가 아니라 문제로 여기는 경향이 있다는 점을 염두에 두어야 한다. 린 UX 작업을 위한 파트너를 찾을 때는 실험과 반복을 기꺼이 수용하고 프로토타입 제작과 프로덕션 개발의 차이를 명확히 이해하는 팀을 찾도록 한다.

전환: 생산물이 아닌 결과를 활용해 작업을 계획하라

3장에서는 린 UX에서 결과의 역할에 대해 설명했다. 린 UX 팀은 완료된 기능이 아닌 특정 결과에 대한 진전율로 팀의 성공을 측정한다. 결과를 정의하는 것은 리더십의 활동이다. 하지만 많은 조직에서 결과를 잘 정의하지 못하거나 전혀 정의하지 않고 있다. 리더십은 기능 중심적인 제품 로드맵을 통해 제품 팀에게 지시하는 경우가 많다. 즉, 특정 날짜까지 일련의 생산물과 기능을 생산하도록 제품 팀에 요구하는 것이다.

린 UX를 사용하는 팀은 어떤 기능이 조직이 필요로 하는 결과를 창출할지 결정할 권한을 갖고 있어야 한다. 이를 위해 팀은 리더십과의 대화를 기능 중심에서 결과 중심으로 전환해야 한다. 이러한 변화는 급진적인 것이다. 프로덕트 매니저는 어떤 비즈니스 지표에 가장 주목해야 할지 결정해야 한다. 어떤 효과를 창출하려는 것인가? 고객 행동에 영향을 주려는 것인가? 그렇다면 어떻게 해서 달성할 것인가? 성능을 향상시키려고 노력하는가? 그렇다면 어떤 척도로 측정할 것인가? 이러한 지표들은 더 큰 비즈니스 목표와 연결되어야 한다.

리더십에서 이 방향을 설정해야 한다. 그렇지 않으면 팀에서 리더십에 있는 사람들에게 이러한 변화를 요구해야 한다. 팀원들은 "우리가 왜 이 프로젝트를 하고 있지?", "우리가 잘 해냈는지 어떻게 알 수 있지?"라고 물어야 한다. 관리자들은 팀원들의 이러한 질문에 대해 답할 수 있도록 다시 교육을 받아야 한다. 관리자들은 팀과 자유롭게 협력하여 이러한 목표를 가장 잘 달성할 수 있는 기능을 결정할 수 있어야 한다. 팀은 기능 로드맵에서 테스트할 가설이 쌓여 있는 백로그로 전환해야 한다. 작업은 위험, 실행 가능성, 잠재적인 성공을 기준으로 우선순위를 정해야 한다.

전환: 개발에 앞서 거대한 디자인을 모두 완결하는 관행이 애자일 환경에 스며드는 것을 주의하라

애자일 커뮤니티에서 종종 사람들이 개발에 앞서 거대한 디자인을 모두 완결하는 관행(BDUF)에 대해 이야기하는 것을 들을 수 있었다. 우리는 수년간 그러한 관행을 피하도록 권고했지만, 처음부터 그런 관행이 있었던 것은 아니다.

2000년대 초, 제프는 AOL에서 UI 디자이너로 일하며 새로운 브라우저를 개발하고 있었다. 팀은 기존 브라우저의 기능을 혁신할 수 있는 방법을 고안하고 있었다. 그러나 팀원들은 항상 무언가를 구현하려면, 제프가 새로운 아이디어를 시각적으로 보여주는 적절한 목업, 스펙, 플로 차트를 만들 때까지 기다려야 했다.

한 개발자는 기다리는 데 지쳐서 문서가 완성되기 전에 일부 아이디어를 구현하기 시작했다. 이에 제프는 분개했다. 어떻게 개발자가 디자인 방향성

없이 업무를 진행할 수 있을까? 그가 무엇을 만들어야 하는지 어떻게 알 수 있을까? 만약 잘못되었거나 작동하지 않으면 어떻게 하려고? 개발자는 모든 코드를 다시 작성해야 할 것이다!

결과적으로 개발자의 작업으로 인해 팀원들은 이전보다 더 빠르게 아이디어의 일부를 확인할 수 있었다. 팀원들은 실제 제품 경험을 미리 볼 수 있었고, 보다 유용하고 실행 가능한 디자인을 신속하게 반복하여 만들 수 있었다. 그때부터, 특히 애니메이션과 새로운 UI 패턴을 필요로 하는 기능을 추진할 때는 개발 이전에 모든 디자인을 완전히 마무리하는 관행을 완화하게 되었다.

역설적으로 팀의 문서 의존성과 그로 인해 해당 개발자에게 촉발된 '영감'은 계속되었다. 실제로 프로젝트가 마무리될 때, 팀에서는 '문서화되지 않은 창의력'을 일깨워준 점을 놀리며 제프에게 상(그림 17.1)을 주기도 했다.

그림 17.1 개발자들에게 '문서화되지 않은 창의력'을 고취시킨 공로(?)로 제프가 받은 상

현재 대부분의 애자일 팀이 BDUF 개념을 피한다고는 하지만, 우리는 애자일 환경에서 이러한 관행이 부활하는 것을 목격했다. 이 새롭고 교활한 버전의 BDUF는 때때로 애자일-스크럼-폴, 워터-스크럼-폴 또는 웨자일(Wagile)로 알려져 있다. 이 개념을 들어봤을 것이다. 애자일 폴(Agile fall)은 애자일과 사전에 디자인하는 단계가 결합된 것으로, 디자인 작업을 폭포수 스타일로

개발 팀에 전달하고 스토리로 분할하여 '애자일' 방식으로 개발한다. 이러한 작업 방식은 개발 도중에도 안정적인 프로세스를 유지하고, 작업 배포 시기를 어느 정도 예측 가능하게 만들고자 하는 개발 팀의 열망에 초점을 맞추고 있다. 예측 가능성과 효율성이라는 명목으로 정당성을 주장하는 것이다.

문제는 애자일 폴이 린 UX의 성공을 위해 필요한 디자인과 개발 간의 협업을 저해한다는 점이다. 결과적으로 팀들은 디자인과 관련한 소통을 위해 대규모의 문서 작성을 강요받고, 디자이너와 개발자 간의 협상이 더 오래 걸리게 된다. 익숙하게 들리는가? 이것이 새롭게 변형된 BDUF이다. 팀을 고정된 범위와 마감일을 기준으로 계속 압박하는 광범위한 관리 문제의 증상 중 하나가, 애자일 폴로 인해 발생하는 낭비다. 개발자 입장에서는 기획이나 디자인을 변경하지 않겠다는 약속을 받고, 개발해야 할 내용을 명확하게 이해해야만 범위와 마감일을 확정할 수 있다고 생각하게 된다(애자일이 변화를 수용한다는 점은 전혀 신경 쓰지 않는다!). 물론 우리는 소프트웨어는 복잡하고 예측할 수 없다는 걸 이미 알고 있다. 디자인이 변경되지 않더라도 정확히 언제 어떤 것을 배포할지 예측하는 것은 프로젝트 관리라기보다 점성술에 가깝다.

여러분의 팀이 애자일 폴 방식으로 작업한다면, 이해관계자와의 대화를 '관리'에서 '성과'라는 주제로 확대하는 것을 고려해 보자. 프로젝트의 성과 측정을 고정된 시간과 범위에서 고객 행동 중심으로 옮긴다면 모든 디자인 작업을 개발 이전에 수행해야 한다는 요구가 사라지기 시작할 것이다.

전환: 속도를 먼저 받아들이고, 미적 감각은 후순위로 두어라

베이스캠프의 CEO인 제이슨 프라이드(Jason Fried)는 "속도가 우선이고, 미학이 두 번째"라고 말한 적이 있다.

이는 품질에 대해 타협하자는 의미가 아니다. 자신의 아이디어와 과정을 핵심에 이르도록 날카롭게 다듬는 것에 대해 이야기하는 것이다. 린 UX에서 빠르게 작업하는 것은 많은 아티팩트를 생성한다는 의미다. 어떤 종류의 아티팩트를 만들 것인지에 대해 논쟁하는 데 시간을 낭비하지 말라. 아티팩트를 완벽하게 다듬는 데 시간을 낭비하지 말라. 대신에, 스스로 다음 질문을 던져보라.

- 누구와 소통해야 하는가?
- 내가 그들에게 즉시 전달해야 할 것은 무엇인가?
- 그들에게 그것을 전달하기 위해 내가 해야 하는 최소한의 일은 무엇인가?

옆에 있는 개발자와 작업하는 경우 화이트보드 스케치만으로 충분히 아이디어를 전달할 수 있다. 임원이 제품에 관해 자세하게 질문하는 경우라면 목업 제품을 만들어야 할 수도 있다. 고객이 프로토타입을 요구할 수도 있다. 어떤 상황이든 간에, 만드는 데 시간이 최소한으로 걸리는 아티팩트를 만들어라. 이러한 아티팩트는 흘러가는 대화처럼, 프로젝트의 일시적인 부분이다. 빨리 완료하라. 남들에게 보여줘라. 상의하라. 다음 단계로 넘어가라.

시각 디자인 관점에서 미적 감각은 제품과 경험의 필수적인 요소이다. 이러한 요소의 적합성과 완성도는 브랜드, 감정적 경험, 전문성에 결정적인 역할을 한다. 시각 디자인을 다듬는 과정에서 표현 층에 집중하는 것은 매우 의미가 있다. 그러나 초기 단계의 아티팩트인 와이어프레임, 사이트맵, 워크 플로 다이어그램 등에서 이러한 수준의 세련미를 달성하기 위해 노력하는 것은 일반적으로 시간 낭비다.

팀은 중간 디자인 아티팩트의 완성도를 희생하여 시장에 빠르게 진출하고, 사용자에게 효과적인 요소(디자인, 워크 플로, 문구, 콘텐츠, 성능, 가치 제안 등)가 무엇인지 신속히 파악할 수 있다. 보여주는 것에 노력을 덜 기울인다면 기꺼이 아이디어를 변경하고 다시 작업할 마음의 여유가 생길 것이다.

전환: UX 부채를 해결하라

애자일 프로세스에서 일하는 팀이 소프트웨어 UI를 개선하기 위해 되돌아 가지 않는 경우가 실제로 종종 발생한다. 하지만 우리의 친구 제프 패튼(Jeff Patton)이 즐겨 말하는 것처럼 "한 번만 하면 반복이 아니다". 팀은 지속적인 개선을 위해 노력해야 하며, 이는 단순히 코드 리팩터링과 기술적 부채를 해결하는 것뿐만 아니라 UI 작업을 다시 하고 UI를 개선하는 것을 포함한다. 팀은 'UX 부채'라는 개념을 수용하고 사용자 경험을 지속적으로 개선하도록 전념해야 한다.

런던에서 일하는 인터랙션 디자이너 제임스 오브라이언(James O'Brien)은 그의 팀이 기술 부채를 추적할 때와 같은 방식으로 UX 부채를 추적하기 시작했을 때 무슨 일이 일어났는지 설명해 주었다. "효과는 극적이었다. 일단 우리가 UI 고치는 것을 부채로 제시하자, 모든 반대 의견이 사라졌다. UX 부채를 갖지 않는 것에 대한 의문도 없었고, 일관되게 작업 우선순위를 매길 수 있었다."[3]

UX 부채를 추적하기 시작하려면, 백로그에 UX 부채라는 이름의 스토리 범주를 만들기만 하면 된다. 그러나 때로는 단일 팀에서 해결할 수 없는 경험 문제도 있다. 더 큰 문제를 해결하려면 많은 팀의 협력이 필요할 수 있다. 대규모 사용자 여정에 걸쳐 발생하는 문제와 같은, 보다 큰 문제를 위해서는 다음 사항을 참고하자.

- 현재 경험에 대한 고객 여정 지도를 작성한다.
- 팀과 협력하여 이상적인 경험을 보여주는 두 번째 여정 지도를 작성한다.
- 이 두 결과물이 잘 보이도록 나란히 벽에 붙여 둔다.
- 고객 여정의 각 부분을 담당하는 팀을 파악하고 논의에 초대하여 현재 상태와 원하는 상태 간의 차이를 검토한다.

---

3 제임스 오브라이언(James O'Brien), 조슈아 세이든(Joshua Seiden), 제프 고델프(Jeff Gotshelf)와의 인터뷰, 2012.

- 이러한 팀과 협력하여 UX 부채 스토리를 작성한다.
- 현재 경험이 어느 부분에서 개선됐는지, 각 개선 작업을 누가 수행하고 있는지 고객 여정 지도에 명확히 표시한다.

전환: 문서화 관행을 재고하라

여러분이 몸담고 있는 산업군에 따라 조직에서 내·외부 규정을 충족하는 엄격한 문서화를 요구할 수 있다. 이러한 문서는 프로젝트가 진행되는 동안 크게 가치를 더하지 않을 수 있지만, 팀은 여전히 그러한 문서를 작성해야 한다. 많은 팀은 이러한 규정에 직면할 때 프로젝트를 진전시키기 어려워한다. 그들은 작업의 디자인 및 구현을 시작하기 전에 문서가 완료되기를 기다리며, 이는 진행 속도와 팀 학습 속도를 늦춘다. 이후 문서가 완료되고 나면, 문서화에 대한 부담 때문에 작성을 완료한 작업의 수정을 꺼리게 된다.

이런 상황에서는 디자이너이자 코치인 레인 골드스톤(Lane Goldstone)이 말했듯이, '대화로 이끌고 문서화로 따라가야' 한다. 린 UX의 기본 철학과 개념은 프로젝트 수명 주기 초기에 대화, 협력적 문제 해결, 스케치, 실험 등이 수반되는 환경에서 실행할 수 있다. 즉, 가설이 입증되고 디자인 방향이 확립되면 비공식적인 문서화 관행을 점차 회사에서 요구하는 기준에 맞추어 문서화한다. 회사가 요구하는 바로 그 목적으로 문서화를 활용하라. 의사 결정 이력을 기록하고 이 제품을 개발할 팀에 정보를 제공하기 위해서다. 이로 인해 올바른 제품 결정을 내리는 것이 지체되지 않도록 해야 한다.

전환: 종합적으로 관리하라

린 UX는 팀이 효과적인 솔루션을 추구하는 데에 많은 자유를 제공한다. 이를 위해 기능 로드맵 접근법에서 벗어나, 팀이 비즈니스에 가장 적합하다고 생각하는 기능을 발견할 수 있도록 돕는다. 그러나 기능 로드맵은 비즈니스가 팀 활동을 조정하는 데에 사용하는 핵심 도구이며, 기능 로드맵을 버리는 것은 많은 비용을 수반한다. 따라서 안건을 제약 없이 추구할 수 있는 자유에는 안건을 제대로 소통해야 한다는 책임이 따른다.

여러분은 현재 진행 중인 작업에 관여하지 않은 팀원들에게 계속 연락해서 무슨 일이 다가오고 있는지 알려주어야 한다. 또한 이러한 소통을 통해 여러분은 다른 팀원들이 계획하고 있는 내용을 파악하고 전체를 조정할 수 있게 된다. 제품 조직이 무엇을 하고 있는지 알리는 것은 고객 서비스 관리자, 마케팅 담당자, 사업부 및 영업 팀 모두에게 도움이 된다. 그들에게 적극적으로 다가감으로써 그들이 일을 더 잘 해낼 수 있다. 결과적으로 제품 디자인 변화에 대한 거부감이 훨씬 줄어들 것이다.

다음은 검증 주기를 보다 원활하게 보장하기 위해 중요한 두 가지 교훈이다.

- 당신의 업무에 영향을 받는 다른 부서들은 항상 있다. 그들을 무시하려면 그에 대한 책임을 지라.
- 고객이 앞으로 발생할 중요한 변경 사항을 알고 있는지 확인하고 적어도 일시적으로라도 변경을 취소할 수 있는 옵션을 제공하라.

18장

에이전시 환경에서의 린 UX

이 책은 주로 제품을 만드는 회사, 또는 큰 비즈니스의 프로덕트 조직에서 린 UX를 적용하는 방법에 초점을 맞추고 있다. 우리의 조언은 대부분 어떤 환경에서도 적용할 수 있지만 에이전시에서 린 UX를 실행에 옮기는 상황에는 차이가 있으며, 이는 별도로 짚어서 언급할 가치가 있다.

이번 논의에서 '에이전시'란 클라이언트(고객)에게 서비스를 제공하는 조직을 지칭한다. 이는 오리건 포틀랜드에 위치한 4인 디자인 스튜디오일 수도 있고, 런던에 위치한 1,000명 규모의 마케팅 에이전시일 수도 있다. 이러한 환경에서 린 UX 적용을 특히 어렵게 만드는 요인은 한 마디로 말해서 '클라이언트'다. 클라이언트 회사가 이러한 작업 방식에 익숙하지 않을 때, 에이전시 입장에서 새로운 작업 방식을 클라이언트 쪽에 도입하는 것은 어려운 일이다. 경우에 따라서는 바로 이 점을 개선하기 위해 여러분의 에이전시가 고용되었을 수도 있다. 다른 경우에는 클라이언트 기업에서 기존과 다른 작업 방식에 거부감을 느끼고, 낯선 접근 방식이라며 계속 방어적인 태도를 취할 것이다. 어떤 경우든 여러분은 어려움을 겪을 수밖에 없다.

이번 장에서는 새로운 작업 방식을 회사에 도입할 때 고려해야 할 5가지 핵심 요소에 대해 설명할 것이다.

여러분은 어떤 사업에 종사하고 싶은가?

에이전시는 거의 항상 산출물 비즈니스에 종사한다. 디자인, 프로토타입, 리서치 결과물 또는 작동하는 소프트웨어와 같은 산출물을 제공하고 돈을 받는 것이다. 이 비즈니스 모델은 린 UX, 그리고 결과에 중점을 두는 린 UX 의 접근 방식과 충돌한다.

전통적인 에이전시 비즈니스 모델은 단순하다. 고객은 디자인, 사양, 코드, 파워포인트 자료 등 산출물에 대해 비용을 지불하며 결과에 돈을 지불하지 않는다. 에이전시 비즈니스 모델의 또 다른 부분은 인력 활용도이다. 여러분은 직원들이 계속 일을 하게 만들고, 이에 대한 금액을 고객사에 청구해야 한다.

높은 인력 활용률을 유지하려는 목표는 부서 간에 서로 소통하지 않고 각자 일하는 프로세스로 이어질 수 있다. 이는 결과적으로 산출물 중심의 작업을 장려하는 '단계별 프로젝트' 방식으로 이어진다. 팀원 모두의 노동에 비용을 청구할 수 있기만 하다면 다양한 분야의 전문가가 협업하는 팀을 제안하는 것이 좋다.

에이전시의 작업 방식을 린 UX로 전환하려면 다음과 같은 두 가지 도전 과제를 모두 고려해야 한다. 첫째로, 더 이상 단순히 산출물 중심의 비즈니스만 운영할 수는 없다. 앞으로도 와이어프레임, 프로토타입, 리서치 자료, 작동하는 소프트웨어를 제공할 것인가? 당연히 제공할 것이다. 하지만 이것이 성공의 척도가 될 수는 없다. 이는 클라이언트가 비용을 지불할지 여부를 결정하는 기준이 될 수 없다. 그 대신 T&M 모델로 비즈니스 모델을 바꿔야 한다. 앱이나 디자인을 판매하는 것이 아니라, 클라이언트와 협력하여 클라이언트가 겪고 있는 고객 및 비즈니스 문제에 대한 해결책을 찾는 것이다. 그 해결책은 무엇일까? 정직한 대답은, 여러분도 아직 모른다는 것이다.

대신, 그 해결책을 찾기 위해 클라이언트와 함께 일할 것이다. 린 UX는 이러한 발견과 지속적인 해결책을 제공하기 위한 최적의 프로세스다.

인력 활용도를 높게 유지하기 위해 명확한 갱신 조항이 있는, 일정 기간 동안 운영되는 소규모 팀을 제안해야 한다. 우리가 4년 동안 함께 운영한 에이전시에서는 거의 모든 프로젝트에 대해 프로덕트 매니저, 디자이너, 2명의 개발자로 구성된 4인 팀을 제안했다. 이 팀은 주당 고정 비용이 있었으며, 대부분 3개월 단위로 갱신 가능한 3개월짜리 계약을 체결했다. 클라이언트에게 분기마다 계약 해지 또는 갱신 옵션이 있어서 우리는 짧은 주기의 원칙을 강화할 수 있었다. 이 방식은 우리가 원하는 작업 방식에 맞지 않는 클라이언트와의 계약을 해지할 수 있는 옵션을 제공하여 우리 쪽에서도 위험도를 줄일 수 있었다. 또한 개개인이 아닌 '팀'에 대해 고정 요금을 책정했기 때문에 클라이언트에게 승인 받지 않고도 프로젝트에 따라 팀의 인력 구성을 조정할 수 있었다.

린 UX 작업 방식으로 전면 전환하기 전에 비즈니스 모델을 결정하는 것은 중요하다. 왜냐하면 이는 현재 직원들과 채용 예정자에게도 영향을 미치기 때문이다. 에이전시가 가지고 있는 유일한 자산은 직원들, 즉 인재다. 디자이너, 프로덕트 매니저, 소프트웨어 개발자 등은 특정 유형의 고객을 위해 특정 방식으로 작업할 것이라고 여러분과 약속했기 때문에 에이전시에 합류하는 것이다. 린 UX 방식으로 일하기로 약속하고 결국 이런 방식으로 일하지 않을 고객들과 계약을 한다면, 결국 직원들은 떠나가게 될 것이다.

린 UX를 제안할 때 고객의 기대치를 설정하는 것이 가장 중요하다

여러분의 클라이언트는 수년간 에이전시를 고용해 왔다. 많은 클라이언트들은 에이전시에 '일감을 던져주고' 그들이 준비를 마치면 그때 결과를 보기를 기대한다. 이 경우 클라이언트와 에이전시 간의 협력은 개인적 편견, 정치, 책임 회피에 기반한, 정보가 부족하고 비생산적인 비판으로 제한될 수 있다. 린 UX가 고도로 협력적인 프로세스라는 것을 고려할 때 이는 당연히 받아들일 수 있는 관계가 아니다. 이 문제를 해결하기 위해 무엇을 할 수 있을까?

기존 고객, 잠재 고객과의 모든 접점은 여러분과 협력하는 것이 어떻게 다른지에 대한 기대를 설정할 수 있는 기회다. 브랜드, 마케팅, 포지셔닝, 그리고 가장 실질적으로 웹 사이트에서 시작된다. 전통적인 에이전시와 차별화된 방식으로 일한다는 데 의심의 여지가 없도록 웹 페이지를 디자인하고 내용을 작성하라. 블로그, 출판물, 소셜 미디어에서 일관된 콘텐츠를 내보내면 이러한 기대를 더욱 강화할 수 있다. 사람들이 당신의 에이전시를 '린 UX 방식으로 일하는 사람들'로 인식하게 하라. 처음으로 고객과 직접 대화할 때는 고객과의 작업 방식을 검토하라. 운이 좋게도 그들에게 제안할 기회가 생긴다면, 여러분의 작업 방식은 명확해야 하고 제안서 프레젠테이션 맨 앞에 그 내용이 잘 드러나야 한다.

계획 수립 업무를 진행할 경우, 협력 방식과 고객 중심의 작업 방식을 구축하는 데 있어 협력이 왜 중요한지에 대해 명확히 해야 한다. 여러분의 에이전시가 단순한 외주 업체 역할을 하지 않을 것이라는 점을 고객이 완전히 이해하지 못했다는 뉘앙스의 질문이 나오면, 프로세스를 잠시 중단하고 프로세스를 다시 검토하라. 일단 계약을 체결한 후에 기대치에 급격한 변화가 있으면 고객이 부정적으로 받아들일 수 있기 때문에 이를 초기에 자주 전달하는 것이 매우 중요하다.

아무도 실험을 사고 싶어하지 않는다

여러분과 함께 일하는 것이 어떨지에 대한 기대를 설정할 때, 이 중요한 문장을 기억하라. 아무도 실험을 사고 싶어하지 않는다. 고객은 앱을 원한다. 소프트웨어를 원한다. 디자인을 원한다. 그들이 확실히 사고 싶어하지 않는 것은 실험이다. 실험은 위험하고 실패하는 경향이 있다. 실험은 고객의 시장 점유율이나 수익성을 높이는 데 도움이 되는, 시장에 출시할 수 있는 수준의 소프트웨어는 분명 아니다. 적어도 고객은 그렇게 생각한다.

우리가 처음 에이전시를 시작했을 때, 우리는 영업 과정에서 실험에 대한 아이디어로 논의를 시작했다. 고객은 "내 사업을 위한 모바일 앱을 만드는 데 당신이 사용할 수 있는 예산은 10만 달러입니다."라고 말했다. 우리는 이렇게 대답했다. "좋아요. 그중 1만 달러를 사용해서, 나머지 9만 달러를 정확히 어떻게 쓸 것인지를 알아내기 위한 실험을 할게요." 이 제안을 받은 고객은 누구라도 이렇게 말할 것이다. "아니오. 예산을 모두 앱을 만드는 데 사용하세요. 저는 비즈니스와 고객을 잘 알아요. 실험할 필요가 없습니다."

이는 우리가 시장에서 제대로 차별화하지 못했고, 전망에 대한 올바른 기대치를 설정하지 못했으며, 원하는 최종 결과보다는 전술적인 방법을 사용해 고객을 이끌고 있다는 분명한 신호였다.

실험은 린 UX의 일부이지만 단지 전술일 뿐이다. 실험은 학습, 좋은 의사결정, 그리고 긍정적인 결과를 만들기 위해 고안된 과정의 일부이다. 결과를 통해 우리의 영업 전략을 주도하는 것(예: "우리의 프로세스를 통해 고객의 모바일 상거래 문제를 해결하는 데 도움이 되는 최상의 결정을 내릴 수 있었다.")이 훨씬 더 성공적인 업무 방식임이 입증되었다.

영업을 성공적으로 이뤄냈다! 이제 구매 프로세스를 진행하자

가끔은 모든 것을 올바르게 수행할 수 있다. 웹 사이트는 여러분 회사의 이야기를 잘 전달하며, 영업 설명은 고객에게 와닿을 것이다. 고객이 머리를 끄덕인다. 계약이 성사되었다! 여러분은 스스로를 칭찬하며 계약을 마무리하기 위해 움직인다. 그런데 갑자기 모든 서비스 제공 업체가 두려워하는 대사가 들린다. "좋아요, 이제 구매 팀과 상의하도록 하죠."

대규모 기업의 내부(또는 더 나쁜 경우, 외부) 구매 부서를 상대해 본 적이 있다면, 이런 상황이 얼마나 불편한지 알 것이다. 지금까지 당신이 고객에게 한 모든 설득은 계약과 구매를 승인해야 하는 사람들에게 아무런 의미가 없다. 분명 대화는 다시 "그러면 우리가 10만 달러를 지급한 다음에 그 대가로 구체적인 산출물을 언제까지 얻을 수 있을까요?"로 흘러가게 된다.

이 부분도 고객과 사전에 기대치 설정이 필요하다. 계약을 체결하는 과정에서의 목표는 고정 범위와 산출물 중심의 계약에서 벗어나는 것이다. 대신, 단순하게 T&M을 기반으로 계약하거나 더 근본적으로 결과 중심의 계약으로 이동하는 것이 목표이다. 결과 중심 계약이나 가치 기반 가격 책정 계약은 드문 편이다. 에이전시에서 얼마나 많은 성과를 낼 수 있는지에 따라 지급액은 변동된다. 이러한 형태는 계약에 대한 상한선 없이 체결하기에는 고객과 에이전시 모두에게 위험이 너무 크다.

T&M 계약이나 결과 중심 계약 중 어떤 것을 선택하든, 에이전시 팀은 특정 목표를 향해 나아간다는 큰 그림 아래 시간을 더 자유롭게 쓸 수 있게 된다. 고객은 산출물 중심의 계약이 제공하는 확실성에 대한 환상을 포기해야 한다. 하지만 고객은 기능 목록이 아닌 성과로 정의되며 고객을 더 성공적으로 만들 가능성이 높은, 의미 있는 고품질의 솔루션을 추구할 자유를 얻게 된다.

더 이상 단순한 외주 파트너가 아니다

고객과 함께 린 UX 프로세스를 구축한다는 것은 여러분이 더 이상 고객의 단순한 외주업체가 아니라는 것을 의미한다. 여러분은 비즈니스 문제를 해결하기 위해 노력하는 협업 파트너이다. 여러분의 역할은 고객사 직원 수를 늘리거나, 고객사가 사내에서 할 수 없는 일을 분담하는 것이 아니다. 여러분의 역할은 고객을 팀의 적극적인 파트너로 만드는 것이다. 고객도, 여러분도 이를 이해해야 한다. 고객은 정기 회의에 참여할 것이다. 정기적으로 의사 결정에 참여할 것이다. 고객도 제품 발견 노력에 참여할 것이다. 우리 에이전시에서는 제품 백로그 우선순위 결정을 거의 하지 않았다. 이는 명백하게 고객의 책임이었다. 이를 효과적으로 수행할 수 있는 유일한 방법은 고객이 일상적인 업무 공유 회의에 참석하고, 팀과 함께 학습 활동에 참여하며, 상태 업데이트 및 의사 결정 회의에 참석하는 것이었다. 우리는 더 나아가서 고객에게 협업 기간 동안 우리 스튜디오에서 일하도록 강력히 요구

했다. 고객을 일상적인 방해 요소에서 격리시켜 더 창의적인 공간에 놓아두고, 우리가 함께 팀으로 작업하고 있다는 사실을 상기시키기 위해서였다.

이러한 관계에 대한 기대는 계약서에 있어야 한다. 린 UX가 제대로 작동하려면 고객이 이와 같은 높은 수준의 참여를 약속해야 한다. 여러분의 목표는 공유된 이해를 쌓는 것이라는 점을 기억하라. 고객이 발견 작업, 통합, 의사 결정에 참여하지 않는다면 고객을 위해 모든 것을 문서화하고 승인을 요청하고 피드백을 기다려야 한다. 이는 우리를 전통적인 에이전시 방식의 업무로 되돌아가게 할 것이다.

한번은 금융 서비스 업계의 고객이 모든 협력 조건에 동의한 적이 있었다. 그들은 계약서에 서명하고 즉시 우리 사무실에서 일을 시작했다. 하지만 그들은 윈도우 기기를 사용하고 있었고, 우리는 맥을 사용하고 있었다. 처음부터 우리 스튜디오 안에서 그들의 문화를 재현하려 했다. 그들은 우리가 그들의 고객들과 만나지 못하도록 온갖 장애물을 만들었다. 구축 서버에 대한 접근을 제한하고, 계약서에서 기본적으로 합의한 작업을 수행할 수 없도록 만들었다. 8주 후, 우리는 백기를 들고 프로젝트를 중단했다. 우리는 고객에게 합의한 작업 방식이 완전히 불가능하다는 우려를 제기했다. 고객은 우리에게 그것에 대해 그들이 할 수 있는 건 아무것도 없다고 말했다. 그래서 우리는 다음 2주 동안 일을 정리하고 그들과의 계약을 취소했다. 그들이 원하는 방식으로 일을 계속할 수 없었기 때문이 아니라, 우리 팀을 잃을 위험이 있기 때문이었다. 우리는 그런 상황을 용납할 수 없었다.

개발 파트너 및 타사 공급 업체에 관한 간단한 참고 사항

에이전시 관계에서 소프트웨어 개발 팀(에이전시 측, 클라이언트 측, 또는 외부 업체)은 외부인으로 취급되기 일쑤고 종종 디자인 단계 마지막에 들어온다. 개발 파트너는 단순히 수동적인 관찰자로서가 아니라 프로젝트 기간 동안 함께 참여해야 한다. 대신 소프트웨어 개발을 가능한 한 빨리 시작하도록 노력해야 한다. 다시 말하지만, 전체 프로젝트 팀과 깊이 있고 의미 있는 협업이 이루어져야 한다. 그러기 위해서는 개발자와 실제로 함께 작업해야 한다.

외주 소프트웨어 개발 업체는 린 UX 방법에 큰 도전을 제기한다. 개발 업체가 어디에 있든, 여러분 작업의 일부를 타사 공급 업체에 외주로 맡기는 경우에는 린 UX 프로세스가 고장날 가능성이 높다. 이는 이러한 공급 업체와의 계약 관계로 인해 린 UX에서 필요한 유연성을 달성하기 어려울 수 있기 때문이다.

외부 개발 업체와 협력할 때는 T&M 기반으로 프로젝트를 만들어야 한다. 이를 통해 개발 파트너와 유연한 관계를 구축할 수 있다. 린 UX 프로세스의 일부인 변경 사항에 대응하기 위해서도 필요하다. 기억하라, 여러분이 소프트웨어를 만드는 과정에서 학습이 뒤따라야 하고, 학습은 여러분의 계획을 변화시킬 것이다. 이러한 변화를 계획하고 이를 중심으로 공급 업체와 관계를 구축하라.

협력 업체를 선정할 때, 많은 외주 개발 업체들이 생산 작업을 지향하고, 다시 작업하는 것을 학습 기회라기보다 문제로 본다는 것을 기억해야 한다. 린 UX 작업을 위한 파트너를 찾을 때는 실험과 반복을 기꺼이 수용하고 프로토타입 제작과 개발 제작의 차이를 명확히 이해할 수 있는 팀을 찾아야 한다.

마무리

서비스 공급자로 일하면 린 UX를 구현하는 데 있어 다양한 문제가 발생한다. 이것이 비즈니스 모델 전환인 만큼 여러분의 에이전시에 있어서 문화적 변화라는 것을 기억하라. 여러분의 영업 방법뿐 아니라 고용 방법 및 대상을 바꿀 것이다. 반드시 해야 하는 일은 고객의 기대치를 설정하는 것이다. 여러분의 업무 방식이 고객들이 기존에 가지고 있던 '에이전시와 함께 일하는 방식'과 전면 배치될 수 있다는 점을 고객이 반드시 인지하도록 해야 한다. 약간의 창의성과 신뢰는 계약과 구매 과정을 더 성공적으로 만들 수 있다. 마지막으로, 나쁜 고객은 여러분이 어떻게 협력하든 나쁜 고객이다. 여러분의 팀이 분열되지 않고 온전하게 보전되도록 하는 것이 가장 중요한 과제라는 걸 잊지 말자.

19장

마지막으로 하고 싶은 말

《린 UX》 초판이 출시된 후, 우리는 독자들로부터 피드백을 받기 시작했다. 결국 린 UX는 사용자의 의견을 경청하는 것이기 때문에 책의 '사용자'가 하는 말을 이해하고 싶었다. 독자들이 많은 이야기를 했지만, 특히 한 가지 주제가 다른 모든 주제에서 등장했고 수년 동안 지속되었다. 이 주제는 린 UX 작업 방식을 실제로 수용할 수 있는 조직과 프로세스를 성장시켜야 한다는 필요성과 관련이 깊다.

우리는 린 UX로 작업하려면 변화가 필요하다는 것을 알고 있다. 우리가 독자들로부터 듣기 전까지 명확히 이해하지 못했던 것은 그 변화가 두 가지 범주로 나뉜다는 것이다. 독자들이 스스로 만들 수 있는 변화와 리더들(특히 어떤 이유로든 변화를 원하지 않을지도 모르는)이 참여해야 하는 변화로 말이다.

독자들은 우리에게 말했다. "일부는 우리 스스로 변화를 만들 수 있지만, 그 외 다른 변화를 위해서는 리더의 태도를 바꿀 필요가 있습니다. 우리가 바꿔야 하는 것은 우리의 권한을 뛰어넘는 부분입니다. 조직 자체의 작동 방식을 변화시켜야 합니다."

작은 조직이라도, 조직을 바꾸는 것은 큰 도전이다. 이는 대부분의 디자이너와 제품 담당자들이 시행해 보려고 노력했거나 관련 교육을 받은 적이 거의 없는 도전이다. 조직 개발 분야에 경험이 있는 사람들도 조직을 바꾸는 것이 어렵다는 것을 알고 있다. 그래서 압도적인 느낌이 들 수 있고, 이미 우리도 독자로부터 그러한 피드백을 받았다. 독자들은 변화하는 방법을 알고 싶어했지만 어디서부터 시작해야 할지 몰랐다. 그들은 도움을 받고 싶어했다.

조금 아쉬운가?

이번 장에서 여러분에게 절망감을 느끼게 하려는 것이 아니다. 우리는 사람, 팀, 회사가 변화할 수 있다고 굳게 믿는다. 또한 린 UX가 이러한 변화를 도울 수 있다고 믿는다. 초판이 나온 이후 수년간 다양한 팀에서 린 UX를 적용하도록 돕는 것 외에도 이러한 종류의 조직 혁신 문제를 해결하면서 변화가 가능하다는 것을 직접 확인해왔다.

조직 혁신의 이유, 방법, 대상은 이 책의 범위를 넘어서는 것이지만 시작점은 제시하고자 한다.

제품을 만드는 제품

친구인 배리 오라일리(Barry O'Reilly)의 말을 빌리자면 제품 개발 조직은 '제품을 만드는 제품'이다. 즉, 조직을 개발할 때도 제품 개발에 사용하는 것과 동일한 여러 도구를 적용할 수 있다. 그리고 조직 개발 서비스에도 린 UX의 방법을 사용할 수 있다고 우리는 굳게 믿는다.

여러분은 조직에 어떤 변화를 일으키고 싶은가? 원하는 결과의 관점에서 변화를 설명할 수 있는가? 리서치를 더욱 협업적으로 만들고 싶을 수도 있다. 원하는 결과가 향후 리서치 프로젝트에서 모든 팀원이 적어도 한 번 이상 직접 고객 인터뷰 세션에 참여하도록 하거나, 팀에 업무가 할당되는 방식을 바꾸는 게 될 수도 있다. 또는 원하는 결과가 다음 분기에는 작업하는 에픽의 절반을 기능 목록이 아닌 사용자 결과에 따라 정의하는 것일 수도 있다.

생각해보라. 여러분은 린 UX를 사용하고 있는 것이다! 이제 이러한 변화를 어떻게 적용할까? 원하는 결과를 얻을 수 있는 올바른 방법을 찾을 때까지 여러 가지 실험을 시도해야 한다. 이러한 실험을 최소 실행 프로세스(Minimum viable process)라고 생각하라.

따라서 조직의 업무 방식을 완전히 바꿀 권한은 없지만, 바꿀 의지가 있는 소수의 협력자를 모집하고 린 UX의 도구를 사용하여 원하는 조직을 만들기 시작하는 것은 아무도 막을 수 없다. 새로운 사람들(이해관계자, 동료, 협업자)을 위해 새로운 것(업무 프로세스)을 디자인해야 하지만, 가능한 일인가? 물론, 여러분은 할 수 있다!

지난 몇 년 동안 많은 팀들이 이러한 방법을 채택하는 것을 보고 매우 기뻤으며, 여러분도 그렇게 할 수 있다고 확신한다. 언제나 그렇듯이 여러분의 의견을 기다릴 것이다. 린 UX 여정에 행운이 있기를 바라며, 어떻게 진행되고 있는지 우리에게 알려달라.

이 책의 서두에서 말했듯이 계속 연락하여 여러분의 생각을 공유해 주길 바란다. jeff@jeffgothelf.com 및 josh@joshuaseiden.com으로 문의해 달라. 언제나 여러분의 의견을 기다릴 것이다.

찾아보기

《린 UX》 1, 2판 추천의 글

"사용자 경험의 품질은 회사 제품의 가장 중요한 차별화 요소가 되었습니다. 《린 UX》에서 조시 세이던과 제프 고델프는 부서 간 협업을 통해 낭비를 최대한 줄이면서 훌륭한 경험을 구축할 수 있는 방법과 전략을 강조합니다. 디자이너뿐만 아니라 경영진부터 인턴까지 팀원 모두가 반드시 읽어야 할 책입니다."

— 톰 보츠(Tom Boates),
Brilliant 설립자 겸 CEO

"애자일 개발 방법으로 성공적인 사용자 경험을 제공하는 데 어려움을 겪고 있다면 이 책을 구입하세요! 제프와 조시는 산출물에 대한 부담이 없는 창의적인 아이디어 구상, 계획 및 문제 해결을 위한 입증된 방법을 공유합니다. 이번 판에서는 테스트 설계 및 결과 추적에 대한 도움말, 린 UX의 여러 중요한 도구에 대한 개선 사항 등 몇 가지 중요한 업데이트가 있습니다."

— 크리스천 크럼리시(Christian Crumlish),
7cups.com 제품 담당 부사장, 《소셜 인터페이스 디자인》(인사이트, 2011) 공동 저자

"린 UX가 처음 출간된 이래로 이 책에서 설명하는 사례가 널리 퍼졌습니다. 《린 UX》 2판은 새로운 분야와 지속적인 혁신 프로젝트 모두에 린 UX 사고를 적용하는 방법을 보여주고, 성공을 위한 올바른 기업 문화를 조성하며, 린 UX의 실제 사례 연구를 통해 영감을 줄 것입니다."

— 레인 골드스톤(Lane Goldstone),
브룩클린 코퍼 쿡웨어 공동 창립자

"린 UX는 아주 단시간에 모호한 아이디어에서 고객의 요구를 충족하는 제품을 구축하고 제공하는 혁신적인 방법으로 발전했습니다. 이제는 디자인에 대한 중요한 접근 방식이 되었으며 모든 디자이너, 개발자, 프로덕트 매니저가 최우선으로 염두에 두어야 하는 개념이 되었습니다."

— 제러드 스풀(Jared Spool),
센터 센터(Center Centre) UX 디자인 스쿨 공동 설립자

"10년 넘게 '건물 밖으로 나가' 전 세계적으로 린 UX를 발전시켜 온 두 사람이 전하는, 접근하기 쉽고 실행 가능한 조언입니다. 이 책은 경험을 공유하면서 이론을 넘어 실제 작업에서 얻은 인사이트를 제공하며, 애자일 소프트웨어 개발 프로세스 안에서 일하는 UX 팀이 이해하고 동력을 얻을 수 있도록 풍부한 맥락이 담긴 이야기를 제공합니다."

— 코트니 헴필(Courtney Hemphill),
카본 파이브 파트너

"아무리 똑똑한 팀이라도 시장과 사용자 행동을 예측할 수 없습니다. 그래서 고객 개발과 린 스타트업은 비즈니스 구축 방식을 변화시켰습니다. 이 책은 2가지 방법론을 UX에 적용하여 더 저렴하고, 더 빠르고, 무엇보다 더 나은 경험을 구축할 수 있도록 도와줍니다."

— 알렉스 오스테르발더(Alex Osterwalder),
작가 겸 기업가, 비즈니스 모델 파운드리 GmbH 공동 설립자

"혁명이 일어나고 있습니다. 개발에 앞서 디자인을 완성시키고 서로 고립된 부서들이 벽 너머로 서로에게 문서를 던지는 방식에서 벗어나고 있습니다. 제프와 조시는 린 스타트업의 원칙을 적용하여 실제로 적용할 수 있는 방식을, 혁신할 수 있는 린 UX 원칙을 제시합니다. 저는 그들의 지혜를 직접 적용한 경험이 있어서 이 책을 통해 애자일을 다음 단계로 끌어올리는 것에 대

한 기대가 큽니다. 이 책을 구입하세요. 하지만 가장 중요한 것은 이 책을 실천에 옮기는 것입니다."

— 빌 스코트(Bill Scott),
페이팔 UI 엔지니어링 부문 시니어 디렉터

"훌륭한 제품 팀이 사용자 경험 디자인을 최우선으로 고려해야 한다는 데는 의심의 여지가 없지만, 많은 팀이 사용자 경험 디자인의 기술과 목표를 현대 애자일 개발 팀의 리듬 및 속도와 조화시키는 데 어려움을 겪어 왔습니다. 린 UX는 이 두 가지의 이점을 모두 필요로 하는 현대의 제품 팀에게 제가 추천하는 기술과 사고방식의 집합체입니다."

— 마티 케이건(Marty Cagan),
실리콘밸리 제품 그룹 설립자, 전 이베이 제품 및 디자인 수석 부사장

"상세하면서도 뛰어난 가독성을 자랑하는 이 책에는 UX(그리고 모든 제품 개발)를 올바르게 구현하려는 제프와 조시의 열정이 강력하게 드러납니다. 책 속의 사례 연구, 예시, 리서치는 린 UX 프로세스 구축의 힘을 강조하는 데 도움이 되며, 실행 가능한 조언이 많이 있습니다. 모즈(Moz)의 디자인, UX 및 제품 팀원 모두를 위해 이 책을 주문할 계획입니다."

— 랜드 피시킨(Rand Fishkin),
모즈의 CEO 겸 공동 창립자

"지금 바로 팀에서 사용할 수 있는 사례 연구와 실용적인 조언이 환상적으로 조합된 책입니다. 스타트업이든 포춘 500대 기업이든 이 책은 여러분의 제품 개발 방식을 바꿀 것입니다."

— 로라 클라인(Laura Klein),
《린 스타트업 실전 UX》(한빛미디어, 2014) 저자

"《린 UX》는 더 나은 제품을 만드는 방법에 대한 규범적인 프레임워크를 제공하며, 픽셀 단위의 완벽함에서 벗어나 반복적인 학습, 더 스마트한 노력, 결과 기반의 결과물을 추구하는 방향으로 나아갈 수 있도록 도와줍니다. 디자이너뿐만 아니라 프로덕트 매니저, 비즈니스 경영자, 스타트업 직원까지 린 UX를 통해 도움을 얻을 수 있습니다."

— 벤 요스코비츠(Ben Yoskovitz),
하이라인 베타 창립 파트너